「言いたいこと」から引ける

オノマトペ辞典

西谷裕子 Hiroko Nishitani 著

東京堂出版

はじめに

「オノマトペ」はフランス語（onomatopée）で、英語では「オノマトピーア」（onomatopoeia）といいます。語源は古代ギリシャ語に遡り、「（実際の音をまねて）ことばを創造する」という意から厳密には擬音語を意味しますが、本書では事物の状態や心情・感覚などを表す擬態語も含めて「オノマトペ」としています。

オノマトペの中には、擬音語と擬態語がはっきり区別できる場合のほか、たとえば、「風がびゅーびゅー吹く」の「びゅーびゅー」は風の音に加え、風が激しく吹くようすも表し、「しゃきしゃき」は食べ物をかんだときの音に加え、歯ごたえのよいようすも表すように、両方の要素を持つことばがあります。このように、擬音語であり擬態語でもあることばが数多くあるのも日本語のオノマトペの特徴の一つといえます。

表記にはカタカナあるいはひらがなを用いますが、カタカナは角張った字体からいかにもかたいイメージ、ひらがなは丸みを帯びた字体からやわらかい、やさしいといったイメージがあります。同じことばでも表記が違えば語感が微妙に変化します。たとえば、「ガッカリ」と「がっかり」では落胆の度合いは「ガッカリ」のほうが強いように感じられます。このように文字の視覚的印象が日本人特有の感覚を表現するのに効果的な役割を果たしているところも大きな特徴といえます。

ふだん何気なく使っているオノマトペですが、いざ、適当なオノマトペで表現したいと思ったときにことばが浮かばないことがありませんか。そんなときのために、本書では従来の五十音で引く辞典ではなく、表現したい内容・意味・状態から引けるようにしました。そこには同類のことばが並びますので、それぞれの相違点を確認することができます。また、複数の意味を持つオノマトペは巻末の索引からそれぞれの語を検索することができます。たとえば、「さらさら」は392頁（水の流れ）、245頁（食事・軽く流し込む）、206頁（髪質）、288頁（質感・感触）、328頁（雪質）に収録されています。このように索引を見ると複数の意味を持つオノマトペが多いことがよくわかります。

日本では古くから日常的にオノマトペが多く使われてきています。その理由の一つに、「もっちり」「まったり」のように語尾に「り」がついたり、「くるくる」「もぐもぐ」のように繰り返したりと、形式的に作りやすいことがあげられます。近年では「もふもふ」がそのよい例でしょうか。「もこもこ」と「ふわふわ」を合わせたような感触で、ぬいぐるみなどのふんわりとした柔らかさと弾力のあるようすを表現していますが、まさに言い得て妙です。最初に誰かが言い出したに違いないのですが、次々に共感を呼び、いつのまにか津々浦々に広まり、定着していくようすはまさにことばの魔術としかいいようがありません。

このことばの魔術を駆使して、もっと言語生活や文章表現を豊かに、楽しくしたい人に本書を大いに役立てていただければと思います。また、日本語を学ぶ人たちにとっては、他の言語に比べ、日本語はオノマトペが豊富で、感覚的なものであることから、習得が非常に難しいもののようですが、本書が少しでも日本語学習者や日本語教師の方のお役に立つことができれば幸甚です。

最後になりましたが、非常に細かく煩瑣《はんさ》な作業を厭わずに遂行してくださった東京堂出版編集部の上田京子氏に深謝申し上げます。

二〇二四年六月

西谷裕子

「言いたいこと」から引ける　オノマトペ辞典

目次

凡例

一、オノマトペを事項別に九つの分野に分け、その中は項目ごとに意味・内容別キーワードで分類し、五十音順に並べた。さらに＊印を付して細かく意味・内容別に区分して見出し語を立て、解説を施した。

二、複数の意味を持つオノマトペはそれぞれの意味区分の項目で見出し語を立て、解説を施した。見出し語は一四九二語、これらの関連語・類語を含め、総語数は約二六〇〇語である。

三、見出し語表記はひらがなを用い、外来語はカタカナで示した。
　用例ではカタカナあるいはひらがなを用いた。本書ではカタカナ表記を多く採用しているが、実際にどちらを用いるかはそれぞれの視覚的効果やオノマトペを用いる意図や場面などによって自由に使い分けができる。

　長音については「しーん」のように長音記号「ー」を用いた。用例中では母音表記の「ア」「ウ」を用いたもの（「ハアハア」「グウグウ」など）もある。これも用いる意図や場面によって、自由に使い分けが可能である。

四、類の欄には、見出し語の関連語や類語を取り上げ、使い分けやニュアンスの違いなどを解説した。必要に応じて、これらを用いた用例を掲載しているものもある。

五、巻末に、本文に収録したもの以外の声や音・音色の資料リストを付した。表記はカタカナを用いた。

六、見出し語のあとに［　］を付して主な用法を示した。
　見出し語を「〜」で示し、そのままの形で用いる場合は［〜］、見出し語に助詞の「と」「に」を付けて副詞として用いたり、「の」を付けて体言を修飾したり、助動詞「だ」を付けて断定的または形容動詞的に用いたり、

「する」を付けて動詞化して用いたりする場合は、それぞれ［〜と］［〜に］［〜の］［〜だ］［〜する］の形で示し、省略して用いることができる部分は（　）付きで示した。なお、「〜する」については「〜した」「〜して」の形で限定的に用いる場合も含む。

（例）つい［〜］　ちょっぴり［〜］　ぐりぐり［〜・〜する］

ぱっ［〜と］　ぴょこん［〜と］　すいすい［〜（と）］

ひたひた［〜の・に］　うきうき［〜（と）・〜する］

ふさふさ［〜と・〜の・〜だ・〜する］

七、各項目には語義のほか、以下の略語・記号を用いて詳しい解説を施した。また、参考欄も設けた。

㊀例 用例

類 類語

補 補説

↓ 参照先を示す

【参考】 参考欄

八、巻末に、見出し語・関連語・類語の五十音順による索引を付して、検索の便を図った。

「言いたいこと」から引ける
オノマトペ辞典

一

動作・行為／場面・情景

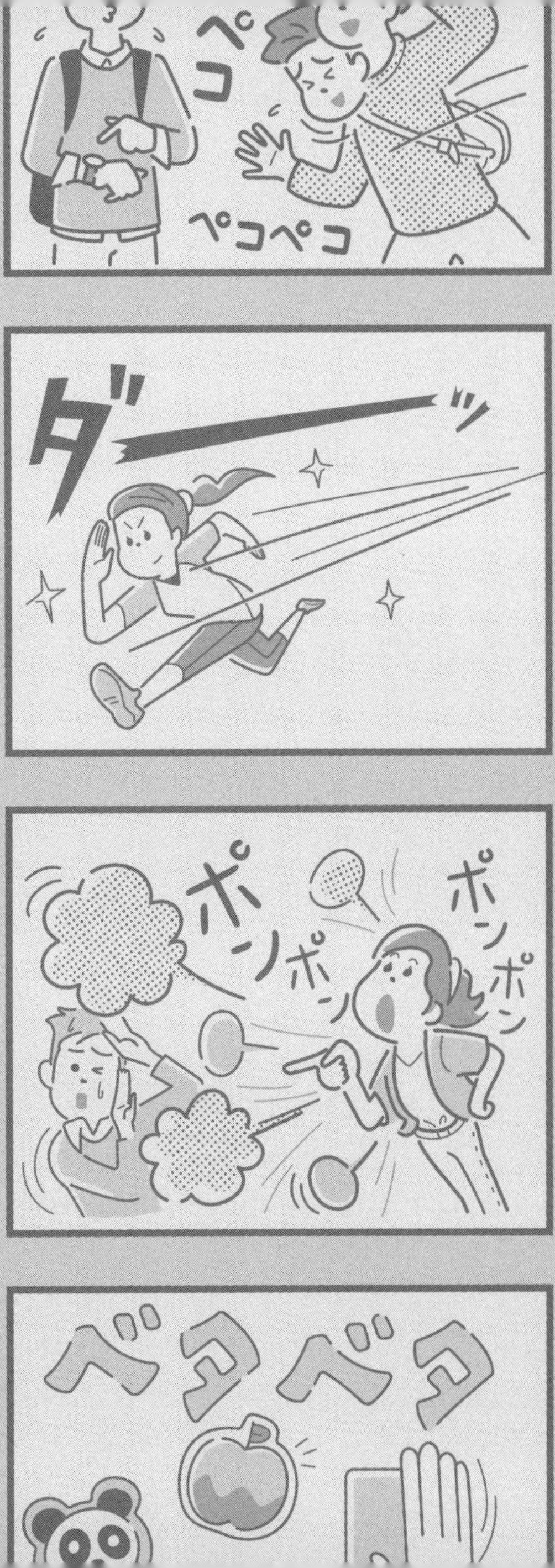

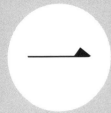

動作・行為

頭を下げる・お辞儀をする

＊一回

ちょこん［～と］
軽い感じで一回小さく頭を下げるようす。
㊔向こうから来る友達と目が合ったのでチョコンと頭を下げてあいさつした。

ぴょこん［～と］
はずみをつけて一回小さく頭を下げるようす。
㊔園児たちはピョコンと頭を下げて朝のあいさつをした／街中で近所の子どもを見かけて声をかけると照れくさそうにピョコンとお辞儀をした。
補主に子どもや若者の動作にいい、軽快感やかわいらしさがある。

ぺこり［～と］

勢いよく一回頭を下げるようす。

㊔父親からお客にあいさつするように言われると息子は照れくさそうにペコリと頭を下げた／待ち合わせに遅刻してしまって友達にペコリと頭を下げて謝った。

類「**ぺこっ**」は瞬間をとらえた表現。「**ぺこん**」は「ぺこり」より瞬間的ではずむように頭を下げるようすをいう。

補あいさつのほかに、謝罪するときのようすにもいう。

*何度も

ぴょこぴょこ［〜（と）］

はずみをつけて何度も頭を下げるようす。

例 店長は開店が遅れ、待たせてしまった客一人一人にピョコピョコと頭を下げてわびた。

類 「**ひょこひょこ**」は「ぴょこぴょこ」より軽い感じで頭を下げるようすをいう。

ぺこぺこ［〜（と）・〜する］

しきりに頭を下げるようす。

例 待ち合わせに遅れてむくれていた友達にペコペコ頭を下げて謝った／候補者は選挙カーの中から道行く人たちにペコペコしながら手を振った。

補 謝罪や依頼、追従《ついしょう》などで頭を下げるほか、人に媚《こ》びへつらう態度（↓169頁）にもいう。

洗う

ごしごし［〜（と）］

手やブラシなどで力を入れてこすって洗うようす・音。

例 シャツの汚れた袖口をゴシゴシもみ洗いする／泥だらけの運動靴をブラシでゴシゴシ洗う。

ざぶざぶ［〜（と）］

大量の水を大きく揺らしながら洗うようす・音。

例 冷たい水で顔をザブザブ洗う／このブラウスはポリエステルなので水でザブザブ洗える。

じゃぶじゃぶ［〜（と）］

大量の水を飛び跳ねさせたり、かき回したりしながら勢いよく洗うようす・音。

例 子どものどろんこの服をジャブジャブ洗う。

補 水遊びするときや大量の液体をかけるときにも使われる。

歩く

＊速く

すたこら［〜（と）］

急ぎ足で歩くようす。

例 歩くのが遅い私を待てずに友達はスタコラ先に行ってしまった。

補 一目散にその場から逃げる意（↓57頁）でも用いる。

すたすた［〜（と）］

足取りが軽く、一定のリズムで速く歩くようす。

例 友達を見かけて声をかけたが、脇目も振らず駅のほうへスタスタと歩いていってしまった／草履をはいてスタスタ歩く。

補 草履や雪駄などの底の平たい履物で急ぎ足に歩くようすやそのときに立てる音にもいう。

＊遅く・ゆっくり

のそのそ［〜（と）］

鈍そうにゆっくり歩くようす。

㊞ヒグマがおりの中をノソノソ歩いている。

類「**のっそり**」はいかにも動きが鈍くてゆっくりなようすを強調していう。

のろのろ［〜（と）］

歩き方が鈍くてのろいようす。

㊞ノロノロ歩いてないでさっさと歩け／亀がノロノロと池のほうに向かっている。

＊力強く

ずしんずしん［〜（と）］

力強く重みを込めて、足音を響かせて歩くようす。

㊞怪獣がズシンズシンと歩き回る映像に子どもたちは悲鳴を上げた。

のっしのっし［〜（と）］

重い足取りで一歩一歩足を踏みしめて歩くようす。

㊞横綱が土俵に向かってノッシノッシと歩いていった／象がおりの中をノッシノッシと歩いている。

類「**のしのし**」ともいうが、「のっしのっし」のほうが力強さや重量感が強調される。

補体が大きく重量のある人や動物についていう。

＊小またで

ちょこちょこ［〜（と）］

小またでせわしなく歩くようす。また、幼児などが小またでたどたどしく歩くようす。

㊟チョコチョコと小走りで歩く／一歳くらいの女の子がチョコチョコチョコとハトのほうに歩いていった。

とことこ〔〜（と）〕

小またで足早に歩くようす。

㊟手招きすると小さな男の子がトコトコと私のほうにやってきた。

補軽快感があり、小さい子どもの場合は歩く姿にかわいらしさが感じられる。

ひょこひょこ〔〜（と）〕

おぼつかない足取りで、小さく跳ねるように歩くようす。

㊟歩き始めたばかりの女の子が母親の手を振り払ってヒョコヒョコと歩きだした。

よちよち〔〜（と）〕

幼児や老人などが体を左右に揺らすようにしておぼつかない足取りで、一歩一歩小さな歩幅で歩くようす。

㊟娘は誕生日を過ぎたころにヨチヨチと歩き始めた／ヨチヨチ歩くお年寄りに付き添って横断歩道を渡る。

補こうした歩き方を「よちよち歩き」という。

＊同じ歩調で

てくてく〔〜（と）〕

一歩一歩同じ調子で歩くようす。

㊟バスに乗り遅れてしまって駅までテクテク

歩いた。
補 長い距離を仕方なく歩くようなときに用いることが多い。乗り物に乗らないで歩くことを「タクシー」をもじって「テクシー」といい、「テクシーで行く」のようにいう。

*のんびりと

ぶらぶら [~（と）]

急がずのんびり歩くようす。
例 休みの日は公園をブラブラと散歩する／駅までブラブラ歩いても一〇分かからない。

*気取って

しゃなりしゃなり [~（と）]

しなやかな身のこなしで、気取って歩くようす。
例 ファッションショーでモデルがシャナリシャナリと歩く／女王様気取りでシャナリシャナリと歩く。
補 女性の歩き方にいうことが多いが、いかにも気取ったようすから一般的には好ましく思われないことが多い。

しゃらしゃら [~（と）]

気取って歩くようす。
例 着流しで京都の町中をシャラシャラと歩く。
補 かかとの部分に金物を打ちつけた雪駄などをはいて歩くときの音にもいう。

＊不安定な足取りで

よたよた［〜（と）］

足取りが不安定でふらつきながら歩くようす。

例 重い荷物を担いでヨタヨタ歩く／疲れきってヨタヨタと歩く。

よぼよぼ［〜（と）］

力なく、よろめくように歩くようす。

例 老人が杖にすがりながらヨボヨボ歩いていた。

補 老いた人や動物のおぼつかない足取りにいう。

よろよろ［〜（と）］

体のバランスが取れず、足取りが不安定なようす。

例 酔っぱらいはヨロヨロと駅のほうに歩いていった。

補 足元がふらつく意の「よろめく」「よろける」の「よろ」を繰り返した語。

＊必死に

えっちらおっちら［〜（と）］

重い足取りで必死に歩くようす。

例 山道をえっちらおっちら登る／地震でエレベーターが止まり一〇階まで階段をえっちらおっちら歩いて上がった。

補 自ら好んでするわけではなく、自分を鼓舞してやっとのことで歩くようなときにいうことが多い。

＊元気なく

とぼとぼ ［〜（と）］

元気なく、うつむき加減で歩くようす。

㊞友達とけんか別れして、ひとりトボトボ家に帰った。

㊕寂しさ・孤独・疲労感・無力感などを含意する。

言う・話す

＊小声で

こそこそ ［〜（と）］

ほかの人に聞こえないように隠れるようにして小さな声で話すようす。

㊞あの二人はさっきから部屋の隅で何やらコソコソ話をしている。

㊕主に、陰口や告げ口、うわさ話など、人に聞かれると困ることを隠れるようにして話す場合をいい、そのようすを見かけた人は不快感を持つことが多い。

ひそひそ ［〜（と）］

聞こえるか聞こえないかというほどの、非常に小さな声でささやくように話すようす。

㊞会議中に隣の人とヒソヒソ話をする／監督は交代する選手に何やらヒソヒソと耳元でささやくと、ぽんと背中をたたいてピッチに送り出した。

㊕「ひそか」「ひそやか」などの「ひそ」を繰り返した語で、秘密めいた感じがある。ひそひそ話す声を「ひそひそ声」、声をひそめてする話を「ひそひそ話」という。

＊つぶやく

ぼそっ［〜と］

小さくて低い声で、短くつぶやくようす。

㊎男の子は疲れたようすで「早くうちに帰りたい」とボソッとつぶやいた。

補はっきりした口調ではなく、不明瞭で弱々しい口調をいう。

ぽつり［〜と］

一言つぶやくようす。

㊎彼女は夕日を見ながら「さびしい」とポツリとつぶやいた。

類「**ぽつん**」はつぶやいたことばがたった一言であることに重点がある。

ぽつりぽつり［〜（と）］

一言ずつゆっくりとつぶやくように話すようす。

㊎彼女は自分の過去をポツリポツリと話し始めた。

類「**ぽつぽつ**」は一言ずつの間隔が「ぽつりぽつり」より短い。

＊よくしゃべる

ぴーちくぱーちく［〜（と）］

女性や子どもがかん高い声でにぎやかにしゃべるようす。また、その声。

㊎女の子たちはピーチクパーチクおしゃべり

に夢中だ。

補 小鳥がさえずる声の「ぴーちく」「ぱーちく」を合わせて、比喩的に人がにぎやかにしゃべるようすを強調。時に、周囲の人にとってはうるさく感じられ、迷惑の対象となる。

ぺちゃくちゃ ［〜（と）］

つまらないことをとりとめもなくしゃべり続けるようす。

例 いつまでもペチャクチャしゃべってないで早く寝なさい。

類 「ぺちゃくちゃ」は舌の動きが軽く、とにかくよくしゃべるようすをいうのに対して、「**べちゃくちゃ**」はしつこさがあり、不快感が強い。

＊うっかり

ぽろり ［〜と］

言ってはいけないことをうっかり言ってしまうようす。また、ことばが思わず口をついて出るようす。

例 ポロリと口を滑らせる／二人の間で秘密にしていたことをあいつはほかの人にポロッとしゃべってしまった／何かの拍子にポロッと本音が出る。

類 「**ぽろっ**」は瞬間をとらえた表現。

＊うるさく

がたがた ［〜（と）］

不平や不満などがあってうるさく言い騒ぐようす。

例 そんなつまらないことでガタガタ言うなよ。

補言い騒ぐようすを騒音ととらえていうもので、俗な言い方。

がちゃがちゃ 〔～（と）〕

口うるさいようす。うるさく口出しするようす。

例こうと決めてやることに他人がガチャガチャ言わないでくれ。

ごたごた 〔～（と）〕

望ましくないことをあれこれとうるさく言い立てるようす。

例あの人はゴタゴタと文句ばかり言う／ゴタゴタと難癖をつける。

つべこべ 〔～（と）〕

勝手な理屈や文句などをあれこれとうるさく言うようす。

例つべこべ言わずにさっさと宿題を終わらせなさい／私のやることにつべこべ口を出さないでほしい。

ぶつくさ 〔～（と）〕

不平や不満、文句などをあれこれとうるさく言うようす。

例ブツクサ言ってないでさっさと部屋を片付けなさい。

＊軽々しく

べらべら 〔～（と）〕

必要のないことなどを立て続けにしゃべるようす。また、人に話してはいけないことなどを軽々しく口外するようす。

㊙例 くだらないことをベラベラとよくしゃべる人だ／これはここだけの話だから人にベラベラしゃべるなよ。

ぺらぺら［〜（と）］

軽い調子で立て続けにしゃべるようす。口が軽いようす。また、人に話してはいけないことなどを軽々しく口外するようす。

例 隣のおばさんはペラペラとよくしゃべる人だ／あんなに内緒にしてねと言ったのに別の友達にペラペラしゃべってしまうなんて、あの人とはもう絶交だ。

補 「**べらべら**」と同じような状況で使うが、「ぺらぺら」のほうが口が軽く、軽薄な感じが強い。

＊しつこく

くだくだ［〜（と）］

不必要なことやくだらないことを長々としつこく言うようす。

例 クダクダと言い訳をする／クダクダと自慢話を聞かされてうんざりする。

類 「**ぐだぐだ**」は「くだくだ」よりしつこさが増し、誇張した表現。

くどくど［〜（と）］

同じことをしつこく繰り返し言うようす。

例 人に迷惑をかけないようにくどくどと子どもに言いきかせる／そんなにくどくど言わなくてもわかっているよ。

補 しつこい意の「くどい」の「くど」を繰り返した語。

ちくちく〔〜（と）〕

皮肉やいやみなどをしつこく繰り返して言うようす。

㊞先輩からチクチクといやみを言われて気分が落ち込んだ。

類「ちくり」は一回言うようす。

補比喩的に、針やとがったもので何度も刺すように相手の心に痛みを与えるようすをいう。

＊率直に

ずばずば〔〜（と）〕

遠慮なく率直にものを言うようす。

㊞的を射たことをズバズバ言う／社長に向かってズバズバ意見を言えるのは彼ぐらいだ。

補物言いに小気味よさがある。

＊とりとめなく

うだうだ〔〜（と）〕

言っても仕方がない、どうでもよいことをいつまでも言うようす。

㊞ウダウダとぐちを言う／すんでしまったことをウダウダ言っても仕方がない。

ぐずぐず〔〜（と）〕

不平・不満などをあれやこれやととりとめなく言い続けるようす。

㊞あいつはグズグズ文句ばかり言っている／もう決まったことにいつまでもグズグズ言うな。

補あいまいで、はっきりとした言い方ではないので、聞かされる人にとってはいら立ちや不快感がある。

たらたら［〜（と）］

文句や世辞、自慢などをとめどなく長々と言うようす。

例 彼はいつも文句タラタラで自分からは何もしようとしない。

補 内容が不快なので、嫌悪感や侮《ぶ》蔑《べつ》感を伴う。

＊無遠慮に

ずけずけ［〜（と）］

遠慮なく露骨にものを言うようす。

例 誰にでもズケズケものを言う／言いにくいことをズケズケと言う。

補 一方的で強引な感じがあり、不快感を伴う。

つけつけ［〜（と）］

遠慮するようすもなく、突っかかるようにものを言うようす。

例 あの人は年下の人にはツケツケとものを言う／店員にツケツケと文句を言う。

補 主に、自分より下位の人や弱い立場の人に対して言う。

＊明瞭・勢いよく

はきはき［〜（と）・〜する］

ものの言い方がはっきりとしていて歯切れがよいようす。

例 質問にハキハキと答える／自分に都合の悪い話になると彼はとたんに口を濁してハキハキしなくなる。

ぽんぽん［〜（と）］

次から次へと勢いよくことばが飛び出るよう

す。

㊐言いたいことをポンポン言う／冗談をポンポン言う。

類よく考えずに言う場合が多いが、「**ずけずけ**」と違って露骨で無遠慮な感じはない。

＊不明瞭

ごにょごにょ［～（と）］

口の中で不明瞭につぶやくようす・声。

㊐ゴニョゴニョ言わないではっきり言いなさい／寝言で何やらゴニョゴニョ言っている。

補不明瞭でよく聞き取れないようすをいう。

しどろもどろ［～に・～の・～だ］

あわてたりうろたえたりして筋の通らないことを言ったり、ことばがつかえたりするようす。

㊐痛いところをつかれて返事がシドロモドロになった／汚職を問われて市長はシドロモドロの弁明をした。

補「しどろ」も「もどろ」も秩序がなく、乱れているようすをいう。

ふがふが［～（と）］

歯が抜けたり入れ歯をはずしたりして、鼻や口から空気がもれてことばや発音が聞き取りにくいようす。また、その声。

㊐おじいちゃんは歯がなくてフガフガ言うだけなので何を言っているかよくわからない。

ぶつぶつ［～（と）］

口の中で小声で不明瞭に言い続けるようす。また、その声。

㊞さっきから何をブツブツ言っているの／子どもがブツブツひとり言を言いながら遊んでいる／ブツブツと念仏を唱える。

補口の中でつぶやくように言うので、聞き取れなかったり、内容も不明だったりする場合が多い。

へどもど［～（と）・～する］

突然のできごとにうろたえ、口ごもってうまくものが言えないようす。

㊞いきなり警官に職務質問されてヘドモドしてしまった。

補驚きや後ろめたさ、興奮などの心理的要素が働いて、まともに応対できない状態をいう。

ぼそぼそ［～（と）］

小さくて低い声で不明瞭に話すようす。

㊞彼はいつもボソボソ話すので聞き取りにくくて、何を言っているかよくわからない。

むにゃむにゃ［～（と）］

わけのわからないことを口の中で不明瞭につぶやくようす。

㊞ムニャムニャ言ってないでもっと大きな声ではっきり言いなさい。

もごもご［～（と）］

口を十分に開けずにものを言うようす。また、そのためにことばが口の中にこもって聞き取りにくいようす。
㊎小さな声でモゴモゴと言い訳をする。

もそもそ［〜（と）］
聞き取れないくらいの小さくこもった声で話すようす。
㊎彼女はモソモソ話すので、何度も聞き返した。

れろれろ［〜（と）・〜だ］
舌がもつれて発音が不明瞭なようす。
㊎酔っぱらいがレロレロとわけのわからないことを言う／歯医者で麻酔をしてもらったあと、しばらくは話すときにレロレロとなる。

＊よどみなく

ぺらぺら［〜（と）・〜だ］
外国語をよどみなく話すようす。
㊎彼女は英語がペラペラだ／商社勤務の彼は何か国語もペラペラ話す。

動く・動き回る

＊あてもなく

うろうろ［〜（と）・〜する］
あてもなく歩き回ったり、同じ所を行ったり来たりするようす。また、むだに歩き回るようす。
㊎不審者が近辺をウロウロしている／週刊誌の記者が疑惑の人物の周りをウロウロと嗅《か》ぎ回っている／出口がわからずウロウロしてし

まった。

＊緩慢に

もぞもぞ［～（と）］

緩慢に手足や体を動かすようす。

例 目が覚めてもしばらくは布団の中でモゾモゾしていた／ゲジゲジがモゾモゾとはい回る。

補 小さな虫がはい回るようすにもいう。

＊せわしなく

うろちょろ［～（と）・～する］

あちこちとせわしなく動き回るようす。

例（落ち着きのない子に）ウロチョロしないでじっとしていなさい／そばでウロチョロされると気が散ってしかたがない。

補「うろうろ」と「ちょろちょろ」を合わせたことば。いら立ちやわずらわしく思う気持ちが含まれる。

ちょこまか［～（と）・～する］

小刻みにせわしなく動き回るようす。

例（子どもに）チョコマカしないでじっとしてなさい／チョコマカと立ち回って上司の機嫌を取る。

補 いら立ちやわずらわしく思う気持ちが含まれる。

ちょろちょろ［～（と）・～する］

子どもや小さい生き物がせわしなく

動き回るようす。

(例)考え事をしているときに子どもにチョロチョロされると気が散って集中できない／夜になると壁の穴からネズミがチョロチョロ出入りしている。

動かない・静止する

じー［〜と］

動かずにそのままの状態でいるようす。

(例)（子どもに）髪を切っている間はじーとしてなさい／何もしないでただじーとしているだけでは問題の解決にならない。

(補)人が行動しない、実行しないでいる状態についてもいう。

じーっ［〜と］

動かずに長い間そのままの状態でいるようす。

(例)じーっとその場に立ち尽くす／男の子は家の前で母親の帰りをじーっと待っていた。

(類)静止している状態が「**じっ**」より長く持続するようすを強調していう。

じっ［〜と］

動かずにそのままの状態でいるようす。

(例)そこを動かないでじっとしていてね／子どもは少しもじっとしていないものだ。

(類)動かずにそのまま静止しているようすや、瞬間をとらえてわずかの間静止するようすにいう。

（物を）受け止める・打ち込む

はっし［〜と］

かたい物を勢いよく受け止めたり、また、打ち込んだり投げ込んだりするようす。

㊎剣豪は相手の振り下ろした刀をはっしと受け止めた／ピッチャーはキャッチャーのミットめがけてボールをはっしと投げ込んだ。

補 やや古風な語で、「発止」と当てて書く。

打ち負かす

ばったばった［〜（と）］

次々に相手を倒したり、やり込めたりなどして打ち負かすようす。

㊎並みいる敵をバッタバッタとなぎ倒す／エースは相手打者をバッタバッタと三振に打ち取った。

うなずく

うん［〜（と）］

相手の言うことに同意したり承知したりするときに、首を一度縦に振ってうなずくようす・声。

㊎食事に誘うと彼はウンとうなずいた／「一緒に帰ろう」「ウン、いいよ」／彼は僕の提案にウンと言ってくれた。

補 「うんと言う」で同意する、承知する意として用いられる。

うんうん［〜（と）］

首を二度縦に振ってうなずくようす・声。

㊒彼はウンウンとうなずきながら私の話を聞いてくれた／「ウンウン、あなたの気持ちはよくわかるよ」

補 同意や承知などを表す「うん」を重ねた語。

*はずむように

こくん［〜と］

はずむように首を一度縦に小さく振り、軽くうなずくようす。

㊒母親に「おとなしくしているのよ」と言われて男の子はコクンとうなずいた。

類「**うん**」とほぼ同義で用いるが、「こくん」のほうが首を縦に振るときの角度や動きが大きく、主に幼児の動作について用いることが多い。

こっくり［〜（と）］

はずむように首を一度縦に大きく振り、深くうなずくようす。

㊒「いちごは好き？」と聞かれて女の子はコックリとうなずいた／相手の提案にコックリとうなずいた。

類「**こくり**」より「こっくり」は動作が大きく、同意や承知などの度合いが深く、幼児以外の動作についても用いられる。「**こっくん**」は「こっくり」より勢いのよさがある。

押印する

ぺたん〔〜と〕

印鑑やスタンプなどを書類や紙などに密着するようにはずみをつけて一回押すようす。

㊞書類にはんこをペタンと押す／旅先の駅で手帳に記念スタンプをペタンと押した。

類「**ぺたり**」は印鑑などを紙に密着させることに重きがあり、動きに「ぺたん」ほどのはずみはない。

ぺたぺた〔〜（と）〕

印鑑やスタンプなどを書類や紙などに次々に押すようす。

㊞子どもはゴム印でつくった動物のスタンプをあちこちにペタペタ押した／はんこは気安くペタペタ押すものではない。

覆う・被る

すっぽり〔〜（と）〕

全体を完全に覆ったり、被ったりするようす。

㊞スカーフで頭をスッポリ覆う／布団を頭からスッポリ被って寝る。

補「霧があたりをすっぽり覆う」のように自然現象についても用いられる。

起き上がる

＊勢いよく

がばっ〔〜と〕

勢いよく起き上がるようす。

㊞真夜中に地震でガバッとはね起きた。

補 勢いよく伏せる意でも用いる。

＊ゆるやかに

むっくり［～（と）］

寝ている状態から上半身をくの字に曲げながらゆるやかに起き上がるようす。

例 目覚まし時計を止めると布団からムックリ起き上がった。

類 「**むくっ**」は瞬間をとらえた表現。

押す

ぐい［～と］

力を込めて押すようす。

例 満員電車に乗ろうとしたら後ろから駅員にグイと押し込まれた。

類 「**ぐいっ**」は瞬間をとらえた表現。

ぐいぐい［～（と）］

続けざまに力を込めて押すようす。

例 横綱は相手とがっぷり四つに組むと土俵際までグイグイ押して寄り切って勝った。

どん［～と］

勢いよく押すようす。

例 背中をドンと押されてつんのめった。

おだてる

ちやほや［～（と）・～する］

相手の機嫌を取っておだてたり、甘やかしたりするようす。

㊢みんながちやほやするからあいつはいい気になっているんだ／彼女は子どものころちやほやされて育ったので、わがままなところがある。

溺れる

あっぷあっぷ ［〜する］
水におぼれて、呼吸ができずに口を開けたり閉じたりしてもがき苦しむようす。

㊢川でおぼれてアップアップしている人を助ける／水槽の金魚が酸欠でアップアップしている。

泳ぐ

すいすい ［〜（と）］
軽やかに滞ることなく泳ぐようす。

㊢平泳ぎでスイスイ泳ぐ／メダカがスイスイ泳いでいる。

類「**すいっ**」はひとかきですばやく泳ぐようす。

補「トンボがスイスイ飛ぶ」のように空中を飛ぶようすにもいう。

ばたばた ［〜（と）・〜する］
伸ばした両足を交互に上下させて水を打って泳ぐようす。

㊢ビート板につかまって足をバタバタさせて泳ぐ。

補 クロールや背泳ぎの足の使い方で「ばた足」という。

回転する

＊一回転

くるり〔～（と）〕

軽やかに一回転するようす。また、円状に一周するようす。

例 女の子はスカートの裾を持ってクルリと回ってみせた／空でトンビがクルリと輪をかいた。

類 「**くるっ**」は瞬間をとらえた表現。

補 回転するように体の向きを変えたり、振り向いたりするようすにもいう。

ぐるり〔～（と）〕

大きく一回転するようす。また、円状に一周するようす。

例 肩をもみながら首をグルリと回した／あたりをグルリと見回す／湖の周りをグルリと一周した。

類 「**ぐるっ**」は瞬間をとらえた表現。

＊続けざまに

くるくる〔～（と）〕

軽やかに続けざまに回転するようす。

例 スケーターは華麗にクルクル回って演技を終えた。

類 「**くるくるっ**」は勢いよく回転するようす。

ぐるぐる〔～（と）〕

勢いよく続けざまに回転するようす。また、何度も周回するようす。
例 （野球で）サードコーチは腕をグルグル回して走者にホームをつくように指示を出した／目隠しをしてグルグル回されたあとはまっすぐに歩けない／道に迷って、同じ所をグルグル歩いてしまった。
類 「**ぐるぐるっ**」は勢いよく回転するようす。

嗅ぐ

くんくん ［〜（と）・〜する］

小刻みに鼻を動かしてにおいを嗅ぐようす。
例 警察犬は犯人の着ていた服のにおいをクンクン嗅ぐとすぐに跡を追い始めた／淹《い》れたてのコーヒーの香りをクンクンと嗅ぐ。
補 嗅覚を働かせて物のにおいを嗅いだり、においの元を探ったりするときのようすをいい、そのときに鼻を鳴らす音もいう。

聞く

＊集中して

じっ ［〜と］

静かに集中して聞くようす。

㊒小鳥のさえずりにじっと耳を澄ます／子どもの話にじっと耳を傾ける／先輩は私の話をただ黙ってじっと聞いてくれた。

類「**じーっ**」は強調表現で、「じっ」より長く集中して聞くようすをいう。

*少しずつ

ちらほら［～（と）］

あちらこちらから少しずつ聞こえてくるようす。

㊒体力の限界で横綱の引退がチラホラ聞かれるようになってきた。

*わずかに

ちらちら［～（と）］

わずかにそれとなく聞こえてくるようす。

㊒二人が交際しているといううわさをチラチラと耳にする。

ちらり［～と］

わずかに聞いたり聞こえたりするようす。

㊒彼女が転職するといううわさをチラリと耳にした。

類「**ちらっ**」は瞬間をとらえた表現。

喫煙

すぱすぱ［～（と）］

タバコを立て続けに吸うようす。また、口にくわえたタバコに火をつけて、火が回るように数回息を吸っては唇を開くようす・音。

例その部屋は男たちがスパスパ吸うタバコの煙でむせかえっていた／タバコにライターで火をつけるとスパスパと吸った。

ぷかぷか［〜（と）］
盛んにタバコを吹かすようす。
例タバコをプカプカ吹かしながら麻雀をするので部屋は煙で充満している／祖父が縁側でのんびりとタバコをプカプカやっている。

ぷかりぷかり［〜（と）］
タバコをゆっくりと続けて吹かすようす。
例父はソファーに座り、葉巻をプカリプカリとくゆらせた。
類「**ぷかり**」は一回の動作。

切る

＊はさみで

じょきじょき［〜（と）］
はさみで続けざまに切るときの低くて重い音・ようす。
例長い髪をジョキジョキ切る／裁ちばさみで生地をジョキジョキと裁断する。
補大きめのはさみで厚い物や分量のある物などを大胆に、あるいは乱暴に切るときの表現。

じょきっ［〜（と）］
はさみで一気に切るときの低くて重い音・ようすす。
例前髪をジョキッと切る／生地を大胆にジョ

キッと裁断する。

類「**じょきじょき**」と同様に動作に大胆さや乱暴なところがある。「**じょきん**」は切り終えた瞬間に焦点がある。「**じょっきん**」は勢いを強調した表現。

ちょきちょき［〜（と）］

はさみで続けざまに切るときの軽やかで高い音・ようす。

例庭木の枝をチョキチョキ切って形を整える／色紙をチョキチョキ切って七夕の短冊を作る。

類「**じょきじょき**」より「ちょきちょき」「**ちょきん**」「**ちょん**」のほうがはさみは小さめ。

ちょきん［〜（と）］

はさみで一気に切り離すときの軽やかで高い音・ようす。

例伸びた枝の先を植木ばさみでチョキンと切る／ボタンを縫い付けたあと糸をチョキンと切る。

類「**ちょっきん**」は強調表現。

ちょん［〜（と）］

小さい物や部分などを一気に切るときの軽やかで高い音・ようす。

例盆栽の芽をチョンと切る／封筒の角をチョンと切り落とす。

類「**ちょんちょん**」は続けざまにすばやく切るときの音やようす。

補動詞の「ちょん切る」はこの「ちょん」に「切る」を付けたもの。

＊のこぎりで

ぎこぎこ ［～（と）］

のこぎりの歯を往復させながら物を切るときの音・ようす。

(例)のこぎりで板をギコギコ切る。

(類)「**ぎーこぎーこ**」はのこぎりの歯をゆっくり往復させて切る音やようすをいう。「ぎこぎこ」「ぎーこぎーこ」ともに、切るときに抵抗感があり、音は耳障りに感じられる。

＊包丁で→(五)【料理】（切る）269頁

＊切り裂く

ずたずた ［～に］

刃物で乱雑に細かく切り裂くようす。

(例)デモ隊の一部が暴徒化して国旗をズタズタに切り裂いた／画家は描いた絵が気に入らなくてナイフでキャンバスをズタズタにしてしまった。

(補)「手紙をズタズタに引き裂く」のように手で細かく切れ切れに引き裂く、破る意でも用いる。

＊勢いよく

すぱっ ［～と］

鋭利な刃物で一気に切るようす。

(例)高枝切りばさみで太い枝をスパッと切る／刀で竹をスパッと切る。

(補)刃物の切れ味のよさと、動作に鮮やかさや思い切りのよさが感じられる。

すぱすぱ ［～（と）］

鋭利な刃物で立て続けに勢いよく切るようす。

㋑包丁を研いだらなんでもスパスパよく切れる。

補 刃物の切れ味のよさと、動作に鮮やかさや思い切りのよさが感じられる。

ばさばさ［〜（と）］

続けざまに勢いよく切るようす。

㋑庭の伸び過ぎた木の枝をバサバサ切ってすっきりさせた。

類「**ばっさばっさ**」は次から次にテンポよく切るようすをいう。

補 行為が無造作だったり乱暴だったりする場合が多い。

ばっさり［〜（と）］

一気に勢いよく切るようす。

㋑虫害で公園の桜の木がバッサリ切られてしまった／長い髪をバッサリ切る。

類「**ばさっ**」は瞬間をとらえた表現。

補 やり方は思い切りがよかったり、乱暴だったりする。また、物を切るほかに、「バッサリと首を切る（解雇）」「バッサリ縁を切る（絶縁）」「原稿をバッサリ削る（削除）」のような場合にも使われる。

くすぐる

こちょこちょ［〜（と）］

体の一部を刺激してくすぐるようす。

㋑友達の脇の下をコチョコチョとくすぐると

体をよじらせて笑い転げた。

転ぶ

＊回転するように

ころり［〜（と）］

軽く回転するように転ぶようす。

㊄ヨチヨチ歩きの女の子が石につまずいてコロリと転んだ／「そこへ兎がとんで出てころりころげた木のねっこ」（童謡『待ちぼうけ』作詞：北原白秋）。

㊊「**ころん**」「**ころりん**」は軽くはずむように転がるようすをいう。

＊滑って

すてん［〜と］

瞬間的に滑って転ぶようす。

㊄初めてのスケートで、氷の上に足を乗せたとたんステンと転んでしまった。

㊊「**ずでん**」は「すてん」より重量感があり、転び方が激しい。

すってん［〜（と）］

勢いよく滑って転ぶようす。

㊄バナナの皮を踏んでスッテンと転ぶ／雪道を急いで歩いていてスッテンと転んでしまった。

㊊「**ずってん**」は「すってん」より重量感があり、転び方が激しい。「**すってーん**」「**ずってーん**」は勢いをさらに強調した表現。

すってんころり〔〜（と）〕

勢いよく滑って大きく回転するように転ぶようす。

㊡凍った道でスッテンコロリと転んでしまった。

㊮「すってん」と「ころり」を合わせた語で、「**すってんころりん**」ともいう。

催促する

やいのやいの〔〜（と）〕

何度もしつこく催促するようす。

㊡妻にやいのやいの言われて、仕方なく趣味のバイクを手放した／返事を渋っていると先方からやいのやいのとせっつかれた。

刺す

＊浅く

ちくり〔〜（と）〕

針やとげなどの先が細くとがった物で一回浅く刺すようす。

㊡縫い物をしていて、針で指をチクリと刺してしまった／蜂に腕をチクリと刺された／注射針がチクリと刺さったとたん女の子は大泣きした。

㊮「**ちくん**」は「ちくり」より軽く刺すようすをいう。「**ちくっ**」は瞬間をとらえた表現。

ちくちく〔〜（と）〕

針やとげなどの先が細くとがった物で何度も

小刻みに浅く刺すようす。
(例) 針でチクチクと縫い物をする／丸くなったハリネズミに触ると針状の毛が手にチクチク刺さる。

＊深く

ぐさり 〔～（と）〕
鋭利な刃物や先のとがった物で一回深く刺すようす・音。
(例) 暴漢にナイフでグサリと刺される／弓矢が標的にグサリと刺さった。
(類) 「**ぐさっ**」は瞬間をとらえた表現。

ぐさぐさ 〔～（と）〕
鋭利な刃物や先のとがった物で何度も深く刺すようす・音。
(例) 人に見立てたわら束を刀でグサグサ刺す／被害者は犯人にナイフで何度もグサグサと刺された。

ずぶり 〔～（と）〕
鋭利な刃物や先のとがった物で軟らかい物を一回深く突き刺すようす・音。
(例) 槍で敵をズブリと突き刺す／焼き鳥用の鶏肉に串をズブリと刺す。
(類) 「**ずぶっ**」は瞬間をとらえた表現。

ずぶずぶ 〔～（と）〕
鋭利な刃物や先のとがった物で軟らかい物を

何度も深く突き刺すようす・音。

㊟ 畳職人は畳の表から裏へ、裏から表へズブズブと太い針を刺して縫っていった／肉とネギを交互にズブズブと串に刺して焼く。

ぶすり［〜（と）］

鋭利な刃物や先のとがった物で厚くて軟らかい物を一回深く突き刺すようす・音。

㊟ けんか相手の腹部を包丁でブスリと刺す／太い注射針を太ももにブスリと刺す。

類「ぶすっ」は瞬間をとらえた表現。

ぶすぶす［〜（と）］

鋭利な刃物や先のとがった物で厚くて軟らかい物を何度も深く突き刺すようす・音。

㊟ 箱に錐《きり》でブスブスと穴を開けて通気をよくして虫かごにする／武家屋敷のふすまには槍でブスブス刺したあとがそのまま残っていた／肉のかたまりにフォークをブスブス刺して火の通りをよくする。

騒ぐ

＊にぎやかに

わいわい［〜（と）］

大勢の人がそれぞれにぎやかにものを言ったり騒ぎ立てたりするようす・声。

㊟ ワイワイ言いながらみんなでご飯を食べるのは楽しいね／気の合った仲間とワイワイやるに限る／大家族でワイワイガヤガヤとにぎやかに暮らす。

類「**わいわいがやがや**」はにぎやかさと騒がしさの両方が合わさった意味合いで使われる。

＊走り回ったり取っ組み合ったり

どたばた［〜（と）・〜する］

室内を騒がしく走り回ったり動き回ったりするようす・音。

例廊下をドタバタ走るな／二階で子どもたちがドタバタとうるさい。

補「どたどた」と「ばたばた」を合わせた語。舞台を騒々しく動き回る喜劇を「どたばた喜劇」という。

どたんばたん［〜（と）］

取っ組み合って倒れたり、転げ回ったりして、騒がしいようす・音。

例ドタンバタンと取っ組み合いのけんかをする。

＊大騒ぎ

てんやわんや［〜の・〜だ］

大勢の人が勝手に騒ぎ立てたり動き回ったりして、混乱するようす。

例ハイジャックの一報が入り、旅行代理店はテンヤワンヤの大騒ぎになった。

補関西地方で、それぞれ、めいめいの意の「てんでん」とむちゃくちゃの意の「わや」が合わさってできた語とされる。

どんちゃん［〜（と）］

宴会などで、酒を飲み、歌ったり踊ったりして大騒ぎをするようす。

㊎芸者をあげてドンチャン騒ぎをする。

㊓「どん」は太鼓の音、「ちゃん」は鉦《かね》（手に提げてたたいて鳴らす楽器）の音。本来は、歌舞伎で合戦場面を盛り上げるための効果音のこと。転じて、酒宴で、三味線や太鼓などの鳴り物を打ち鳴らし、それに合わせて歌ったり踊ったりして遊び興ずるようすをいうようになったもの。

*派手に

ぱーっ［～と］

派手に騒ぐようす。陽気に騒ぐようす。

㊎今夜は一つパーッといこう。

㊓気持ちが落ち込んだり、腹立たしさやいら立ちで平静でいられなかったりするときなどに、気晴らしや憂《う》さ晴らしで酒を飲むなどして騒ぐようなときにいうことが多い。

*もめごとで

やっさもっさ［～（の）・～する］

大勢の人が集まってもめたり混乱したりするようす。

㊎倒産した会社の前には取り立ての人が押し寄せ、ヤッサモッサの大騒ぎとなった。

㊓もめごとやいざこざの意で、名詞としても用いられる。

叱る

*口やかましく

がみがみ［～（と）］

口やかましく叱るようす。

㊎ガミガミ小言をいう／子どもをガミガミ叱ってばかりいると委縮してのびのびと育たないよ／上司にガミガミ言われてもううんざりだ。

補 通常、目上の者が目下の者に対して一方的にまくしたてて叱るようすをいう。

＊時間をかけて

こってり［〜（と）］

時間をかけて徹底的に叱るようす。

㊎部活をさぼったら先輩からコッテリ油を絞られた。

＊厳しく

びしっ［〜（と）］

厳しく叱るようす。

㊎子どもが悪いことをしたらビシッと叱らなくてはだめだ。

舌を出す

ぺろり［〜と］

失敗したり、きまりが悪かったり、照れたり、人をからかったりするときなどにすばやく舌を出すようす。

㊎クイズの答えを間違えてペロリと舌を出した／友達に向かって舌をペロリと出し、あかんべをして見せた。

類「**ぺろっ**」は瞬間をとらえた表現。「**ぺろん**」は「ぺろり」より動きに軽さがある。

締めつける

＊強く

きゅっ［～と］

力を込めて一気に締めつけるようす・音。

㊒靴のひもをキュッと結ぶ／袋の口をひもでキュッと縛る／帯をキュッと締める。

類「きゅーっ」は強調表現。

ぎゅっ［～と］

力を込めて一気に強く締めつけるようす。

㊒ボルトをギュッと締める／自転車の荷台の物が落ちないようにひもでギュッと縛る。

類「きゅっ」より力の込め方が強い。「ぎゅーっ」は強調表現。

ぎゅーぎゅー［～（に）］

続けざまに強く締めつけるようす。

㊒荷物がほどけないようにひもでギューギューに縛る／美容院で着付けをしてもらったら、帯をギュウギュウに締められたので苦しい。

きりきり［～と］

きつく締めつけるようす。

㊒ボートをつなぎとめる杭にロープをキリキリと巻きつける／矢をキリキリと引き絞り一気に放つ。

補弓に矢をつがえて引き絞る意にも用いる。

きりり［～と］

強く締めるようす。

㊒鉢巻をキリリと締める／博多帯をキリリと

締める。

類「**きりっ**」は瞬間をとらえた表現。

補きりりと締めた姿に勇ましさや粋のよさが感じられる。

捨てる

ぽい［〜と］

無造作に物を捨てるようす。

例タバコの吸い殻を路上にポイと捨てる／彼女は恋人にポイと捨てられたらしい。

類「**ぽいっ**」は瞬間をとらえた表現。

補物のほか、人を不要とみなして関係を断つ意でも使われる。タバコの吸い殻やごみなどを無造作に捨てる行為を「ぽい捨て」という。

ぽいぽい［〜（と）］

次から次へと無造作に物を捨てるようす。

例母親が部屋の掃除をしてくれるのはいいが、なんでもかんでもポイポイ捨ててしまうので困る／賞味期限が切れたからといってまだ食べられる物をポイポイ捨てるなんてもったいない。

滑る

＊なめらかに

するり［〜と］

ひっかかりがなく、なめらかに滑るようす。

例塗り箸で小芋を食べようとしたらスルリと滑ってしまった。

類「**するっ**」は瞬間をとらえた表現。

補 接触する物の表面が滑りやすい状態にある場合にいう。

つるり［〜と］

ひっかかりがなく、なめらかに滑るようす。

例 大雪の翌朝、路面が凍っていて歩きだしたとたんツルリと滑って転んでしまった。

類「**つるっ**」は瞬間をとらえた表現。「**つるりん**」「**つるん**」はひっくり返るほど勢いよく滑るようすをいう。

補 接触する物の表面が平らでよく滑る状態にある場合にいう。

＊物にこすれながら

ずるり［〜と］

物にこすれながら一気に滑るようす。

例 バナナの皮を踏んだらズルリと滑ってしまった／うっすら積もった雪の上に足を乗せたとたんズルリと滑って転んでしまった。

類「**ずるっ**」は瞬間をとらえた表現。抵抗感がなくなめらかに滑る「**するり**」や「**つるり**」に対して、「ずるり」は滑るときにひっかかるような抵抗感がある。

ずるずる［〜（と）］

物にこすれながら続けざまに滑るようす。

例 山道で足を滑らせ、斜面をズルズルと滑り落ちた。

類 「**ずるずるっ**」は勢いを付加した表現。

座る

＊小さくかしこまって

ちょこん［～と］

小さくかしこまって座っているようす。

例 園児が椅子にチョコンと座ってお母さんのお迎えを待っていた／おばあさんが縁側で座布団にチョコンと座って日向ぼっこをしている。

類 「**ちょこなん**」はいかにもかしこまっているといった意を加味していう。

補 主に、小さな子どもや年老いて小さくなった人、小動物などに用いることが多い。

＊勢いよく

どかっ［～と］

椅子などに体を預けるように勢いよく座るようす。

例 男は空いている席にドカッと座った。

補 主に、重量のある人の動作にいう。

＊重々しく

どっか［～と］

重々しくゆったりと腰をおろすようす。

例 ソファーにドッカと腰をおろす／男たちは床にドッカと座って酒盛りを始めた。

類 「**どっかり**」は座った状態に重量感がある。

補 主に、重量のある人の動作にいう。

＊平たく

ぺたん［〜と］

床や畳などに尻を密着させて平たく座るようす。

例 床にペタンと座る／ペタンと尻餅をつく。

類 「ぺたん」は動作に勢いがある。「**ぺたり**」は座っている状態をいう。「**ぺたっ**」は瞬間をとらえた表現。

補 尻餅をつくようすにもいう。

＊力なく

へたへた［〜（と）］

体力や気力が尽きて、力なく座り込むようす。

例 深夜帰宅するとヘタヘタと椅子に座り込んだ／男の子は歩き疲れてヘタヘタとしゃがみ込んだ。

類 「**へたへたっ**」は勢いを付加した表現。

補 倒れ込むようすにもいう。

へなへな［〜（と）］

体や気持ちに張りがなくなって、弱々しくくずれるように座り込むようす。

例 家族の安否を確認したとたん、それまで張り詰めていた気持ちがゆるんでヘナヘナと座り込んでしまった。

類 「**へなへなっ**」は勢いを付加した表現。

責め立てる

ぎゅーぎゅー［〜（に）］

相手を強引に責め立てたり、しごいたりするようす。

㊖部下の失敗を一方的にギューギュー責め立てるのは逆効果で、やる気をなくしかねない／練習をさぼったら次の日先輩にギューギューにしごかれた。

補「やっつける」の意でも用いられる（**→75頁**）。

剃る

じょりじょり［〜（と）］

かみそりでひげや髪を連続して剃《そ》る音・ようす。

㊖父は毎朝かみそりで濃いひげをジョリジョリ剃るのが日課だ。

補特に、ひげや髪が硬い場合にいい、剃るときに抵抗感があり、音は高め。

ぞりぞり［〜（と）］

かみそりでひげや髪を連続して剃る音・ようす。

㊖かみそりでひげをゾリゾリ剃る／髪をゾリゾリ剃って丸坊主にする。

補剃るときの抵抗感は「**じょりじょり**」ほどはなく、音は低め。

（人を）たたく・なぐる

＊平手や棒などでたたく

ばしっ［〜（と）］

思い切り強く一回たたくようす・音。

㊒けんか相手の横っつらを平手でバシッとひっぱたく／つまみ食いをしようとする子どもの手をバシッとたたく／（相撲で）立ち会いと同時に相手にバシッと一発張り手をかました。

類「**ぱしっ**」は「ばしっ」より音が高く鋭さがある。

ばしばし［〜（と）］

何度も思い切り強くたたくようす・音。

㊒昔、軍隊では上官が部下にバシバシびんたをくわせることがあったらしい／いたずら小僧のお尻をバシバシたたく。

補連続してたたくことで容赦のなさが強調される。「びし」と「ばし」を合わせて「**びしばし**」ともいう。

びしびし［〜（と）］

平手や鞭《むち》などで連続して強くたたくようす・音。

㊒騎手はゴールに向かってウマにビシビシと鞭を当てた。

類「**びしり**」は一回たたく音で、「**びしっ**」は瞬間をとらえた表現。

ぴしゃり［〜（と）］

平手で一回強くたたくようす・音。

㊒つまみ食いをしようとした子どもの手をピシャリとたたいた／相手の顔をピシャリと平手打ちにした／腕に止まった蚊をピシャリとたたいた。

類 たたき方は「**ぱしっ**」ほど強烈ではない。「**ぴしゃっ**」は瞬間をとらえた表現。

ぺんぺん［〜（と）・〜する］

平手で尻を軽くたたくようす・音。

例「この子はいたずらばかりして、お尻ペンペンしますよ」

補 幼児語。

＊こぶし・棒などでなぐる

ぽかり［〜（と）］

一回強くなぐるようす・音。

例 けんか相手の頭をボカリとなぐった。

類「**ぼかっ**」は瞬間をとらえた表現。

ぽかり［〜（と）］

一回軽くなぐるようす・音。

例 おもちゃの取り合いをして、取られた男の子は相手の頭をポカリとなぐった／ふざけてノートを丸めて友達の頭をポカリとなぐった。

類「**ぽかっ**」は瞬間をとらえた表現。

ぽかすか［〜（と）］

続けざまに乱暴になぐるようす。

例 男の子二人が口げんかをしていて、いきなりボカスカなぐり合いが始まった。

類「**ぽかすか**」は「ぼかすか」より軽い調子でなぐるようすをいう。

ぼかぼか［〜（と）］

続けざまに乱暴になぐりつけるようす・音。

例 チャンピオンは挑戦者にボカボカと強烈な

パンチを浴びせた／けんか相手を棒切れでボカボカなぐる。

類「**ぼかぼかっ**」は勢いを付加した表現。

ぽかぽか［〜（と）］

続けざまに乱暴になぐるようす・音。

例おもちゃの取り合いに負けた男の子は悔しくて相手の子をポカポカなぐった／彼女は泣きじゃくって彼の胸をポカポカたたいた／彼は自分のミスに気づき頭をポカポカとたたいた。

類強烈で荒々しさがある「**ぼかぼか**」に対して、「ぽかぽか」は勢いはあるが打撃の度合いは軽く小さい。また、「ぽかぽか」は自分の失敗や落ち度などを自分で責めるようなときのしぐさにもいう。「**ぽかぽかっ**」は勢いを付加した表現。

ぼこぼこ［〜（と）・〜に］

何度も強くなぐるようす・音。

例駅で騒ぐ若者に注意したらボコボコになぐられた／生意気なやつはボコボコにしてやる。

補顔や体がでこぼこになるほどなぐる意。徹底的に相手をうちのめすようすにもいう。

立つ・立ち上がる

すっ［〜と］

瞬時に立つようす。

例 電車に老人が乗ってくると若者はスッと立って席をゆずった。

類「すっ」が反射的に体が動く点に焦点があるのに対して、「**さっ**」は急いでする、すばやくするという点に焦点があり、動く対象に意識の差がある。

すっく［〜と］

勢いよく立ち上がるようす。また、まっすぐに立っているようす。

例 来客が応接室に入ると社長は椅子からスックと立ち上がって出迎えた／王宮の門には衛兵が背筋を伸ばしてスックと立っていた。

類「**すくっ**」は瞬間をとらえた表現。

補 まっすぐの意の「直（すく）」の促音化した語。草木などがまっすぐ上に伸び上がるようすにもいう。

ぬっ［〜と］

何も言わずに突然立ち上がるようす。また、何も言わずに突っ立っているようす。

例 ベンチに座っていた男は用事でも思い出したのかヌッと立ち上がると駅のほうへ急ぎ足で行ってしまった／そんな所にヌッと突っ立ってないでこっちに来て座りなさい。

類「**ぬうっ**」は「ぬっ」より無気味さがある。

つかむ・握る

＊力を込めて

きゅっ［〜と］

しっかりつかんだり、握ったりするようす。

㊀小さな女の子がお母さんの洋服の裾《すそ》をキュッとつかんで歩いている。

ぎゅっ［〜と］

力強くつかんだり、握ったりするようす。

㊀手すりをギュッとつかみながら階段を上る／孫はお年玉をギュッと握りしめておもちゃ屋に行った／二人はお互いに手をギュッと握りあって再会を喜んだ。

むぎゅっ［〜と］

柔らかいものを一気に強くつかんだり、抱きしめたりするようす。

㊀女の子はぬいぐるみをムギュッと抱きしめた。

補「むぎゅっ」の「む」は柔らかいものをつかんだ瞬間の感触を表す。

＊荒々しく

むんず［〜と］

荒々しく力を込めてつかむようす。

㊀横綱は相手のまわしをむんずとつかむと豪快に投げ飛ばした。

補つかむほかに、組む、引っ張るなど、いきなり力を込めて何かをするようすをいう。「**むず**」を強調した言い方で、どちらも古風な表現。

＊しっかりと

ひし［〜と］

しっかりとしがみついたり、抱きしめたりするようす。

例 川で流されそうになって岩にひしとしがみつく／娘をひしと抱きしめる。

類 「**ひっし**」は強調表現。

補 やや古風な表現。

突く・つつく

つんつん［〜（と）・〜する］

指の先や細長い物の先端などで何度か軽く突くようす。

例 赤ちゃんのふっくらしたほっぺを指でツンツンとつつく／授業中に居眠りしている友達の背中を鉛筆でツンツンして起こした。

出会う・遭遇する

＊思いがけなく

ばったり［〜（と）］

思いがけなく人と出会うようす。

例 本屋で高校時代の友達にバッタリ会った／いやなやつにそこでバッタリ会ってしまって、そのあと気分が悪かった。

類 「ばったり」は会ったときの意外性や衝撃が強く、会いたくない人に出くわす場合にもいう。「**ぱったり**」は「ばったり」より会ったときの意外性や衝撃が柔らかい感じがある。

ひょっこり［〜（と）］

思いがけなく人と出会うようす。

㊄買い物をしていたら昔の同僚とヒョッコリ出会った。

㊆「ばったり」は出会ったときの意外性や衝撃が強く、出くわすという感じであるのに対して、「ひょっこり」は偶然性に重きがある。

飛び跳ねる・飛び越える

ぴょん［〜と］

一回勢いよく飛び跳ねたり、飛び越えたりするようす。

㊄棚の上の物をピョンと飛び跳ねて取った／水たまりをピョンと飛び越える。

ぴょんぴょん［〜（と）］

続けざまに勢いよく飛び跳ねるようす。

㊄優勝が決まると選手たちはピョンピョン飛び跳ねて喜んだ／ウサギが野原をピョンピョン跳ね回る。

投げる

ぽい［〜と］

無造作に物を投げるようす。

㊄弟は家に帰ってくるなりかばんをポイと放り出すと遊びに行ってしまった。

㊆「ぽいっ」は瞬間をとらえた表現。

ぽいぽい［〜（と）］

次から次へと無造作に物を投げるようす。

例 口の中にポップコーンをポイポイ放り込む。

ぽん［〜と］

弾みをつけて物を投げるようす。

例 机の上にポンと本を置く／友達はキャッチボールをしようと言ってグローブをポンと投げてよこした。

ぽんぽん［〜（と）］

続けざまに勢いよく物を投げるようす。

例 空き缶を所かまわずポンポン投げ捨てるのはやめてほしい／ピッチャーはキャッチャーのミットめがけて速球をポンポン放り込んだ。

なめる

べろり［〜と］

舌で一回強くなめるようす。

例 大きなイヌに手をベロリとなめられて思わず手を引っこめた。

類「**べろん**」は勢いよくなめるようす。「**べろっ**」は瞬間をとらえた表現。

補 ねっとりとしつこい感じで、不快感を伴うことがある。

ぺろり［〜と］

舌で一回軽くなめるようす。

例 切手をペロリとなめて封筒に貼る／イヌにペロリと顔をなめられた。

類「**ぺろん**」は勢いよくなめるようす。「**ぺろっ**」は瞬間をとらえた表現。

＊何度も

べろべろ［〜（と）］

舌で何度もしつこくなめるようす。

例 赤ん坊がおもちゃをベロベロなめ回している。

補 ねっとりとしつこい感じで、不快感を伴うことがある。

ぺろぺろ［〜（と）］

舌で何度も軽くなめるようす。

例 キャンディーをペロペロなめる／イヌが大喜びで飛びついてきて、僕の顔をペロペロなめた。

並ぶ

ずらっ［〜と］

人がたくさん並んでいるようす。

例 コンサート会場入り口には開場前からファンがズラッと並んでいる。

類「ずらっ」は状況を瞬間的にとらえた表現で、「**ずらり**」より臨場感があり、インパクトが強い。「**ずらーっ**」は強調表現。

補 多くの物が並ぶようすにもいい、「テーブルにはごちそうがズラッと並んでいる」のように用いられる。

ずらり［〜（と）］

人がたくさん並んでいるようす。

例 壇上には各界の名士がズラリと並んだ。

補 多くの人が一か所に勢ぞろいするようすにもいう。また、多くの物が並ぶようすにもいい、「物産展では各地の特産品がズラリと並んでいた」のように用いられる。

逃げる・立ち去る

＊急いで

すたこら［〜（と）］

その場から急いで逃げたり立ち去ったりするようす。

例 けんかしても相手が強そうで、形勢不利とみるやスタコラ逃げ出した。

すたこらさっさ［〜（と）］

その場から大急ぎで逃げたり立ち去ったりするようす。

例 あいつは都合が悪くなるとスタコラサッサと逃げ出すんだから、まったく勝手なやつだ。

補 「**すたこら**」にすばやい意の「**さっさ**」（→406頁）を付け加えて、動きのすばやさをリズミカルに強調していう。

＊姿を消す

どろん［〜と・〜する］

その場から逃げて姿を消すようす。また、姿を消すこと。

(例) 警察が駆け付けたときには犯人はドロンしたあとだった／横領した金を持ってドロンを決め込む。

(補) 歌舞伎の下座《げざ》音楽で、幽霊や妖怪などが姿を消すときに、効果音として連打する大太鼓の音からたとえていう。

塗る

＊濃厚に

こてこて［～（と）・～に］

塗料や化粧品などを濃厚に塗るようす。

(例) 絵の具をコテコテと塗りたくっただけの絵のどこがいいのかわからない／父はいつもポマードをコテコテにつける／若いんだからそんなにコテコテ厚化粧することはないよ。

(類) 「こてこて」は「**ごてごて**」ほどのくどさやしつこさはないが、不快感や嫌悪感を伴うことは多い。

ごてごて［～（と）・～に］

塗料や化粧品などをくどいほど濃厚に塗るようす。

(例) 絵の具をゴテゴテ塗りたくる／顔に白粉《おしろい》やら頬紅やらゴテゴテと塗りたくる。

(補) 不必要なくどさやしつこさがあり、不快感や嫌悪感を伴うことが多い。

べったり［～（と）］

塗料や化粧品などをたっぷり塗るようす。

㊒床にニスをベッタリと塗る／顔にクリームをベッタリと塗る。

㊓「**べたっ**」は瞬間をとらえた表現。

＊一面に

べたべた［〜（と）］

一面に濃厚に塗りつけるようす。

㊒パンにマーガリンをベタベタと塗りつける／しみを隠そうとファンデーションをベタベタ塗ると老けて見えてかえって逆効果だ。

㊓くどさやしつこさがあり、見た目に不快感がある。

ぺたぺた［〜（と）］

一面に軽く塗りたくるようす。

㊒園児たちは画用紙に絵の具をペタペタ塗りたくった。

㊓「**べたべた**」のようなくどさやしつこさはない。

寝ころぶ・横たわる

＊軽やかに

ころっ［〜と］

はずみをつけて瞬時に寝ころぶようす。

㊒遊び疲れた子はコロッと横になるとすぐに眠ってしまった。

ころん［〜と］

はずみをつけて軽やかに寝ころぶようす。

㊎休憩室でコロンと横になって仮眠する。

類「**ころり**」は「**ころっ**」や「ころん」のような動きの勢いはなく、横たわっている状態に重きがある。

＊重量のある人や動物が

ごろっ［〜と］

はずみをつけて瞬時に寝ころぶようす。

例息子は部活から帰ってくるなりベッドにゴロッと横になった。

ごろん［〜と］

無造作に勢いよく寝ころぶようす。

例畳にゴロンと寝ころがって本を読む。

類「**ごろり**」は「**ごろっ**」や「ごろん」のような動きの勢いはなく、横たわっている状態に重きがある。

どてっ［〜と］

体重をかけて勢いよく寝ころぶようす。また、だらしなく寝ころんでいるようす。

例ポカポカ陽気の午後、芝生にドテッと寝ころがって白い雲を見ていた／何もしないでドテッと寝てばかりいると太りますよ。

類「**どでっ**」は重々しい感じとだらしなさを強調する。

登る・上る

するする［〜（と）］

すばやく滑るように登るようす。

例 サルは柿の木にスルスル登ると実をもいで食べた／消防士ははしごをスルスル上って取り残された人の救助に向かった。

類 「**するするっ**」は勢いを付加した表現。

手間取る

ぐずぐず［～（と）・～する］

行動や決断に必要以上に手間取るようす。

例 返事をグズグズと引き延ばす／グズグズしていると遅刻しますよ／グズグズしているひまはない。

もたもた［～（と）・～する］

行動が機敏でなかったり、まごついたりして、手間取るようす。

例 「何をモタモタしてるんだ、早くしろ」／支度にモタモタしていて電車に乗り遅れた。

補 「もたつく」の「もた」を繰り返した語。

吐き出す

ぺっ［～（と）］

つばや口の中の物を勢いよく吐き出す音・ようす。

例 道端につばをペッと吐く／男はかんでいたガムをペッと吐き出した。

補 「**べっ**」は「ぺっ」より乱暴で、きたならしい感じが強い。

ぺっぺっ［～（と）］

つばや口の中の物を続けざまに勢いよく吐き出す音・ようす。

㊎赤く色づいた柿をもいで食べたら渋柿で思わずペッペッと吐き出した。

類「**ぺぺっ**」は瞬間をとらえた表現。

走る

＊目標に向かって勢いよく

たーっ［～と］

目標に向かってすばやく軽やかに走るようす。

㊎電車に乗り遅れそうになってあわてて駅に向かってターッと走り出した。

だーっ［～と］

目標に向かって勢いよく走るようす。

㊎話題の人物が姿を現すと記者たちはダーッと駆け寄った。

類「**たーっ**」より「だーっ」のほうが足取りに勢いと重量感がある。

たたーっ［～と］

目標に向かって連続的にすばやく軽やかに走るようす。

㊎ピッチャーのモーションを盗んで二塁めがけてタターッと走り、滑り込みセーフになっ

た。

補 動作と時間に連続性がある。

だだーっ［〜と］

目標に向かって連続的にすさまじい勢いで走るようす。

例 バーゲンセールで客たちは欲しい物に向かってダダーッと突進していった。

類 「**たたーっ**」より「だだーっ」のほうが足取りに勢いと重量感がある。

＊軽快に

たったかたったか［〜（と）］

軽快な足取りでリズミカルに走るようす。

例 遊園地で興味のある乗り物を見つけると、息子はうれしそうにタッタカタッタカ走っていった。

たったっ［〜と］

軽快な足取りですばやく走るようす。

例 マラソンランナーが目の前をタッタッと走り去っていった／階段をタッタッタッと駆け上がる。

類 「**たったったっ**」と繰り返しを増やすと「たったっ」より軽快感と勢いが増す。

＊非常に速く

びゅーん［〜と］

飛ぶように速く走るようす。

例 園児は迎えに来た母親の所にビューンと走っていった。

びゅんびゅん［〜（と）］

風を切って飛ぶように速く走るようす。

㊄前のランナーを何人もビュンビュン追い越す／マラソンは最初からビュンビュン飛ばすと後半でばててしまう。

はたく

ぱたぱた［〜（と）］

ほこりやちりなどをはたきで払い除く音・ようす。また、平たいもので軽くたたく音・ようす。

㊄障子にパタパタとはたきをかける／化粧の仕上げに白粉《おしろい》をパフでパタパタはたく。

貼る

＊瞬間的に

べたっ［〜と］

瞬間的に強く押し付けるようにして貼るようす。

㊄駐車禁止のステッカーを車にベタッと貼り付ける。

類「**べたん**」は動作に弾むような感じがある。「**べたり**」は貼り付いている状態に焦点がある。「**べったり**」は「べたり」の強調表現。「**ぺたっ**」より密着の度合いが強い。

補貼り付いて取れないような粘り気としつこさがあり、不快感や嫌悪感を伴うことがある。

ぺたっ［〜と］

瞬間的に軽く押さえるようにして貼るようす。

例 封筒に宛名シールをペタッと貼る。

類 「**ぺたん**」は動作に弾むような感じがある。「**ぺたり**」は貼り付いている状態に焦点がある。「**ぺったり**」は「ぺたり」の強調表現。

＊一面に

べたべた［〜（と）］

しっかりと押し付けるようにして一面にいくつも貼り付けるようす。

例 電柱に広告がベタベタ貼られている／壁にポスターをベタベタ貼る。

補 貼り付いて取れないような粘り気としつこさがあり、不快感や嫌悪感を伴うことがある。

ぺたぺた［〜（と）］

軽く押し付けるようにして一面にいくつも貼るようす。

例 子どもがどこにでもシールをペタペタ貼るので困ってしまう／肩こりがひどくてシップ薬を何枚もペタペタ貼った。

補 所かまわず、気軽に貼る感じがある。

引きずる

ずるずる［〜（と）］

重い物や長い物などを続けざまに引きずるようす・音。

㊞重い段ボール箱をズルズル引きずって移動させる／綱引きで相手チームにズルズルと引きずられて負けてしまった／姉のお下がりのスカートが長過ぎてズルズルと引きずってしまう。

類「**ずるずるっ**」は勢いを付加した表現。

ぞろぞろ［〜（と）］

長い物をだらしなく引きずるようす・音。

㊞自転車の荷台のひもがほどけて地面をゾロゾロと引きずっていた／どこかの家から逃げ出したらしいイヌが鎖をゾロゾロ引きずりながらウロウロしている。

補着物やスカートの裾《すそ》などをだらしなく引きずるようすにもいう。

引く・引っ張る

＊力を込めて

ぐい［〜と］

力を込めて引くようす。

㊞レバーをグイと引く／ロープをグイと引っ張る／ドアの取っ手をグイと引っ張ったら取れてしまった。

類「**ぐいっ**」は瞬間をとらえた表現。

ぐいぐい［〜（と）］

続けざまに力を込めて物を引くようす。また、先頭に立って人を引っ張るようす。

例イヌのリードにグイグイ引っ張られながら散歩する／キャプテンとしてチームをグイグイ引っ張っていく。

類「**ぐいぐいっ**」は勢いを付加した表現。

＊勢いよく

ぴん［〜と］

たるんだものやしわなどがしっかり伸びるように勢いよく引っ張るようす。

例たるんだロープをピンと引っ張る／洗濯したシャツを両手でピンピンと引っ張ってしわを伸ばす。

類「ぴんぴん」は続けざまに勢いよく引っ張るようす。

踏み込む・入り込む

＊無遠慮に

ずかずか［〜（と）］

無遠慮に荒々しく他人の家や部屋などに踏み込むようす。また、他人の領域に無遠慮に踏み込むようす。

例人の家にズカズカと上がり込む／人のプライバシーに土足でズカズカと踏み込むようなことはするな。

類「**ずかずかっ**」は勢いを付加した表現。

振り向く

くるり〔〜と〕

体をすばやく回転させて振り向くようす。

㊎前を行く友達を見かけて呼び止めると、彼女はクルリと振り向いた。

㊮「**くるっ**」は瞬間をとらえた表現。

振る・振り回す

ぶるん〔〜と〕

腕や棒状のものを勢いよく一回振ったり、振り回したりするようす・音。

㊎四番バッターは打席に立つ前にバットを一回ブルンと振った／ボクサーは両腕を大きくブルンと振るとリングに上がった。

㊮「**ぶるんぶるん**」は連続して勢いよく振り回すようすや音をいう。

ぶんぶん〔〜（と）〕

腕や棒状のものを連続して勢いよく振り回すようす・音。

㊎バットをブンブン振り回す／男の子が棒切れをブンブン振り回しながらけんか相手を追いかけていった。

㊮「**ぶんっ**」は瞬間的に力強く一回振り回すようす。

巻く

＊一回

くるり〔〜と〕

軽快にひと巻きするようす。

例 海苔《のり》の上にすし飯と具をのせてクルリと巻く／マフラーを首にクルリと巻く。

類 「**くるっ**」は瞬間をとらえた表現。

ぐるり［〜と］

しっかりとひと巻きするようす。

例 神木《しんぼく》にしめ縄をグルリと巻きつける／鉢巻をグルリと巻いてキュッと結ぶ。

類 「**ぐるっ**」は瞬間をとらえた表現。

＊何重にも

くるくる［〜（と）］

長いものを軽快に何重にも巻いたり、巻いたものをほどいたりするようす。

例 掛け軸をクルクルと巻いて箱にしまう／髪の毛をカーラーでクルクル巻く／指に巻いた包帯をクルクルとほどく。

類 「**くるくるっ**」は勢いを付加した表現。

ぐるぐる［〜（と）］

長いものをしっかりと何重にも巻いたり、巻いたものをほどいたりするようす。

例 けがをした足に包帯をグルグル巻く／長いマフラーを首にグルグル巻きつける／桟橋《さんばし》のくいに巻きつけていたロープがグルグルとほどかれると船は静かに出港した。

類 「**ぐるぐるっ**」は勢いを付加した表現。

補 巻いたものがほどけないようにしっかり巻きつけることを「グルグル巻きにする」という。

見る・にらむ・瞬き

＊落ち着かないようすで

きょときょと［～（と）・～する］

不安や戸惑いなどで、ところどころで目の動きを止めながら、落ち着かないようすであちらこちらに視線を走らせるようす。

㊥男の子は初めての所に連れてこられて不安そうにキョトキョトと周りを見た／彼は腕を組み、これからどうしたものかと目をキョトキョトさせながら考え込んでいた。

きょろきょろ［～（と）・～する］

不安や好奇心などで、落ち着かないようすでせわしなくあたりを見回すようす。

㊥道に迷ったお年寄りが立ち止まってキョロキョロあたりを見回している／旅の土産に何かいいものはないかと店内をキョロキョロしながら探す／授業中はキョロキョロしないでしっかり先生のほうを見なさい。

＊しっかりと

じっ［～と］

視線を対象物に集中させてしっかりと見つめるようす。凝視するようす。

㊥彼女の顔をジッと見つめる／アリの生態をジッと観察する。

㊮「**じーっ**」は「じっ」より凝視する時間が長く、集中度も高い。

まじまじ［～（と）］

目を据えて、しっかりと見つめるようす。

㊎言っていることが信じられず友達の顔をマジマジと見てしまった。

補主に、相手の言動に驚いたり、真意を確かめようとしたりするときなどに相手の顔をしっかり見据えるようすをいう。

＊すばやく

ちらり［～（と）］

一瞬、すばやく見るようす。一瞥《べっ》するようす。また、わずかに見たり見えたりするようす。

㊎腕時計をチラリと見て時間を確かめた／彼は私のほうをチラリと見ただけで、そしらぬ顔をして通り過ぎた／窓越しに人影がチラリと見えた。

類「**ちらっ**」は瞬間をとらえた表現。

ちらちら［～（と）］

すばやく何度も見るようす。

㊎時間を気にして時計をチラチラ見る／チラチラと相手の顔色をうかがう。

類「**ちらちらっ**」は勢いを付加した表現。

＊無遠慮に

じろじろ［～（と）］

無遠慮に何度もしつこく見るようす。

㊎人をそんなにジロジロ見るものではない／よそ者をジロジロと見る／奇抜な格好をして

いる若者をジロジロ眺め回す。

補 好奇心や軽蔑、疑念などの感情が込められていることが多く、見られる人にとっては不快感がある。

＊まばらに

ちらほら〔～（と）〕

あちらこちらにまばらに目にするようす。

例 暑くなって半袖姿の人をチラホラ見かけるようになった／観客の中には和服姿の女性がチラホラと見える。

＊にらむ

きっ〔～と〕

鋭く厳しい目つきで一瞬にらむようす。

例 彼女はぶつかっても謝らない男をキッとにらみ付けた。

補 相手に対する怒りや非難の気持ちが含まれる。

ぎょろり

大きな目玉で一回鋭くにらみ付けるようす。

例 先輩にため口をきいたらギョロリとにらまれた。

類 「**ぎょろっ**」は瞬間をとらえた表現。「**ぎょろぎょろ**」は大きな目玉でにらみ回すようすをいう。

補 大きくてよく動く目を「ぎょろ目」という。

じろり〔～（と）〕

目玉を一回動かして鋭い目つきで見るようす。

例 けんか相手をジロリとにらみ付ける／電車

が揺れて倒れそうになったら隣の人にジロリとにらまれた。

類「**じろっ**」は瞬間をとらえた表現。

補 非難や軽蔑、怒りなどの感情が込められていて、見られる人にとっては不快感がある。

はった［〜と］

目を見据えてにらみ付けるようす。

例 リングに上がると対戦相手をハッタとにらみ付け、ファイティングポーズをとった。

補 同義の「**はた**」の強調表現。現在は「はった」の形で用いることが多い。文語的で古風な表現。

*瞬きをする

しばしば［〜（と）・〜する］

しきりに瞬きをするようす。

例 目薬をさしてから目をシバシバさせる／焚火の煙がけむたくて目をシバシバさせた。

ぱちくり［〜（と）・〜する］

驚いたり呆れたりして、何度も大きく瞬きをするようす。

例 子どもたちはイルカの芸に目をパチクリさせた。

ぱちぱち［〜（と）・〜する］

すばやく何度も瞬きをするようす。

例 光がまぶしくて

目をパチパチさせた／目薬をさしたあと目をパチパチさせた。

㊗「**ぱちっ**」は意識して一回しっかり瞬きをするようすいう。

＊目を見開く

かっ ［〜と］

目を勢いよく見開くようす。

㊀仁王像は目をカッと見開いて立っている／（歌舞伎で）弁慶はカッと目を見開いて大きく見得を切った。

ぱっちり ［〜（と）］

目を大きく見開くようす。

㊀赤ちゃんが目をパッチリ開けて私をじっと見るので、思わずほほえみ返した／目をパッチリ開けて現実をよく見なさい。

㊗目が大きく、目元が華やかなようすにもいい、「目のぱっちりした子」のように用いられる。また、比喩的に物事をしっかり見る意でも用いられる。

めくる

ぱらぱら ［〜（と）］

本やノート、書類などのページを断続的にめくる音・ようす。

㊀雑誌をパラパラめくって拾い読みする。

㊢「**ぱらぱらっ**」は勢いを付加した表現。「**ぱらり**」は一回めくる音・ようすで、「**ぱらっ**」は瞬間をとらえた表現。

ぺらぺら［～（と）］

本やノート、書類などのページを続けざまに軽くめくる音・ようす。

㊥古い辞書をペラペラとめくっていたら、父の書き込みを見つけた。

類「**ぺらぺらっ**」は勢いを付加した表現。「**ぱらぱら**」はところどころ拾い読みする感じで、「ぺらぺら」は簡単に目を通す意味でも用いられる。

やっつける

＊厳しく

ぎゅー［～と］

相手を厳しく痛めつけたり、ひどい目にあわせたりするようす。

例今度こそギューという目にあわせてやるから覚えておけ。

類「**ぎゅーっ**」は強調表現。

補物をきつく絞る意からの比喩的用法。

＊徹底的に

ぎゅーぎゅー［～（に）・～の］

相手を徹底的に痛めつけたり、ひどい目にあわせたりするようす。

例あいつはこのところ生意気だからギューギューにとっちめてやった／町の不良にからまれてギューギューの目にあわされた。

補「**ぎゅー**」を繰り返すことで、厳しさの度が一層増す。

けちょんけちょん［〜に・〜だ］

再起できないくらい徹底的にやっつけるようす。

㊞けんか相手をケチョンケチョンにやっつける／評論家は彼の新作小説をケチョンケチョンにけなした／有段のおじさんと将棋を指したらまるで歯が立たず、ケチョンケチョンに負かされた。

補俗語的表現。受け身の形でも用いられる。

こてんぱん［〜に・〜だ］

手加減しないで徹底的にやっつけるようす。

㊞論敵をコテンパンにやっつける／強豪チーム相手に必死に立ち向かったがコテンパンにやられてしまった／信頼していた人に裏切られてコテンパンに打ちのめされた。

類「**こてんこてん**」はしつこいほど徹底的にやっつけるようす。

補精神的な打撃にもいう。受け身の形でも用いられる。

やり込める

ぎゃふん［〜と］

やり込められて、やり返せないようす。特に、言い負かされて、ひと言も言い返せないようす。

㊞子どもにゲームであっさり負けて、「出直してきなさい」と言われたときはギャフンとなったよ／縁台将棋でいつも負けてばかりいるが、今度こそ勝ってあいつをギャフンと言

わせてやる。

ぺしゃんこ［～に］

相手を徹底的にやり込めて面目をつぶすようす。

例 あいつの傲慢なつらをペシャンコにしてやる。

類 「**ぺちゃんこ**」はややくだけた表現。

補 物が完全につぶれて平らになる意からの比喩的用法。「言い負かされてペシャンコになる」のように、意気消沈するようすにもいう。

揺り動かす

ぶらぶら［～（と）・～する］

手足を細かく揺り動かすようす。

例 準備運動で手足をブラブラさせる／女の子は退屈そうに椅子に座って足をブラブラさせていた。

ぶらんぶらん［～（と）・～する］

弾みをつけて手足を大きく揺り動かすようす。

例 （体操で）力を抜いて手足を大きくブランブランさせる／鉄棒にぶら下がって体をブランブランさせる。

ゆさゆさ［～（と）］

人や動物が大きな体をゆっくり揺り動かすようす。

㊎彼は巨体をユサユサ揺すって大笑いした。

場面・情景

孤立

つくねん［〜と］

何もすることなく一人ぼんやりしているようす。

㊎祖母の家に行くと座敷に一人つくねんと座っていた。

㊓いかにもさびしげな印象がある。

ぽつねん［〜と］

一人でさびしそうにしているようす。

㊎老人がベンチに一人ぽつねんと座っている／みんな先に行ってしまって、自分だけ一

人ぽつねんと取り残されてしまった。

ぽつん［〜と］

人や建物などが他のものから離れて孤立しているようす。

㊙男の子は友達が遊んでいるのをポツンと一人だけ離れて見ている／丘の上に小さな教会がポツンと建っている。

騒がしい

＊声や物音で

がやがや［〜（と）・〜する］

大勢の人が声を出して騒がしいようす。また、その声。

㊙何かあったのか、さっきから外がガヤガヤ騒がしい／ガヤガヤしていた教室に先生が入って来たとたん静かになった。

ざわざわ［〜（と）・〜する］

大勢の人が立てる声や物音などで騒がしいようす。また、その声や物音。

㊙ここはザワザワしているのでもっと静かな所で話そう／コンクールの意外な結果が発表されると会場はザワザワした。

補ざわざわする意の動詞は「ざわつく」「ざわめく」。

静まり返る・静寂

しん［〜と］

物音や声がまったくしないで静まり返るようす。

㊀例 夜が更けてあたりはシンと静まり返っていた／玄関で声をかけたが家の中はシンとしていて誰もいないようだった。

補 静けさを瞬間的にとらえた表現。

しーん［〜と］

物音や声がまったくしないで静まり返るようす。

例 幕が上がると場内はシーンとなった／子どもたちは震災体験者の話をシーンとなって聞き入った。

類 「しーん」は「**しん**」より静けさの度合いが深く長く続くようすをいう。

ひっそり［〜（と）・〜する］

物音や人の気配がまったくなくて静かでさびしげなようす。

例 朝早い公園は人気がなくひっそりとしていた／夏が過ぎると海辺は急にひっそりとする／森の中に小さな教会がひっそりと建っている。

空く

がらがら［〜の・〜だ］

場所や乗り物などに人が少ししかいなくて空《す》いているようす。

例 平日のせいか映画館はガラガラだった／昼間の電車はガラガラで楽々座って行ける。

がらん ［〜と］

人が一人もいなかったり、物が何もなかったりして、広々と感じられるようす。

㊖ 夏休みの学校はガランとして誰もいなかった／引っ越しの荷物を全部運び出すと家の中はガランとなった。

類 「**がらんがらん**」は強調表現。

補 一抹のさびしさ、空虚感がある。

すきすき ［〜の・〜だ］

物や人が少なく、あいている部分や隙間が大きいようす。非常に空いているようす。

㊖ 昼間の電車はスキスキだ／外野席は観客が少なくてスキスキだ。

鎮座

でん ［〜と］

大きくて重量のある物が存在感を示して堂々とその場にあるようす。

㊖ 参道の入り口に大きな鳥居がデンと構えている／応接間にはグランドピアノがデーンと置かれている。

類 「**でーん**」は強調表現。

どっしり ［〜と］

重量のある物が、ある場所に威厳や重厚感をもって存在するようす。

㊖ 奈良の大仏のドッシリと座った姿に圧倒される。

類 「**どっかり**」は重量を感じさせる表現。

どん〔～と〕

重量のある物が堂々とその場にあるようす。

㊞床の間に備前焼の壺がドンと置かれている／駅前に高層ビルがドーンと建っている。

類「**どーん**」は強調表現。

点在

ぽつんぽつん〔～と〕

あちこちに点々と散らばって存在するようす。

㊞瀬戸内海には小さな島がポツンポツンとある／高原には別荘がポツンポツンと建っている。

二

感情・心の状態・表情／感覚

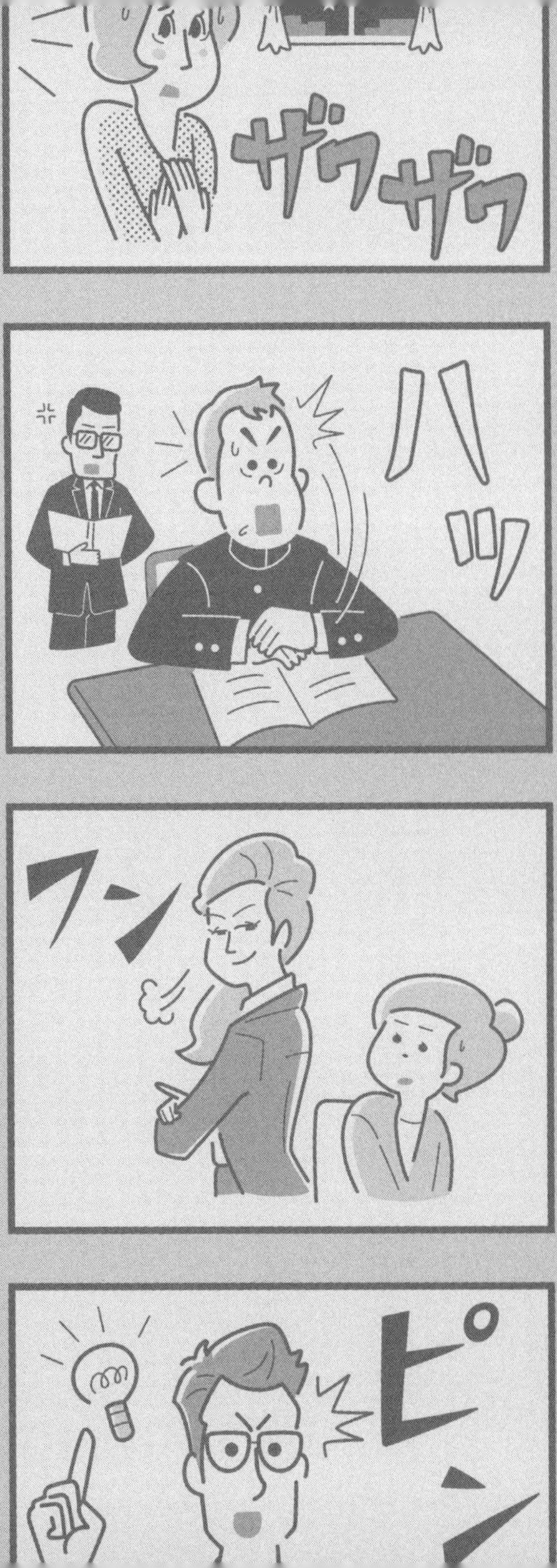

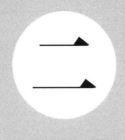

感情・心の状態・表情

愛する・恋する

きゅん［〜と］

恋愛感情を抱き、胸が一瞬締めつけられるように感じるようす。

㊝好きな人のことを思うと胸がキュンとなる／笑顔のかわいい女の子に胸キュンだ。

ずきゅーん［〜と］

好きな人に運命的な出会いをして、ハートが射抜かれるようす。一瞬にして恋のとりこになるようす。

㊝大学のキャンパスで彼女を一目見たとたんズキューンとなった。

とろとろ［〜（と）・〜だ］

人を愛するあまり身も心もとけてしまいそうになるようす。

㊝彼は娘がかわいくてかわいくて、もうトロトロだ／美人にトロトロ見とれる。

めろめろ［〜に・〜だ］

人を愛するあまり精神状態に締まりがなく、骨抜きのような状態になるようす。

㊝彼女はスタイルもルックスも抜群の若手俳優にメロメロになっている／子どもたちには厳しかった父親も、孫にかかってはメロメロだ。

あわてふためく

あたふた［〜（と）・〜する］

突然のできごとに驚き、あわてふためくようす。また、あわてて大急ぎで行動するようす。

例 不意をつかれてアタフタする／息子が交通事故にあったという知らせを受け、アタフタと現場に駆け付けた。

じたばた［〜（と）・〜する］

すでに決まったことや起こったことに対して、むやみにあわてふためいたり、焦ってもがいたりするようす。

例 こうなった以上、今更ジタバタしても始まらない。

補 手足や体をむやみに動かすところからの転。

どたばた［〜（と）・〜する］

うろたえて騒ぐようす。あわてふためくようす。

例 毎日遊びほうけていて、明日試験だからといって今更ドタバタしたって間に合わないよ／急に転勤が決まってドタバタしている。

補 騒がしく走り回って立てる足音からの転。

安心する

ほっ［〜（と）］

心配事や緊張から解放されて心が休まるようす。また、そのとき腹の底から短く一回息を吐くようす・音。

㊎全員無事の知らせを聞いてホッと胸をなでおろす／けががたいしたことはないと聞いてホッとひと安心する／子どもたちにはホッとできる場所が必要だ／「ホッ、やっぱり我が家が一番落ち着くね」

いやになる

うんざり 〔〜だ・〜する〕

同じことが続いたり、繰り返されたりして、飽きていやになるようす。また、嫌気がさしてやる気がなくなるようす。

㊎毎日妻のぐちを聞かされてもうウンザリだ／山のような仕事にウンザリする。

げんなり 〔〜だ・〜する〕

同じことが続いたり、繰り返されたりして、飽きたり疲れたりしていやになるようす。

㊎いくら好物でも毎日出されるとゲンナリだ／地震発生で車内に長時間閉じ込められた乗客はゲンナリしたようすだった。

㊮「**うんざり**」は精神面が主であるのに対して、「げんなり」は精神的・肉体的な疲労感を伴う。

いら立つ

いらいら 〔〜と・〜する〕

物事が思い通りにいかず、焦ったり腹を立てたりして、気持ちが落ち着かないようす。

例 病院の待合室で順番がくるのをイライラと待つ／このところ仕事がうまくいかずイライラしている／渋滞に巻き込まれてイライラする。

補 名詞として「いらいらがつのる」のように用いられる。

かりかり ［～と・～する］

神経が過敏になっていら立っているようす。

例 入試が目前にせまって受験生たちはみんなカリカリしている。

じりじり ［～（と）・～する］

我慢ができず、気持ちがいら立つようす。

例 手紙の返事をジリジリしながら待つ／手先の不器用な人の仕事ぶりを見ているとジリジリする。

うろたえる

おたおた ［～と・～する］

思いがけないできごとにうまく対応ができず、うろたえるようす。

例 いきなり司会を任されてオタオタしてしまった／外国人に話しかけられたがことばがわからずオタオタするばかりだった。

おろおろ［〜（と）・〜する］

思いがけないできごとにとまどい、うろたえるようす。

(例)彼女に急に泣かれて彼はオロオロしてしまった／父親と息子の取っ組み合いのけんかに母親はただオロオロするだけだった。

(補)不安や心配する気持ちが含まれる。

どぎまぎ［〜と・〜する］

不意をつかれたり圧倒されたりして、うろたえるようす。

(例)いきなり核心をつく質問をされ、ドギマギして答えられなかった／パーティーの豪華なメンバーにドギマギしてしまい、楽しむどころではなかった。

(補)「どぎ」は心臓の鼓動が激しいようすを表し、「まぎ」は分別がつかなくなる意の「まぎれる」「まぎれ」の「まぎ」で、「どぎまぎ」は心臓がどきどきして行動に分別がつかなくなる状態をいう。

まごまご［〜（と）・〜する］

どうしてよいかわからずうろたえ、適切な行動がとれないでいるようす。

(例)初めて来たデパートの中をまごまご歩き回った／地下鉄を降りて地上に出たら方角がわからずまごまごしてしまった／まごまごしているとライバルに先を越されてしまう。

(補)「まごつく」の「まご」を繰り返した語。

怒る

＊激怒する

かちん［～と］
相手の言動に対してとっさに怒りを覚えるようす。頭にくるようす。
㊕あいつの勝手な言い分にカチンときた。
㊓通常、「カチンとくる」の形で用いられる。

かっ［～と］
瞬間的に激しく怒るようす。
㊕友達に悪口を言われてカッとなる／あの人はカッとなると何をするかわからない／子どもたちの態度が悪いのでついカッとして叱りつけてしまった。

㊖「**かーっ**」は「かっ」より怒りの勢いや激しさが増す。

かっか［～と・～する］
激しく怒るようす。また、怒って興奮するようす。
㊕あいつは何でもないことですぐにカッカとなる／待ち合わせにちょっと遅れたからといって、そんなにカッカすることはないだろう。
㊓怒りのために体が熱くなっている状態をいう。

かんかん［～に・～だ］
激しく怒るようす。憤激《ふんげき》するようす。
㊕父親は息子の不始末にカンカンになって怒った／友達に約束をすっぽかされて彼女はカ

ンカンだった。

補 炭火などが勢いよくおこるようすからの比喩で、顔を真っ赤にして怒るような状態にいう。

ぶちっ ［〜と］

それまで抑えていた感情が突然抑えられなくなり、激しく怒るようす。

例 彼女のあまりに横柄な態度にブチッと切れた。

補 俗っぽい言い方で、通常「ぶちっと切れる」の形で用いる。また、その意で「ぶち切れる」「ぶち切れする」という。

ぷっつん ［〜（と）・〜する］

忍耐に限界がきて、突然怒り始めるようす。

例 我慢の糸がプッツンと切れる／デートにまた遅れたら彼女はプッツンしちゃって口もきいてくれないんだ。

補 俗っぽい言い方。同様の状態を古くから「堪忍袋の緒が切れる」という。

＊ふくれっ面《つら》をする

ぷっ ［〜と］

怒って頬をふくらませるようす。

例 娘は気に入らないことがあるとすぐにプッとふくれる。

補 餅が焼けてふくらむように、実際に頬をふくらませるようすをいう。

ぷん ［〜と］

怒って、一瞬ふくれっ面をしたり、怒りをそぶりに見せたりするようす。

㊃息子に生意気な態度を注意すると、プンとそっぽを向いて自分の部屋に入ってしまった。

ぷんぷん［〜（と）・〜だ・〜する］

ひどく腹を立て、連続的にふくれっ面をしたり、怒りを動作や態度に表したりするようす。

㊃注文した料理がなかなか来ないので客はプンプン怒って帰ってしまった／納品が間に合わなくて先方はプンプンだ／何をそんなにプンプンしているの。

ぷりぷり［〜（と）・〜する］

頬をふくらませて、怒りをあらわにするようす。

㊃課長は朝からプリプリ機嫌が悪い／彼女、さっきからプリプリしているけれど何か怒らせるようなことをしたかな。

＊怒りがこみ上げる

むかっ［〜と］

怒りが急にこみ上げるようす。

㊃彼の横柄な態度にムカッとした。

補わけもなく腹を立てる意で「むかっ腹を立てる」という。

むかむか［〜（と）・〜する］

怒りが激しくこみ上げてくるようす。

㊃あいつの顔を見るだけでムカムカする。

類「**むかむかっ**」は勢いを付加した表現で、「むかむか」より激しさが増す。

補吐き気を催すほどの怒りを覚えるようすを

いう。むかむかと腹が立つ意の動詞「むかつく」は、江戸時代中ごろから使用がみられる。

むらむら〔〜（と）・〜する〕

激しい怒りが急に湧き起こるようす。

㊥ 相手の勝手な言い分に怒りがムラムラとこみ上げてきた。

類「**むらむらっ**」は勢いを付加した表現で、「むらむら」より激しさが増す。

補 強い衝動や感情が急に湧き起こるようすをいい、怒りのほかに、闘志や好奇心、欲望などが湧き起こるようすにもいう。

落ち着かない

＊心配や不安で

ざわざわ〔〜（と）・〜する〕

心配や不安で心が動揺して落ち着かないようす。

例 就職先が決まるまでザワザワ落ち着かない／友達にメールを送ったが返信がないので何かあったのではと気持ちがザワザワする。

補 胸騒ぎがするよ

うすなどにもいう。

＊やりたいことがあって

うずうず ［〜する］

やりたいことがあって気持ちが抑えられないようす。

㊟春になると旅に出たくてウズウズする／女の子は外で遊びたくてウズウズしている。

むずむず ［〜する］

やりたいことがあるのに、それができずに落ち着かないようす。

㊟早くマウンドに立ちたくて腕がムズムズする／本当のことを言いたくてムズムズする。

㊎体がむずがゆいような感じで、やりたくてもできないはがゆさ、もどかしさがある。

驚く

びっくり ［〜・〜だ・〜する］

予想外のことや不意のできごとに驚くようす。

㊟産地直売所の野菜はビックリするほど安い／連絡しないで訪ねて行ってあいつをビックリさせてやろう／「こんな所であなたに会うなんてビックリだわ」／彼女がはではでの格好で現れたのにはビックリ仰天した。

㊎「まあ、びっくり」のように感動詞的に用いたり、「だ」「ね」をつけて述語になったり、「驚き」の意の名詞として「びっくりの連続」のようにも用いたりする。また、驚いて天を仰ぐ意の「仰天」と合わせて、非常に驚くようすを強調して「びっくり仰天」という。

＊一瞬

ぎくっ ［〜と］

突然のことや予想外のことに一瞬ひどく驚くようす。

例 暗闇で人にいきなり声をかけられてギクッとした／相手に弱点をつかれて、内心ギクッとなった。

類 「ぎくっ」は瞬間をとらえた表現で切迫感があり、「**ぎくり**」は驚いたときの衝撃やその状態を自認する感じがある。

補 驚きとともに、恐怖やおびえる感じが含まれる。

ぎょっ ［〜・〜と］

突然のことに一瞬ひどく驚いて動揺するようす。また、そのときに発する声。

例 いないはずの人のうわさ話をしていたら後ろに立っていたのでギョッとした／「明日までにレポートを出さないと単位が足りなくて留年だぞ」「ギョッ、うそだろ」

類 「**ぎょぎょっ**」は驚いて発する声「ぎょっ」の誇張形で、主に若者がくだけた場面で用いる。「ぎょっ」「ぎょぎょっ」ともに、声に出して言うことがある。

げっ ［〜］

ひどく驚いて、発する声。

例 「あの二人結婚するんだってよ」「ゲッ、ほんとかよ」

補 主に若者がくだけた場面で用いる。

どきっ ［〜・〜と］

一瞬ひどく驚くようす。また、そのときに発する声。

㊟路地から子どもがいきなり飛び出してきたのでドキッとした／「明日抜き打ちテストをやるらしいよ」「ドキッ、ほんとか」

類「どきっ」は驚きで心臓が一回強く鼓動する瞬間をとらえた表現で、心臓の鼓動を伴わずにひどく驚くようすにもいい、声に出していうことがある。「**どきり**」は驚いたときの衝撃を自認する感じがある。「**どっきり**」は「どきり」の強調表現。

はっ［〜と］

突然のできごとや思いがけないことに一瞬驚くようす。

㊟「火事だ」という叫び声にハッとして飛び起きた／ふとした折に子どもの成長の早さにハッとさせられることがある。

びくっ［〜と］

驚きや恐怖で体を一瞬震わせるようす。

㊟いきなり後ろから名前を呼ばれてビクッとした／こっそりお菓子を食べようとしていた子どもは、「コラッ」という声にビクッとして手を引っこめた。

＊口を開けて

あんぐり［〜（と）・〜する］

驚いたりあきれたりして、口を大きく開けた状態になるようす。

㊟彼女のど派手な格好にアングリしてしまった／市長の突然の辞意表明にみんな口アング

りだった。

補 実際に口を大きく開けることはなく、驚いたりあきれたりしてものが言えないようすにもいう。

思い悩む・気にする

くよくよ [～（と）・～する]

過去のことや小さなことにこだわっていつまでも思い悩むようす。

例 クヨクヨ悩むのはよそう／すんでしまったことをクヨクヨしても仕方がない／つまらないことにクヨクヨしてないで元気を出しなさい。

補 鎌倉時代には古語の「悔ゆ」を繰り返した「くゆくゆ」であったが、江戸時代になって「くよくよ」と変化したとされる。

我慢・こらえる

ぐっ [～と]

怒りや悲しみなどの感情が湧き上がるのを懸命にこらえるようす。

例 涙をグッとこらえる／怒りで爆発しそうな気持ちをグッと抑えた。

じっ [～と]

湧き上がる感情をひたすらこらえたり、何もしないで静かに耐え忍んだりするようす。

例 涙をジッとこらえる／先輩には何を言われ

てもジッと我慢して聞くしかない。

類「**じーっ**」は強調表現。

感動・感激

＊胸が締め付けられる

きゅん［～と］

感動して胸が一瞬締め付けられるように感じるようす。

例転職するときにくれた仲間の励ましの言葉に胸がキュンとした／卒園式で壇上に上がり、卒園証書を受け取る我が子の姿に胸がキュンとなった。

類瞬時のようすをいう「きゅん」に比べて、「**きゅーん**」は時間的に長く、感動などの度合いが増す。

補ときめきやせつなさなどで胸が締め付けられるように感じるようすにもいう。

ぐっ［～と］

感動や感激で一瞬胸がつまるようす。

例先輩の温かい励ましのことばにグッときた／子どもたちの成長した姿を見てグッとくるものがあった。

＊心が震える

ぞくぞく［～（と）する］

感動で心が震えるようす。

例ウィーン少年合唱団の歌声のすばらしさにゾクゾクした／子どもたちはゾクゾクするような冒険物語が大好きだ。

類「**ぞくぞくっ**」は勢いを付加した表現で、「ぞくぞく」より感動に切迫感がある。「**ぞくっ**」は瞬間をとらえた表現。

気落ちする・落胆

がくっ［〜と］

精神的な痛手を受けて、瞬間的に落ち込むようす。また、そのために姿勢がくずれるようす。

例今度こそはと応募した作品の、落選の知らせにガクッとうなだれた。

類「**がくん**」は「がくっ」より動きがややゆるやかで大きい。

がっくり［〜（と）・〜する］

精神的な痛手を受けて、ひどく落ち込むようす。また、そのために姿勢がくずれるようす。

例子どもに先立たれてガックリする／ラグビーのワールドカップで予選敗退が決まってサポーターたちはガックリと肩を落とした。

類「**がくり**」の強調表現。

がっかり［〜だ・〜する］

予想や期待がはずれて気落ちしたり失望したりするようす。

例楽しみにしていた遠足が雨で中止になり、子どもたちはガッカリした／これくらいのことで弱音を吐くなんて、君にはガッカリだな。

気づく

はっ［〜と］

一瞬、気づくようす。

㋐忘れ物をしたことにハッと気がついて急いで家に取りに戻った／ハッと我に返る。

胸中に湧き起こる

ふつふつ［〜（と）］

感情が激しく湧き起こるようす。

㋐試合に向けて闘志がフツフツと湧いてきた／生まれたばかりの我が子を見て、愛おしく思う気持ちがフツフツと湧いてきた。

補 漢語で、「沸沸」と書き、湯が盛んに沸き立つようすからのたとえ。

むくむく［〜（と）］

感情が抑えようもなく湧き起こるようす。

㋐彼に対する疑念がむくむくと湧いてきた／野心がむくむくと頭をもたげてきた。

類 「**むくむくっ**」は勢いを付加した表現。

補 入道雲が高く盛り上がるように感情が湧き起こる感じをいう。

むらむら［〜（と）］

強い感情や衝動が激しく湧き起こるようす。

例 王座奪還のために闘志がムラムラと湧いてきた／干してある女性の下着を見て、ついムラムラッとして盗んでしまった。

類 「**むらむらっ**」は勢いを付加した表現。

めらめら ［～（と）］

強い感情や衝動が激しく湧き起こるようす。

例 嫉妬の炎がメラメラと燃え上がる。

類 「**めらめらっ**」は勢いを付加した表現。

補 炎がゆらめきながら燃え上がるようすからのたとえ。

恐怖

＊悪い事態を想定して

びくびく ［～（と）・～する］

何かよくないことが起こるのではないかという恐怖や不安などでおびえるようす。

例 また地震が起きるのではとビクビクする／うそがばれないかとビクビク暮らす／父がいつ雷を落とすかビクビクものだった。

補 恐怖心や不安でひどくおびえる物事や状況を「びくびくもの」の形でいう。

ひやひや ［～だ・～する］

危険やよくないことが起こることを予感し、恐怖や不安を感じるようす。

例 子どもが鉄棒から落ちやしないかとヒヤヒヤした／うそがばれるのではないかと内心ヒヤヒヤしていた／自分の実力では試験に受かるかどうかはヒヤヒヤものだった。

補 不安や恐怖を感じる物事や状況を「ひやひやもの」の形でいう。

＊瞬間的に

ぞくっ［〜と］

瞬間的に身震いするような恐怖を感じるようす。

例 男に鋭い目でにらまれて思わずゾクッとした。

ぞっ［〜と］

恐怖で瞬間的に全身に寒気を感じるようす。

例 ビルの屋上から下を見たらゾッと鳥肌が立った／飛行機からパラシュートで飛び降りるなんて考えるだけでもゾッとする。

類 「**ぞーっ**」は強調表現で、「ぞっ」より長く、強く恐怖を感じるようすをいう。

ひやっ［〜と］

危険を察知して、瞬間的に恐怖を感じるようす。

例 車を運転していて、いきなり子どもがボールを追いかけて道路に飛び出してきたのでヒヤッとした。

類 「**ひやり**」は状況の認識があり、「ひやっ」より切迫感や動揺の度合いは少ない。

＊恐怖で体が震える

→(四)［体の状態］（震える）186頁

気をもむ

はらはら［〜（と）・〜する］
危険や不安を感じたり、ことの成り行きを心配したりして、しきりに気をもむようす。
(例)子どもが自転車に乗れるようになったのはいいが、危なっかしくてハラハラする／彼の行き当たりばったりのやり方にはいつもハラハラさせられる／ドラマは最後にハラハラドキドキの展開が待っていた。
(補)恐怖や不安などで心臓が激しく鼓動するようすをいう「どきどき」と合わせて、「はらはらどきどき」の形で用いることも多い。

やきもき［〜（と）・〜する］
物事が思い通りにいかなくてあれこれと気をもんでいら立つようす。
(例)もうすぐ出発時間だというのにツアー客の一人が来ないのでヤキモキする／息子の就職がなかなか決まらないのでヤキモキしている。

緊張

かちかち［〜に・〜だ］
ひどく緊張するようす。また、そのために体がこわばるようす。
(例)面接試験でカチカチになってしまって、質問にうまく答えられなかった。
(類)「**がちがち**」は「かちかち」よりさらに極度なようすをいう。「**かちんかちん**」は強調表現で、「**かちんこちん**」ともいう。

こちこち［～に・～だ］

ひどく緊張するようす。また、そのために体がこわばるようす。

例 初めてのスピーチでコチコチに緊張した。

類「**こちんこちん**」は強調表現。

ぴん［～と］

神経が張りつめるようす。緊張するようす。

例 神経がピンと張りつめていて、気が休まるときがない。

＊一瞬

はっ［～と］

一瞬緊張するようす。

例 車にぶつかりそうになってハッとした。

空虚

ぽっかり［～（と）］

心に大きな穴があくようす。

例 最愛の人を亡くし、心にポッカリ穴があいてしまった。

補 比喩的に心の空洞を表す。

くつろぐ

のんびり［～（と）・～する］

気持ちがのどかで、急いだりあわてたりすることなく、くつろぐようす。

例 田舎でのんびり暮らす／公園をのんびりと散歩する／忙しい日が続いたから、しばらくのんびりしたい。

ゆっくり［〜（と）・〜する］

時間に余裕があって、落ち着いてくつろぐようす。

㊀仕事が一段落したら、温泉にでも行ってゆっくりしたい／休みの日ぐらいゆっくり過ごしたい／（客に）「どうぞ、ごゆっくり」

類「のんびり」と同じような場面で用いられることがあるが、三例目の「ごゆっくり」は「のんびり」に言い換えはできない。

苦しむ

あっぷあっぷ［〜だ・〜の・〜する］

困難から抜け出せず、苦しみもがくようす。

例なかなか給料が上がらず生活はアップアップだ／会社は経営がうまくいかずアップアップの状態だ／中小企業は資金難に加え、人手不足でアップアップしている。

補水におぼれかけて、もがくようすからのたとえ。

ふーふー［〜（と）］

物事の処理・やりくりに苦しむようす。

例毎月の家計のやりくりにフーフー言っている／夏休みの宿題をフウフウ言いながらやる。

補激しく苦しそうな息遣いをするようすからのたとえ。「ふうふう」とも表記する。

心が浮き立つ

＊うれしさ・楽しさで

いそいそ［〜（と）・〜する］

うれしくて心がはずみ、動作が軽快ですばやいようす。

㊎娘は恋人から電話があってイソイソと出かけていった／クリスマスが近づいて子どもたちはイソイソしている。

補「いそ」に、動作を速くする意の「急ぐ」と、つとめはげむ意の「勤しむ」の両方の意を含ませてできた語とされ、うれしさ・楽しさが動作に表れている。

うきうき［〜（と）・〜する］

うれしさや楽しいことへの期待で心が浮き立つようす。

㊎生徒たちはウキウキと学園祭の準備をしている／もうすぐ遠足なので子どもたちはウキウキしている／ウキウキした気分で花見に出かける。

補心が浮き立つ意の「浮く」の連用形「うき」を繰り返してできた語。

＊喜び・期待などで

ぞくぞく［〜（と）・〜する］

喜びや期待などで気持ちがたかぶるようす。また、体が震えるほどの感動や興奮を覚えるようす。

㊎ゾクゾクするような物語の展開で読者を魅了する／ジェットコースターはスリルがあっ

てゾクゾクする／フルートの美しい音色にゾクゾクとする。

類「**ぞくぞくっ**」は勢いを付加した表現。「**ぞくっ**」は瞬間的に一回、感動や興奮を覚えるようすをいう。

どきどき［～（と）・～する］

期待と不安が入り混じって、胸が高鳴るようす。

例初めてのデートに胸がドキドキと高鳴った／コンクールの結果発表をドキドキしながら待った。

類「**わくわく**」と合わせて「どきどきわくわくする」の形で用いて、胸の高鳴りを強調する。

補実際に心臓が激しく動悸を打つようすにもいう。

わくわく［～（と）・～する］

喜び・楽しさ・期待などで胸が躍るようす。

例誕生日のプレゼントをワクワクしながら開ける／もうすぐ憧れの人に会えると思うとワクワクする／ワクワクと胸を躍らせながら旅行の支度をする。

＊鼻歌気分で

るんるん［～（と）・～だ・～する］

鼻歌でも歌いたくなるほど、上機嫌で陽気に心がはずむようす。
例 娘は欲しがっていた人形をおばあちゃんに買ってもらってルンルンだ／デートにルンルン気分で出かける。
補 「お出かけだ。うれしいな、ルンルンルン」のように、鼻歌を歌うようすにもいう。

心が傷つく

ぐさり［〜と］
心が深く傷つくようす。
例 彼の冷たく言い放ったことばがグサリと私の心に突き刺さった。
類 「**ぐさっ**」は瞬間をとらえた表現。
補 鋭い刃物で一回深く突き刺すようすからの比喩表現。

ぐさぐさ［〜（と）］
何度も心が深く傷つくようす。
例 上司のいやみったらしいひと言ひと言がグサグサと心に突き刺さった。
類 「**ぐさぐさっ**」は勢いを付加した表現。
補 鋭い刃物で何度も深く突き刺すようすからの比喩表現。

ずたずた［〜に・〜だ］
立ち直れないほど、心が深く傷つくようす。
例 いわれのない中傷に彼女の心はズタズタに傷ついた／失恋して身も心もズタズタだ。
補 刃物で物を細かく切り裂くようすからの比

喩表現。

心が沈む

＊気落ちして

しょぼん［〜と］

気落ちして、一気に元気がなくなるようす。

㋹楽しみにしていた動物園に行かれなくなったと聞いたとたん、子どもたちはショボンとなった／父は退職したとたんショボンとしてしまった。

㊓人が生気がなくみじめなようすになる意で、俗に「しょぼくれる」「しょぼたれる」という。

しょんぼり［〜（と）・〜する］

気落ちして、元気がなくなるようす。

㋹一度失敗したからといって、そんなにションボリすることはないよ／（子どもに）「さっきからションボリしているけど、学校で何かあったの」

㊮「**しょぼん**」は瞬間的なようすをいうのに対して、「しょんぼり」は状態をいい、気落ちしている度合いが強い。

＊悲しさ・さびしさで

しんみり［〜（と）・〜する］

悲しさやさびしさなどで、心が沈むようす。湿っぽい気分になるようす。

㋹友達がみんな帰ってしまって、一人になると急にしんみりしてしまった／そんなにしんみりした顔をするなよ／しんみりした話はやめようよ。

心が波立つ

ざわざわ［〜（と）・〜する］

心配や不安などで心が波立つようす。

例 ザワザワと胸騒ぎがする／不安で気持ちがザワザワする。

わさわさ［〜（と）・〜する］

心配や不安などで心が落ち着かないようす。

例 友達に何度メールを送っても返信がないので、何かあったのではと気持ちがワサワサする。

心にしみる

じん［〜と］

涙があふれそうになるほど心にしみるようす。

例 胸にジンとくる話／チターの哀愁のある音色にジンとなる。

類 「**じーん**」は「じん」よりゆっくり深くしみ入るようすをいう。

しんみり［〜（と）・〜する］

深く静かに心にしみ入るようす。

例 二人は自分たちの将来についてしんみりと語り合った／父はしんみりした口調で子どものころの話をした。

心に響く

*心に重く

ずっしり［〜（と）］

ことばなどが心に重く響くようす。また、精神的に重圧を感じるようす。

㋫卒業するときに言われた恩師の一言がズッシリと心に響いた／一家の生活が彼ひとりの肩にズッシリのしかかる。

㊟「ずしっ」は瞬間をとらえた表現。

*痛切に

ひし［〜と］

強く身に迫って感じるようす。

㋫病気になって健康の大切さをヒシと感じる／彼の痛烈な一言がヒシと胸に応えた。

ひしひし［〜（と）］

絶え間なく強く身に迫って感じるようす。

㋫責任の重さをヒシヒシ感じる／この絵から画家の哀しみがヒシヒシと伝わってくる／七十歳を過ぎて老いをヒシヒシと感じるようになった。

*鋭敏に

びんびん［〜（と）］

心に強く響くようす。鋭敏に感じるようす。

㋫行政に対する住民の怒りをビンビン感じる／選手たちの表情から優勝への意気込みがビンビンと伝わってきた。

心を奪われる

うっとり［〜（と）・〜する］
美しいものや人に心を奪われて我を忘れるようす。恍惚となるようす。
例 澄んだフルートの音色にうっとりする／きれいな人にうっとり見とれる。

ぽーっ［〜と］
心を奪われてのぼせたようになるようす。
例 彼女を見たとたんポーッとなった／美しい景色にポーッと見とれた。

衝撃を受ける

がーん［〜と］
精神的に強い衝撃を受けるようす。
例 好意を寄せていた女性が結婚すると聞いてガーンとなった／「ライバル会社がうちより先に特許を申請したらしいよ」「ガーン。やられた」
補 声に出して言うこともある。

しょげる

しおしお［〜（と）］
元気がなくうちしおれるようす。
例 先生に叱られてしおしおと教員室を出た／相手のすさまじい剣幕にしおしおと引き下がる。

補 一説に、草木などが生気を失ってしぼむ意の「しおれる」の「しお」を繰り返した語とされる。

しゅん［〜と］

それまでの勢いや元気が急になくなるようす。急にしょげるようす。

例 わいわい騒いでいた子どもたちは父親に叱られてシュンとなった。

すごすご［〜（と）］

思い通りにならず、元気なくその場を立ち去るようす。

例 コンサートの当日券が売り切れていてスゴスゴと家に帰った／初めての交渉がうまくいかなかったからといって、スゴスゴ引き下がるようじゃだめだ。

神経過敏

ぴりぴり［〜（と）・〜する］

神経が高ぶって過敏になるようす。ひどく緊張して神経をとがらせるようす。

例 営業成績の悪化で会議中ピリピリした雰囲気だった／受験前で生徒たちは神経をピリピリとがらせている。

せつない

きゅん［〜と］

せつなさで胸が一瞬締め付けられるように感じるようす。

㊎彼女の子どものころの身の上話を聞いて胸がキュンとなった。

㊫「**きゅーん**」は瞬時のようすをいう「きゅん」よりも長く、せつなさの度合いが増す。

爽快

さっぱり［〜（と）する］

心の中のわだかまりがなくなり、気持ちが晴れてさわやかになるようす。

㊎今まであいつの言いなりで我慢してきたけれど、言いたいことを言ったらサッパリした。

さばさば［〜（と）する］

こだわっていたことなどが吹っ切れて、気分がさわやかになるようす。

㊎あんな人使いの荒い会社、やめてサバサバした／これまで勝ちにこだわってきたけれど、今回大敗してかえってサバサバした。

すっ［〜と］

不快なことや不都合なことなどがなくなり、気分が一気に晴れるようす。

㊎言いたいことを言ったら胸がスッとした／柔道で体の小さい人が大きい人を負かすと気分がスッとするね。

類「すーっ」は強調表現。

すかっ［〜と］

気分が一気に晴れ晴れとするようす。

例胸がスカッとするような豪快なホームランを打つ／苦手な相手にこれまで思っていても言えなかったことをぶちまけたらスカッとした。

すっきり［〜（と）する］

わだかまりや気がかりなこと、不快なことなどが解消して、気分がさわやかになるようす。

例お互いの誤解が解けてスッキリした／部屋をきれいに片付けたら気分までスッキリした。

類「**すきっ**」は瞬間をとらえた表現。

せいせい［〜（と）する］

心にわだかまりがなく、気分が晴れ晴れとするようす。

例どこまでも続く草原を見ていると心がせいせいするね／いやな上司が転勤になってせいせいした／あいつに言いたいことを言ったらせいせいした／（存在がわずらわしい人に）「おまえなんかいなくなったらせいせいするわ」

補近年は、不快なことからの解放感を表すことが多い。漢語で、「清清」「晴晴」と書く。

ためらう

うじうじ［〜（と）・〜する］

決断力のなさや迷いなどから、行動をためらうようす。

例ウジウジと悩む／ウジウジした性格／いつまでもウジウジしていないで、いやならいやとはっきり言いなさい。

おずおず［〜（と）］

怖れや緊張、自信のなさなどから、行動をためらうようす。

例オズオズと陛下の前に進み出る／少年は前から気になっていた女の子にオズオズと声をかけた。

補古語で怖れる意の「怖《お》づ」を重ねた語。

ぐずぐず［〜（と）・〜する］

動作や態度、決断などがはっきりせず、ためらいがちだったり、手間取ったりするようす。

例グズグズと返事を引き延ばす／商品開発は急務でグズグズしている時間はない／（朝、出がけに手間取っている子どもに）「グズグズしていると遅刻しますよ」

補「愚図愚図」は当て字。

もじもじ［〜（と）・〜する］

恥ずかしさや気おくれ、遠慮などで行動をためらうようす。また、そのときに体を落ち着きなく小刻みに動かすようす。

例近所の子に声をかけると恥ずかしそうにモジモジとうつむいた／彼女はモジモジしながら彼にプレゼントを渡した。

痛感する

しみじみ ［～（と）］

身にしみて深く感じるようす。

㋑病気になって健康のありがたみをしみじみ感じる。

つくづく ［～（と）］

心の底から深く感じるようす。

㋑自分はつくづく幸せ者だと思う／今の暮らしがつくづくいやになる。

泣く

＊静かに・弱々しく

さめざめ ［～（と）］

涙を流しながら静かに泣き続けるようす。

㋑彼女は自分の不幸を嘆き、さめざめと泣いた。

しくしく ［～（と）］

声をひそめて弱々しく泣き続けるようす。

㋑母親がなかなか迎えに来ないので、女の子はシクシク泣いていた。

めそめそ ［～（と）・～する］

声をほとんど立てずに弱々しく泣き続けるようす。

㋑保育園に入りたてのころ、娘はメソメソ泣いてばかりいた／いつまでもメソメソしていてはだめだ。

補 気が弱く、何かというとすぐに泣くような悲観的な態度にもいう。

＊激しく

おいおい ［〜（と）］
大声をあげて激しく泣き続ける声。
例 父は母の遺体にすがりついてオイオイ泣いた。
補 主に、大人や男子が周囲を気にせず大声で泣くようすにいうことが多い。

おんおん ［〜（と）］
大声をあげて激しく泣き続ける声。
例 試合に一回戦で負けて部員たちはオンオン泣いた。
類 「**おいおい**」より「おんおん」のほうが声を張り上げる感じ。

おーおー ［〜（と）］
大声で泣き叫んだり、わめいたりする声。
例 息子が死んだという知らせに老母はオーオーと声をあげて泣いた。
補 悲嘆にくれた感じを伴う。

わーわー ［〜（と）］
大声で激しく泣き続ける声。
例 友達におもちゃを取られて男の子はワーワー泣きじゃくった。
補 あたり一帯に聞こえるような大声で泣くようすをいう。

わんわん ［〜（と）］

大声で激しく泣き続ける声。
(例)電車の中で子どもにワンワン泣かれて困ってしまった。
(補)泣き声がその場に反響する感じをいう。

わーん［〜と］
大声で激しく泣き出すときの声。
(例)男の子は母親に叱られて、ワーンと泣き出した。
(類)「**うわーん**」は閉じていた口を開いて勢いよく泣き出すときの声。

わっ［〜と］
突然、大声で泣き出すときの声。
(例)息子の訃報を聞いたとたん、母親はワッと泣きくずれた。

＊女性

よよ［〜と］
女性がしゃくりあげて泣くようす。
(例)夫の急逝の知らせによよと泣きくずれる。
(補)文語的表現。

＊赤ん坊・幼児

あーん［〜（と）］
幼児が口を大きく開けて大声で泣く声。
(例)母親の姿が見えなくなると赤ん坊はアーンと泣き出した／一緒に遊んでいた子におもちゃを取られてアーンと大泣きした。

類「**あーんあーん**」「**あんあん**」は続けざまに泣く声。

えーん［～（と）］

幼児が弱々しく泣く声。

例母親の姿が見えなくて女の子はエーンと泣いた。

類「**あーん**」より口の開け方は小さく、声も弱い。泣き始めは「**うえーん**」となり、「**う**」は急に吹き出す感じを表す。「**えーんえーん**」「**えんえん**」は続けざまに泣く声。

おぎゃーおぎゃー［～（と）］

生まれたばかりの赤ん坊が続けて激しく泣く声。

例赤ん坊はお腹が空いたのか、さっきからオギャーオギャーと泣いている。

類一回の泣き声は「**おぎゃー**」で、「おぎゃー」と生まれてこの方、病気一つしたことはない」のように用いられる。また、「**ほぎゃー**」「**ほぎゃーほぎゃー**」とも表現する。

ぎゃーぎゃー［～（と）］

赤ん坊や幼児が激しく泣きわめく声。

例注射を打たれて子どもがギャーギャー泣きわめいている。

びーびー［～（と）］

幼児がぐずって激しく泣く声。

例さっきから子どもがビービー泣いてうるさい。

補だだをこねたり、自分の思い通りにならなかったりするときなどの高くて耳をつんざくような泣き声で、聞いている側にはうるさくて不快感がある。

＊涙を流す

はらはら〔～（と）〕

涙を続けざまに流すようす。

㊞身の上を話し終えると彼女ははらはらと涙を流した。

補花びらや木の葉などの小さくて軽いものが次々に舞い落ちるようすと同源で、やや古風なことば。

ほろほろ〔～（と）〕

涙の粒が続けてこぼれ落ちるようす。

㊞彼女の目から涙がホロホロとこぼれ落ちた。

類「**ほろり**」は涙がひと粒こぼれ落ちるようすをいい、「**ほろっ**」は瞬間をとらえた表現。

補感情があふれて、思わず涙を流すようすなどにいう。

ぼろぼろ〔～（と）〕

涙が続けて大量にこぼれ落ちるようす。

㊞優勝が決定した瞬間、選手たちは抱き合って大粒の涙をボロボロと流した。

補大量の涙を流して大泣きすることを「ぼろ泣き」という。

ぽろぽろ〔～（と）〕

涙が頬を伝って次から次にこぼれ落ちるようす。

㊞男の子はポロポロと頬を伝う涙を手でぬぐ

いながらごめんなさいと謝った。

類「**ぼろぼろ**」「ぽろぽろ」ともに、こぼれ落ちる涙の一粒一粒に焦点を置いた表現だが、大泣きする「ぼろぼろ」に対して、「ぽろぽろ」はやや軽い感じで涙がこぼれ落ちるようすをいう。

ほろり［〜（と）］

涙が一粒こぼれ落ちるようす。

例亡くなった人を偲《しの》んでいたらホロリと涙がこぼれた／彼女の身の上話にホロリとする。

類「**ほろっ**」は瞬間をとらえた表現。

補「ほろり［ほろっ］とする［なる］」の形で、涙がこぼれそうになるほど胸を打たれるようすをいう。

ぽろり［〜と］

涙が一粒こぼれ落ちるようす。

例泣くのをこらえていた女の子の目から大粒の涙がポロリとこぼれた。

類「**ぽろっ**」は瞬間をとらえた表現。涙が一粒こぼれ落ちるところは「**ほろり**」も「ぽろり」も同じだが、「ほろり」は涙が自然にこぼれ落ちるようすをいうのに対して、「ぽろり」は涙の粒の丸さや転がるように落ちるようすに焦点がある。

＊涙ぐむ

うるうる［〜（と）・〜する］

感動や同情などで目が涙でいっぱいになるようす。

例少女の悲惨な体験話にウルウルしてしまっ

た／彼女は大きな目をウルウルさせながら、何十年ぶりかの友との再会を喜んだ。

類「**うるっ**」は感動や同情などで瞬間的に涙ぐむ意で、「うるっとする」「うるっとくる」のようにいう。

補涙がにじんで目がぬれた状態になる意の動詞「うるむ」の語幹を繰り返した語。

くすん［〜（と）］

涙ぐんで軽く鼻を鳴らす音。

例男の子は悲しそうにうつむいてクスンと鼻を鳴らした。

類「**ぐすん**」は涙ぐんで大きく鼻を鳴らす音。

嘆く

とほほ［〜（と）］

自分の情けなくみじめな状況を嘆くようす・声。

例自分の能力のなさにトホホと言うしかない／（友達との将棋に負けて）「トホホ、これで三連敗だ」

類「**とほほほほ**」はしみじみと情けなくみじめに思って、続けざまに力なく発する声。

補「とほほな人生」「とほほな結果に終わる」のように、「とほほな」の形で、残念な、情けないといった意味で形容詞的にも用いられることがある。

なごむ

ほっこり［〜（と）する］

心が温かくなって、なごむようす。

(例)おいしいお茶を飲んでほっこりする／古民家の木のぬくもりにほっこりする。

(類)「**ほこっ**」は瞬間をとらえた表現。

ほんわか［〜（と）・〜する］

それとなくなごやかな気持ちになるようす。

(例)ワインを一口飲むとほんわかした気分になった／絵のやさしいタッチと色使いにほんわかといやされる／ほんわかムードの漂う新婚カップル。

ひるむ

たじたじ［〜と・〜だ・〜の］

相手の言動や雰囲気に圧倒されてひるむようす。

(例)相手のすさまじい剣幕にタジタジとなる／子どもたちの鋭い質問攻めに大人たちはタジタジだった／けんか相手がめっぽう強くて、タジタジのていで逃げ帰った。

(補)ひるむ、しり込みする意の「たじろぐ」の「たじ」を繰り返した語。

不快

くさくさ［〜（と）する］

不快なことや憂うつなどで、気持ちが晴れないようす。

㊞長雨でずっと家の中にいるとクサクサする／気分がクサクサするので車を飛ばして海を見に行った。

㊓思うようにならなくて、心が沈む意の「腐る」の「くさ」を繰り返してできた語。

くしゃくしゃ
［～（と）する］

気持ちが混乱して整理がつかず、不快なようす。

㊞父親に説教されてクシャクシャしたので、ボリュームを思いっきり上げてジャズを聴いた。

むしゃくしゃ
［～（と）する］

怒りやいら立ちなどで、どうにも気持ちが晴れないようす。

㊞思い通りにならなくてムシャクシャする／放火犯は仕事がうまくいかず、ムシャクシャしてやったと供述している。

㊓むしゃくしゃして起こす行動は八つ当たり的なことが多い。

不機嫌

ぷいっ
［～と］

不機嫌そうに顔を勢いよくそむけるようす。

例 いやな人と目が合った瞬間プイッとそっぽを向いた。

ぶすっ［〜と］

頬をふくらませて、不機嫌そうに黙っているようす。

例 娘はさっきからブスッとして一言もしゃべらない。

補 何か不平不満があって不機嫌になるようすをいう。

むすっ［〜と］

機嫌が悪く、黙り込んでいるようす。

例 娘は何が気に入らないのか、さっきからムスッとして口もきかない／反抗期の息子は何を聞いてもムスッとしている。

むっ［〜と］

怒りを感じて一瞬不機嫌そうな顔をするようす。

例 相手の勝手な言い分にムッとする／お客の横柄な態度に内心ムッとなった。

補 口をきゅっと結ぶようにして感情を表すほか、心の中だけにとどめて顔には出さない場合もある。

放心状態

きょとん［〜と］

とっさのことで状況が理解できず、ただ目を見開いたまま、ぼんやりしたり、当惑したりするようす。

例 いきなり叱られてキョトンとする／受賞するとは思っていなかったので、名前を呼ばれてキョトンとなった。

ぼーっ ［〜と］

何も考えず、放心状態でいるようす。

例 ただボーッと海を眺めているのが好きだ／ボーッと突っ立ってないで、さっさとやりなさい。

類 「**ぼっ**」は瞬間をとらえた表現。

ぽかん ［〜と］

あっけにとられたり、何も思ったり考えたりしないで放心状態でいるようす。また、呆然として口を締まりなく開けるようす。

例 何をポカンとしているの／ポカンと口を開けて美人に見とれる。

ぼけっ ［〜と］

何も考えたりしたりすることなく、集中力や緊張感をなくしているようす。

例 ボケッと突っ立ってないで手を貸してくれ／休みの日は一日中ボケッとして過ごした。

類 「**ぼけーっ**」は強調表現。「**ぽけっ**」は軽い言い方で、「ぼけっ」ほどの辛辣《しんらつ》さはない。

補 「ぼけっ」の「ぼけ」は頭の働きや感覚などがにぶる意の動詞「ぼける」や名詞「ぼけ」から派生した語。

ぼさっ ［〜と］

心がうつろで、何も考えず、何もしないでいるようす。

例そんな所にボサッと立っていられるとじゃまだ／ボサッと見てないで、こっちに来て手伝いなさい。

ぼんやり［～（と）・～する］

頭の働きや注意力が散漫で、集中していないようす。

例窓の外をぼんやりと眺める／授業中ぼんやりしていて、先生の話を聞き逃した。

物欲しそう

ごっくん［～］

目の前にあるものが欲しくてたまらないようす。

例この古伊万里の皿は収集家なら生つばゴックンの逸品だ。

補通常、「生つばごっくん」の形で用いる。おいしい物を見たときに食べたくて思わず口中にたまるつばを飲み込むようすからのたとえ。漢語で「垂涎《すいぜん》」といい、その対象となる物を「垂涎の的」という。

揺れ動く

ふらふら［～と・～する］

気持ちが不安定で揺れ動くようす。決断できずに迷うようす。

例息子は高三になってもまだフラフラしていて進路が決まらない。

余裕・ゆとり

ゆったり ［〜（と）・〜する］

緊張などから解放されて、心にゆとりがあるようす。

(例)余生をゆったりと過ごす/ゆったりと船旅を楽しむ/温泉に浸かってゆったりする。

ゆるり ［〜と］

心理的に解放されて、心にゆとりを感じるようす。

(例)（客に）「どうぞごゆるりとお過ごしください」

(補)やや古風な表現。

喜ぶ

うはうは ［〜（と）・〜だ・〜する］

笑いが止まらないほど、大喜びするようす。

(例)アイデア商品が大当たりして業者はウハウハだ/おじさんは若い女の子に囲まれてウハウハだ/あいつ、株で大もうけしてウハウハしている。

(補)俗な表現。

ほくほく ［〜と・〜する］

いいことがあってうれしさを隠し切れないようす。

(例)興行が大盛況で主催者側はホクホクしている/予想以上のボーナスが出て社員はみなホクホク顔だ。

補 うれしさがあふれる顔を「ほくほく顔」という。

わだかまり

もやもや［〜（と）する］

納得できないことや不明瞭ではっきりしないことなど、心の中にわだかまりがあってすっきりしないようす。

例 この先どうしたいのか自分でもわからず気持ちがモヤモヤしている／彼の説明では納得できないところがあってモヤモヤした感じが残る。

類 「**もやもやっ**」は勢いを付加した表現。

補 もどかしさや不満、不快感を伴う。「心のもやもやが晴れる」のように名詞としても用いられる。

笑う

●声を立てて

＊大声で快活・豪快に

あはは［〜（と）］

大口を開けて、快活に笑う声。

例 寒いのでいっぱい着込んでモコモコの私を

見て、友達は「アハハ、なんだその格好は」と大笑いした／お笑いコンビのギャグに父はアハハと楽しそうに笑った。

類「**ははは**」に比べて、声の出だしのトーンが高い。「**あっはっは**」は短く切って笑う声で、「あはは」よりリズミカルで勢いがあり、快活さが増す。「**あはははは**」は続けざまに笑う声。

ははは［〜（と）］

大口を開けて、快活に笑う声。

例 私が冗談を言うと、彼はハハハと大声で笑った。

類 短く切って笑う「**はっはっは**」は「ははは」よりリズミカルで勢いがあって、快活さが増す。「**はははははは**」は続けざまに笑う声。

わはは［〜（と）］

大口を開けて、明るく豪快に笑う声。

例 芸人のギャグの連発に観客はワハハとお腹を抱えて笑った。

類 短く切って笑う「**わっはっは**」は「わはは」よりリズミカルで勢いがあり、豪快さが増す。「**わはははは**」は続けざまに笑う声。最初の「わ」の発声で、「**ははは**」より豪快さが増す。

がはは［〜（と）］

大口を開けて、豪快に笑う声。

例「先輩の忠告を聞かずに彼女にプロポーズしたらあっさり断られました」「ガハハ、だから言わんことじゃない」

類「**がっはっは**」は短く切って笑う声で、「がはは」よりリズミカルで勢いがあり、豪快さが増す。「**がはははは**」は続けざまに笑う声。

補 主に男性の笑い声で、下品でがさつな感じがあるが、あけっぴろげで不快感はない。

ぎゃはは［～（と）］

大口を開けて、けたたましく笑う声。

例 学校帰りの女子高生たちが冗談を言い合ってはギャハハと大声で笑いころげていた。

類 「**がはは**」より声が高く、派手でうるさい感じを伴う。

補 主に、若者の笑い声。

＊いっせいに

どっ［～（と）］

大勢がいっせいに笑う声・ようす。

例 講師の軽妙な話しぶりにドッと笑い声が起こった／（漫才で）相方のつっこみに客席がドッとわいた。

＊女性の笑い声

おほほ［～（と）］

口をすぼめて軽く笑う声。

例 「奥様、すてきなお召し物ですね」「オホホ、それほどでもありませんわ」

類 「**おほほほ**」のように続けざまに笑うこともある。

補 大人の女性の笑い声で、上品さの中に気取った感じがある。

ほほほ［～（と）］

口をすぼめて軽く笑う声。

例「この子は少しもじっとしていなくて」「ホホホ、子どもはそんなものですよ」

類「**おほほ**」のような気取った感じはあまりない。短く「**ほほ**」、続けざまに「**ほほほほ**」と笑うこともある。短く切って笑う「**ほっほっほ**」は大げさでわざとらしい感じを伴うことがある。

補通常、女性の笑い声を表すが、男性もこのように笑うことがあり、その場合は意味ありげな感じを伴うことが多い。

ころころ ［〜（と）］

高くて、明るくほがらかに笑う声。

例教室から女子生徒たちの楽しそうにコロコロと笑う声が聞こえる。

補主に、若い女性の笑い声をいう。

＊高笑い

からから ［〜（と）］

口を大きく開けて、屈託なく高らかに笑う声。

例みんなで昔話に興じてカラカラと笑った。

補声に軽くさわやかな感じを伴う。

かんらかんら ［〜（と）］

口を大きく開けて、力強く高らかに笑う声。

例男は冗談を言うと、カンラカンラと豪快に笑い飛ばした。

類「**かんらから**」「**かんらからから**」

補現在は、芝居や小説などで豪傑などの高笑いの声として用いられることが多い。

＊屈託なく

けらけら ［〜（と）］

屈託のない感じで、かん高く笑う声。

例 女の子たちはたわいない話をしてはケラケラ笑っている／ラジオで落語をケラケラ笑いながら聴いている。

補 軽々しい感じを伴うこともある。

げらげら［〜（と）］

屈託のない感じで、大声で笑う声。

例 変顔をしてみせると友達はゲラゲラ笑った／息子はゲラゲラ笑いながら漫画を読んでいる／こっちはまじめにやっているのにゲラゲラ笑うなんて失礼だ。

類「けらけら」より低く濁った声で、がさつな感じがある。また、無遠慮な態度で、茶化すように笑う場合にもいう。

＊しのび笑い

くすくす［〜（と）］

笑いをこらえきれずに、声をひそめて続けて笑う声。

例 友達は左右違う靴下をはいている私を見てクスクス笑った／弟は漫画を読みながらクスクス笑っている。

類「**くすり**」は一回しのび笑いをするようす。「**くすっ**」は瞬間をとらえた表現。

補 しのび笑いを「くすくす笑い」という。

くっくっ［〜（と）］

笑いをこらえきれずに、のどの奥でこみあげてくる声を押さえるようにして続けて笑う声。

例 本屋で漫画を立ち読みしていた少年が肩を小さく震わせながらクックックッと笑った。

類「くっくっ」がひと声ひと声区切って強く押し殺して笑うのに対して、「**くくっ**」「**くくっ**」は声の間隔が短く瞬間的。

＊含み笑い

うふふ［～（と）］

うれしさ、おかしさ、照れ隠しなどで、思わず口からもれるように笑う声。

例「うれしそうね。何かいいことでもあったの」「ウフフ、ちょっとね」

類「**うふっ**」は瞬間をとらえた表現。

ふふふ［～（と）］

息をもらして軽く笑う声。

例「フフフ、あなたって面白い人ね」／（ライバルの失脚に）「フフフ、いい気味だ」

類「ふふふ」は「**うふふ**」と同じような笑いのほかに、人をあざけって笑う場合など悪意が含まれることがある。「**ふふ**」は短く笑う声。「**ふふっ**」は瞬間をとらえた表現。

＊照れ笑い

えへへ［～（と）］

照れたり、都合が悪いことをごまかしたりして笑う声。

例「髪型も服装もばっちり決まっていてかっこいいね」「エヘヘ、そんなにほめられると照れるなあ」／「宿題はすんだの」「エヘへ、まあね」

へへへ［～（と）］

照れたり、得意になったりして笑う声。

㊎絵の出来栄えをほめると彼は「へへへ、それほどでもないよ」と頭をかいた／（相手に自分の力量を見せつけて）「へへへ、どんなもんだい」

類「**えへへ**」より「へへへ」のほうが下品な感じがある。「**へっへっ**」「**へっへっへっ**」は語勢が強く、下品な感じが増す。

＊へつらって

へへへ［〜（と）］

人にへつらって笑う声。

例「へへへ、だんな、今日は一段とめかしてどちらにお出かけですか」／「へへへ、お客さん、何さし上げましょう」

類「**へっへっ**」「**へっへっへっ**」は語勢が強く、下品な感じが増す。

補上位の者に対する卑屈な笑いをいう。

＊吹き出し笑い

ぷっ［〜（と）］

おかしくて思わず吹き出すときの声・ようす。

例女の子たちは彼のおかしな格好にプッと吹き出した／「ちょっとあの人見て。洋服に値札が付いてる」「プッ、ほんとだ」

＊鼻先で笑う・せせら笑う

ふふん［〜（と）］

相手をばかにしたり、あざけったりして鼻先で笑うようす。また、そのとき鼻から出す息の音。

例弱そうなけんか相手を見てフフンとせせら笑った。

ふん〔〜（と）〕

相手を小ばかにして鼻先で笑うようす。また、そのとき鼻から出す息の音。

例「フン、あんなやつどうせたいしたことないさ」

＊下品に

けたけた〔〜（と）〕

かん高くて、下品な笑い声。

例人が失敗したのを見てあいつはケタケタ笑った。

補「けたたましい」の「けた」を繰り返した語で、騒々しさを伴う。

げたげた〔〜（と）〕

大きくて濁った、下品な笑い声。

例男たちが卑猥な冗談を言ってはゲタゲタ笑っている。

類「げたげた」は「**けたけた**」より低く濁った声。どちらも奇妙な声で不快感を伴うが、「げたげた」は猥雑《わいざつ》感が強い。

＊下品でいやしげに

いひひ〔〜（と）〕

下品で、いやしげに笑う声。

例「あいつ、彼女にふられたらしいよ」「イヒヒ、いい気味だ」

類「**いひひひ（ひ）**」と続けざまに笑うこと

もある。「**いっひっひ**」は一音ずつ区切った笑い方で、下品でいやしげな感じが増す。

補 快く思わない相手に対して、ひそかに悪意をもって笑う場合が多い。

うひひ［〜（と）］

下品で、いやしげに笑う声。

例「ウヒヒ、これでようやく運が回ってきそうだ」

類「**うひひひ（ひ）**」と続けざまに笑うこともある。「**うっひっひ**」は下品でいやしげな感じが増す。

補 ひそかに喜んだり、思い通りになったりしたときなどの笑い声で、「う」は吹き出すように勢いよく笑うようすを表す。

ひひひ［〜（と）］

下品で、いやしげに笑う声。

例 友達にいたずらを仕掛けてヒヒヒと笑った／「ヒヒヒ、うまくいったぞ、これでよし」

類「**ひひひひ（ひ）**」と続けざまに笑うこともある。「**ひっひっひっ**」は一音ずつ区切った笑い方で、下品でいやしげな感じが増す。

補 内心思い通りになって、ひとりほくそ笑むようすにもいう。

＊締まりなく

えへらえへら［〜（と）・〜する］

顔の筋肉をゆるめて、おかしくもないのに締まりなく笑うようす。

例 こっちはまじめな話をしているのに相手はエヘラエヘラ笑ってまともに聞こうとしな

い／さっきから何をエヘラエヘラしてるんだ。

へらへら［〜（と）・〜する］

締まりがなく、軽薄な感じで笑うようす。

㊀あのやんちゃな生徒は先生にきつく叱られてもヘラヘラ笑うだけで、全然こたえていないようだ／あいつは人の前ではヘラヘラしているが、実際のところ何を考えているかわからないところがある。

㊁追従《ついしょう》や照れ隠しなどで笑うようすにいうことが多い。

●声を立てずに

＊ほほえむ

にこっ［〜と］

顔を一瞬ほころばせてほほえむようす。

㊀ベビーカーをのぞくと赤ちゃんがニコッと笑った／あの子はニコッと笑ったときのえくぼがかわいいね。

にこり［〜と］

軽く一回ほほえむようす。

㊀通りの向こうの友達と目が合ってニコリと会釈をかわした／こっちから挨拶しても彼女はニコリともしないで行ってしまった。

㊁「にこりともしない」のように否定の形で、笑顔も見せず不愛想なようすをいう。

にっこり［〜（と）・〜する］

顔を大きくほころばせて一回ほほえむようす。

㊀カメラに向かってニッコリほほえむ／子イ

ヌのかわいらしいしぐさに思わずニッコリした。

にこにこ［〜（と）・〜だ・〜する］

声を立てずに、満面に笑みをたたえているようす。

例 園長先生が子どもたちとニコニコと楽しそうに話をしている／弟は誕生日祝いに自転車を買ってもらってニコニコだ／彼女はいつもニコニコしていて怒った顔を見たことがない。

類「**にこにこっ**」は勢いを付加した表現。「**にっこにこ**」は「にこにこ」の強調表現で、これ以上ないほどの最高の笑顔をするようすにいう。

補 喜びやうれしさ、楽しさなどによる、にこやかな表情にいう。

＊薄気味悪く

にたり［〜と］

声を立てずに、顔に一回薄気味の悪い笑いを浮かべるようす。

例 男はニタリと不敵な笑いを浮かべて近づいてきた。

類「**にたっ**」は瞬間をとらえた表現。「**にたーっ**」は「にたっ」よりも薄笑いを浮かべる時間が長く、いやらしさや気味の悪さが増す。

にたにた［～（と）・～する］

声を立てずに、顔一面に薄気味の悪い笑みを浮かべるようす。

(例)いたずらっ子がニタニタ笑いながらこっちに近づいてきたので急いで逃げた。

(補)下心がありそうな気味の悪さやいやらしさを伴う。にたにたする意の動詞は「にたつく」。

にやり［～と］

声を立てずに、一回薄笑いを浮かべるようす。

(例)対戦相手をノックアウトすると、どうだといわんばかりにニヤリと笑った／大金を前に思わずニヤリとする。

(類)「**にやっ**」は瞬間をとらえた表現。「**にやーっ**」は「にやっ」よりゆっくりと薄笑いを浮かべるようすで、気味の悪さが増す。

(補)思い通りになったときの得意げな笑いや意味ありげな笑いで、いやらしさや薄気味悪さが感じられ、よい印象は持たれない。

にやにや［～（と）・～する］

声を立てずに、薄笑いを浮かべているようす。

(例)弟はようやく買ってもらったプラモデルをニヤニヤしながら眺めている／ニヤニヤと思い出し笑いなんかしていやね／変な男がニヤニヤしながら近づいて来たのでとっさに逃げた。

(補)ひとり悦に入ったり、自分にとって楽しいことや都合のよいことを思い浮かべて笑うほかに、下心や悪いたくらみがあって意味ありげに笑うようすをいい、はたから見るといやらしさや薄気味悪さが感じられ、よい印象は持たれない。にやにやする意の動詞は「にやつく」。

*ほくそ笑む

にんまり［〜（と）・〜する］

思い通りになって、声を立てずひとり満足げに笑みを浮かべるようす。

㊟弟は予想以上にお年玉をもらってニンマリしている／ライバルの失脚にニンマリする。

補ひとり満足げな笑いで、はたから見るといやらしさや不快感がある。

*歯をのぞかせて

にっ［〜と］

声を立てずに、唇を横に引いて歯をのぞかせ、瞬間的に笑うようす。

㊟男の子に「いい子だね」と声をかけるとニッと笑って母親のほうに駆けていった／男は意味ありげにニッと笑った。

補照れ笑いや意味ありげに笑うようすをいうことが多い。

感覚

嗅覚・におい

＊刺激臭

つん［〜と］

強烈な刺激臭を瞬間的に感じるようす。また、鼻の奥に刺すような強烈な刺激を感じるようす。

㊎アンモニアのにおいがツンと鼻をつく／わさびがツンと鼻にくる。

類「**つーん**」は刺激がしばらく続くようす。「**つんつん**」は「つん」よりさらににおいや刺激が連続的で強烈なようす。

＊においが漂う

ぷーん［〜と］

においが空気の流れに乗って漂ってくるようす。

㊎台所からおいしそうなにおいがプーンと漂ってきた／散歩していると、どこからかバラの香りがプーンとしてきた／息子が脱いだシャツは汗臭いにおいがプーンとした。

補よいにおいにも心地よくないにおいにもいう。

ぷんぷん［〜（と）・〜する］

かなり強いにおいがあたりに発散したり漂ったりするようす。

㊎彼女のそばに行くと香水のにおいがプンプンする／夫は二日酔いで酒のにおいをプンプ

ンさせている。

補 通常、心地よくないにおいについていうことが多い。比喩的に「犯罪のにおいがプンプンする」のように用いられる。

視覚

*ぼやける・かすむ

ぼやっ ［〜と］

物の形や輪郭、色などが不明瞭で瞬間的にかすんで見えるようす。

例 霧が出てきてあたりがボヤッとかすんで見えた／ボヤッとした色使いの絵。

補 視覚のほかに、色使いなどが鮮明でないようすにもいう。

ぼんやり ［〜（と）・〜する］

物の形や輪郭、色などが不明瞭でかすんで見えるようす。

例 遠くに明かりがぼんやり見えている／近視なので遠くはぼんやりとしか見えない。

補 少しぼやけたようすは「薄ぼんやり」という。

痛覚 →㈣［症状］（痛む）209頁

味覚 →㈤［味・食感］258頁

直感

ぴん［〜と］

鋭く直感が働くようす。

㊀息子のそぶりから「ははん、何か隠しているな」とピンときた／店内を巡回中、買い物客のそわそわしたようすにピンときて、万引き犯を捕まえた。

㊫「**ぴーん**」は強調表現。

びびっ［〜と］

電撃的に直感が働くようす。

㊀この人に会ったとたんビビッときて、結婚を決めた。

㊫「**びびびっ**」は「びびっ」より激しく強烈なようすにいう。

三

性格・態度／人間関係／地位・能力／生活・暮らし

性格・態度

《プラス評価》

落ち着きがある

おっとり [〜（と）・〜する]
性格や態度、口調などが穏やかで落ち着いているようす。
例 あの人はお嬢さま育ちでおっとりしている／おっとり構えていると、いざというときに人に先を越されてしまう／話し方がおっとりしている。
補 性格や態度については世事に疎かったり、積極性に欠けて人に後れをとったりするなどのマイナス面もあり、批判的な意味合いに用いることがある。

しっとり [〜（と）・〜する]
もの静かで上品なようす。しとやかなようす。
例 しっとりした物腰／しっとりとした大人の女性にあこがれる。
補 内面に潤いがある感じで、主に女性についていう。

のんびり [〜（と）・〜する]
性格がおおらかで急いだりあわてたりすることなく、落ち着いているようす。
例 父はせっかち、母はのんびりで二人の性格は正反対だ／娘はのんびりした性格で、何をするのもマイペースだ。

補 のんびりした人を「のんびり屋」という。時にマイナス評価の場合もある。

快活

しゃきしゃき［～（と）・～する］

態度や言動が元気よく、快活なようす。

例 老女将《おかみ》が現役で旅館をシャキシャキと切り盛りしている／あの人はシャキシャキした話し方をする。

補 動作や話し方に勢いや切れがある。

はきはき［～（と）・～する］

態度が明瞭で、快活なようす。

例 彼はハキハキしていて、誰からも好かれる人だ。

補 ものの言い方がはっきりしていて歯切れのよいようすにもいう。

気軽

ほいほい［～（と）］

物事に気軽に応じたり行動したりするようす。

例 彼は急な頼みごとでもホイホイと引き受けてくれる／もうけ話にホイホイ乗ったのはい

いが、結局大損してしまった。

補 よい意味での気軽さのほかに、マイナス面で軽率の意味合いでも使われる。

几帳面

きちん［〜と］

性格や態度が折り目正しく、几帳面なようす。

例 彼女はきちんとした人で、世話になった人には必ず礼状を出す／人はきちんと挨拶ができて一人前だ。

厳しい

ばしっ［〜と］

態度が容赦なく厳しいようす。

例 悪いことをした子どもをバシッと叱る／ゲームばかりしていないで勉強するようにあなたから子どもたちにバシッと言ってください。

類 「**ばしばし**」は「ばし」を重ねて、容赦のなさを強調する。

びしっ［〜と］

態度が容赦なく厳しいようす。厳格なようす。

例 子どもをビシッとしつける／部下をビシッと指導する／間違いをビシッと指摘する。

類 「びしっ」には厳格さがあるが、「**ばしっ**」にはその意味合いは薄い。「**びしびし**」は「びし」を重ねて、容赦のなさを強調する。「びし」と「ばし」を合わせて「**びしばし**」ともいう。

機敏

きびきび〔〜（と）・〜する〕

態度や動作などが機敏で生き生きとしているようす。

㊞キビキビと立ち働く／ホテルの従業員のキビキビした接客態度に感心する／彼女はキビキビとした話し方をする。

補きびきびとした態度や言動に対してさわやかさや気持ちよさが感じられる。

てきぱき〔〜（と）・〜する〕

態度や動作などが手際よくすばやいようす。

㊞仕事をテキパキと片付ける／部下にテキパキと指示を出す／彼女は受け答えがテキパキしている。

補「テキパキテキパキ」と繰り返すことで、機敏さを強調する。

堅実

しっかり〔〜（と）・〜する〕

性格が堅実で信頼できるようす。

㊞三人兄弟の中で、長男が一番しっかりしている／彼はしっかり者だから、安心して仕事を任せられる。

補しっかりした人の意で「しっかり者」のようにいう。

しつこさやこだわりがない

あっさり［〜（と）・〜する］

性格や態度にこだわりやしつこさがなくて、淡泊なようす。また、思い切りのいいようす。

㊝彼女は金銭に対してはあっさりとしている／自分の非をあっさり認める／ピアニストになる夢をそんなにあっさり諦めることはない。

からっ［〜と］

性格にしつこさやこだわりがなくて、明るくさわやかなようす。

㊝彼はカラッとした性格で、いやなことがあっても気持ちの切り替えが早い。

さっぱり［〜（と）・〜する］

性格や態度にしつこさやこだわり、未練などがなくてさわやかなようす。

㊝彼は気性がさっぱりしていて、付き合っていて気持ちがいい／過ぎたことはきれいさっぱり忘れる。

補態度では「きれいさっぱり」の形で強調して用いることが多い。

さばさば［〜（と）・〜する］

性格や態度、表情などにしつこさやこだわりがなくて爽快なようす。

㊝サバサバした性格／彼女はサバサバしていて、話をしていても気持ちがよい／やるだけやったという風で、横綱の引退会見はサバサバしたものだった。

補 世慣れていて物分かりがよく、気性がさっぱりしている意の動詞「さばける」の「さば」を繰り返した語。

率直

ざっくばらん［〜な・〜に・〜だ］

性格や態度が、遠慮や隠し立てをしないで、率直なようす。あけっぴろげなようす。

例 社長はざっくばらんな人で、社員の誰とでも気軽に話をする／そんなに形式ばらないでざっくばらんに話そうよ／ざっくばらんに言えば、この企画はおもしろくないね。

補 一説に、心を「ざっく」と割って、心の中を「ばらん（ばらり）」と明かす意からとされる。

堂々としている・動じない

でん［〜と］

堂々として存在感があるようす。

例 彼は何があってもデンと構えて動じない人だ／社長は社長室でデンと座っていればいいというものではない／家族の中心にデンと母がいてくれるから我が家が成り立っていると言っても過言ではない。

類 「**でーん**」は強調表現で、存在感が増す。

どっしり［〜（と）］

態度が重厚で威厳があり、落ち着いているようす。

㊥どっしり腰を据えて仕事に取りかかる／監督がどっしり構えていれば、選手たちはのびのびプレーができる。

どん［～と］

物事に真正面から向き合い、ゆるぎないようす。

㊥上に立つ人間は何があってもあわてず騒がず、ドンと構えていればいい／つらい現実をドンと受け止める。

類「**どーん**」は強調表現で、ゆるぎなさが増す。

明快

きっぱり［～（と）・～する］

態度や言動が断固としていて明快なようす。

㊥知事選出馬の要請をキッパリと断る／うわさをキッパリ否定する／キッパリした態度で交渉に臨む。

補毅然とした態度にいうことが多い。

はっきり［～（と）・～する］

態度にあいまいさがなく、明快なようす。

㊥労使交渉で会社側の態度がハッキリしない／最近の若い人はハッキリしているから、いやなことはいやと言う。

《マイナス評価》

厚かましい・ずうずうしい

おめおめ［〜（と）］

恥ずかしげもなく、厚かましいようす。

㋑さんざん迷惑をかけておいて、よくもまあおめおめと金を借りに来られたものだ／部下が不祥事を起こした以上、監督責任者としておめおめと現職にとどまるわけにはいかない。

補 他人だけではなく、自分の態度や言動に対しても用いる。

しゃーしゃー［〜と］

悪びれることなく、平然としているようす。非常に厚かましいようす。

㋑よくもまあしゃーしゃーとうそが言えるもんだ／首になった会社にいけしゃーしゃーと顔を出す。

類 卑しめや非難の意を強調する接頭語の「いけ」がついて、「**いけしゃーしゃー**」の形で用いることが多い。

補 他人の態度や言動に対して用いる。

ぬけぬけ［〜（と）］

すべきではないことを平然と行って、悪びれることなく厚かましいようす。

㋑ヌケヌケとうそを言う／人にさんざん迷惑をかけておきながら、よくもまあヌケヌケと顔を出せたものだ。

補 他人の態度や言動に対して用いる。

補 古くは「抜け抜けに」の形で、列や集団から一人また一人とこっそり抜け出すようすをいい、そこから転じて、すべきではないことをしても悪びれないような、厚かましいようすの意に用いられるようになったとされる。

いい加減・無責任

ちゃらんぽらん［～な・～だ］

性格や態度、言動に一貫性がなく、いい加減で無責任なようす。

㊀あんなチャランポランなやつに大事な仕事は任せられない／あいつは何をやらせてもチャランポランだ／チャランポランなことばかり言っていると、そのうち誰にも相手にされなくなるよ。

陰気

じめじめ［～（と）・～する］

性格が暗くて、明るさやさわやかさがないようす。陰気なようす。

㊀暗くてジメジメした性格／彼女のジメジメしていなくて、カラッと明るいところに惹《ひ》かれた。

しんねり［～（と）・～する］

性格や態度が陰気で、しつこいようす。

㊀しんねりと小言を言う／彼のしんねりしたところが好きになれない。

補陰気で無口なようすやそういう人を「しんねりむっつり」という。

落ち着きがない

＊あわただしくて

せかせか［～（と）・～する］

性格や態度、言動が何かに急《せ》き立てられるようにあわただしく、落ち着きがないようす。

例 そんなに急がなくても列車には間に合うのに、走り出したりしてセカセカした人だ／彼は出張のついでに京都を一日でセカセカと見て回った。

補 急がせる意の動詞「せかす」の語根「せか」を繰り返した語。

＊浮ついて

ふわふわ［～（と）・～する］

浮ついていて、気持ちや態度に落ち着きがないようす。

例 フワフワと浮ついた気持ちでは大役は務まらない／いつまでもフワフワしていないで、仕事を見つけてしっかり働きなさい。

＊気になることがあって

そわそわ［～（と）・～する］

気になることがあって態度に落ち着きがないようす。

例 彼女はさっきからソワソワと時計ばかり気にしている／祭りが近づくとソワソワと落ち着かない／娘のボーイフレンドが来るというので、父親は朝からソワソワしている。

＊気持ちにゆとりがなく

こせこせ ［～（と）・～する］

気持ちにゆとりがなく、ささいなことにこだわって落ち着きがないようす。

㊞コセコセと動き回る／この子は性格がコセコセしている／老後はコセコセしないでゆったりのんびり暮らしたい。

＊騒々しく

ちゃかちゃか ［～（と）・～する］

態度や動作に落ち着きがなく、騒々しいようす。

㊞母は家の中をチャカチャカと動き回っている／そばで人にチャカチャカされると落ち着かない。

＊ためらって

もじもじ ［～（と）・～する］

恥ずかしさや気おくれ、遠慮などで行動をためらって、落ち着きがないようす。また、そのとき体を小刻みに動かすようす。

㊞そんな所でモジモジしてないで、こっちにいらっしゃいよ／好きな女の子にモジモジしながらプレゼントを渡した。

＊不安や恐怖などで

おどおど ［～（と）・～する］

不安や恐れ、おびえなどで態度に落ち着きがないようす。

㊞初めて降りた駅で様子がわからず、オドオドとあたりを見回した／うそがいつばれるかとオドオドしている／警官に職務質問されて

オドオドする。

補 怖れる意の古語の動詞「怖《お》づ」を重ねた「おづおづ」の変化した語。

頑固

かちかち［〜の・〜だ］

融通が利かず、頑固なようす。

例 カチカチの頑固おやじ／祖父の頭ときたらカチカチで、今風の考え方ややり方はいっさい受け付けない。

類「**かちんかちん**」は強調表現で、「かちんかちんの石頭」のようにいう。

がちがち［〜の・〜だ］

融通が利かず、きわめて頑固なようす。特に、一つの考えに凝り固まって融通の利かないようす。

例 ガチガチの頑固者／ガチガチの保守主義者／親父の頭はガチガチで、時代遅れも甚だしい。

類「**がちんがちん**」は強調表現。

こちこち［〜の・〜だ］

融通が利かず、頑固なようす。

例 あいつの頭はコチコチで、こうと決めたら人の言うことなんか聞かない。

類「**こちんこちん**」は強調表現。「**かちかち**」「こちこち」ともに、物が非常にかたいようすから比喩的にいうもので、同じように用いられる。

気が利かない

ぼんやり［〜だ・〜する］

間が抜けていて、気が利かないようす。

例 まあ、私ったらボンヤリしてお客様にお茶も出さずにごめんなさい。

補 利発ではない意で、「この子はボンヤリで学校の勉強についていけるか心配だ」のようにも用いられる。

もさっ［〜と］

動作や反応が鈍くて遅く、気が利かないさま。

例 モサッと突っ立ってないでさっさと手伝いなさい／彼みたいに無愛想でモサッとした人は接客業には向かない。

補 洗練されていなくて野暮ったい感じを伴う。

ぎこちない

ぎくしゃく［〜（と）・〜する］

態度や言動が不自然でぎこちなく、なめらかでないようす。

例 二人の会話がかみ合わずギクシャクする／賞状を受け取るとき緊張して動作がギクシャクしてしまった。

ぎすぎす［〜（と）・〜する］

性格や態度、言動などに角があって、やさしさや親しみやすさに欠けるようす。

例 彼女にはギスギスしたところがあって付き合いにくい／彼はギスギスした物言いをする人だ。

急変

がらり ［〜と］

態度や言動が急激にすっかり変わるようす。

例 相手次第で態度がガラリと変わる／今まで難しい顔をしていた父が孫の顔を見たとたん、ガラリと変わって笑顔になった。

類 「**がらっ**」は瞬間をとらえた表現。

補 よいようにも悪いようにも変わるようすをいう。

ころり ［〜と］

態度や言動が突然簡単に変わるようす。

例 今までと言うことがコロリと変わる／同期の仲間の一人が昇進したとたん態度がコロリと変わった。

類 「**ころっ**」は瞬間をとらえた表現。

補 変わり方がよくない場合に用いることが多い。

ころころ ［〜（と）］

態度や言動が目まぐるしく変わるようす。

例 彼女は気分次第で態度がコロコロ変わるので付き合いきれない／政治家の公約はコロコロ変わるからあてにならない。

軽薄

ちゃらちゃら ［〜（と）・〜する］

態度や振る舞いが軽薄で浮ついているようす。

例 チャラチャラと歯の浮くようなお世辞を言

う／あんなチャラチャラした男のどこがいいのかわからない。

へらへら［～（と）・～する］

相手に軽々しく迎合し、へつらうようす。

例 上司に気に入られようとヘラヘラしている人を見るとむかつく／あいつは誰かれかまわずヘラヘラと話しかける。

補 軽々しくよくしゃべるようすにもいう。

高圧的

ぴしゃり［～（と）］

手きびしく、高圧的な態度をとるようす。

例 相手の要求をピシャリと断る／彼女に「もう付き合わない」とピシャリと言われてしまった。

類 「**ぴしゃっ**」は瞬間をとらえた表現で、「ぴしゃり」より即座で、強烈な感がある。

しつこい

ねちねち［～（と）・～する］

性格や態度がしつこくて、いやみなようす。

例 ネチネチといやみを言う／ネチネチしたやつは大嫌いだ。

補 粘り気のある物がしつこくくっつくようすからの転。ねちねちしているようすを形容詞で「ねちっこい」という。

ねっちり［～（と）・～する］
性格や態度がしつこくて、粘り強いようす。
㊖彼はネッチリとした性格で、納得のいかないことがあると相手にしつこく食い下がる。
(類)「ねっちり」は「**ねちねち**」よりしつこさや不快感・嫌悪感が弱い。

消極的

いじいじ［～（と）・～する］
劣等感やひがみなどから素直になれず、消極的なようす。
㊖そんな所でイジイジ見てないで、みんなと一緒に遊んだらどうなの／弟は何かと優秀な兄に比べられるのでイジイジしたところがある。
(補)動詞「いじける」の「いじ」を繰り返して、ひどくいじけるようすをいう。

粗野

がさがさ［～（と）・～する］
性格や言動が粗野で落ち着きがないようす。
㊖無神経でガサガサしたやつとは付き合いたくない／あいつの話し方はガサガサしていていやだね。

怠惰

ぐうたら［〜（と）・〜だ・〜する］

怠惰でやる気がないようす。

㊎何もしないで一日グウタラと過ごす／うちの亭主はグウタラでどうしようもない／グウタラグウタラしてないで少しは勉強しなさい。

類「**ぐうたらぐうたら**」と繰り返していうことで強調する。

補怠け者の意で名詞としても用い、「ぐうたら亭主」「ぐうたら息子」のようにもいう。

ごろごろ［〜（と）・〜する］
何もしないで、怠惰に時間を過ごすようす。

㊎休みの日は一日中家でゴロゴロしている／ゴロゴロと遊んでばかりいないでアルバイトでもしたらどうなの。
類「**ごろんごろん**」は強調表現。

だらだら［〜（と）・〜する］
態度や動作が怠惰なようす。また、やる気がなく怠惰に時間を過ごすようす。
㊎ダラダラと仕事をする／（生徒たちに）「いつまでダラダラと掃除しているの。さっさとやりなさい」／休みの日は何もしないで家でダラダラしている。

のらりくらり［〜（と）］
するべきことを何もしないで、怠惰に過ごすようす。

例 働きもせず、毎日ノラリクラリと遊び暮らす。

類 「**のらくら**」は「のらりくらり」より怠惰の程度が弱い。また、「のらくら」は怠け者の意で、「のらくら亭主」のようにもいう。

のんべんだらり［〜（と）］

するべきことを何もしないで、のんきにだらしなく時を過ごすようす。

例 夏休みをノンベンダラリと過ごす。

ぶらぶら［〜（と）・〜する］

何の目的もなく怠惰に暮らすようす。

例 息子は定職にもつかず、ブラブラ遊んでばかりいる／「休みの日は何をしてるの」「家でブラブラしてることが多いかな」

頼りない・弱々しい

へなへな［〜（と）・〜だ・〜する］

性格や態度が頼りなげでしっかりしていないようす。軟弱なようす。

例 あんなヘナヘナしたやつに大事な娘をやるわけにはいかない。

補 主に男性について用い、へなへなした男をののしって「へなへな野郎」のようにいう。

なよなよ［〜と・〜する］

態度や動作が柔弱《にゅうじゃく》で頼りないようす。

例 彼女は恋人の肩にナヨナヨともたれかかっ

た／あんなナヨナヨした男のどこがいいのかわからない。

類「**なよっ**」は瞬間をとらえた表現。

補 男性についてはは女性みたいでめめしい意が含まれ、批判的に用いられることが多い。

ふにゃふにゃ ［〜(と)・〜の・〜だ・〜する］

性格や態度が軟弱で自主性に欠け、頼りないようす。

例 いくら社長の息子とはいえ、あんなフニャフニャの男に二代目を継がせられない。

補 物の内部に芯がなく、やわらかくて締まりがないようすからのたとえ。

だらしがない・締まりがない

だらっ ［〜と］

態度や動作、気持ちなどに緊張感や締まりがなく、ゆるんでいるようす。だらけるようす。

例 夏休みだからといってダラッとしてないで家の手伝いでもしなさい。

類「だらっ」は瞬間をとらえた表現で、「**だらーっ**」は強調表現。

だらだら ［〜(と)・〜する］

態度や動作、気持ちなどに緊張感や締まりがなく、だらけた状態が続くようす。また、だらしなく無意味に時を過ごすようす。

例 マラソンの練習でグラウンドをダラダラ走っていたら監督に叱られた／ダラダラ勉強し

たって身に付かないよ／一日中ダラダラとテレビを見ていた。

とらえどころがない

のらりくらり［〜（と）］

真正面から対処しないで、はぐらかしたりごまかしたりするなど、態度があいまいでとらえどころのないようす。

例 大臣は野党の追及をノラリクラリとかわした／記者の質問にノラリクラリと返答する。

類 「**ぬらりくらり**」ともいう。「ぬらり」はぬらぬらとべたつく感じがあり、「のらりくらり」より不快さが増す。

貪欲・欲ばり

がつがつ［〜（と）・〜する］

満足することなくむやみに欲ばるようす。貪欲なようす。

例 そんなにお金をガツガツ貯めてどうするの／周りの友達は就職活動にやっきになっているのに、息子はガツガツしたところがなくて、あわてるようすもない。

補 空腹でむさぼるように食べる意からの転。

がりがり［〜（と）］

自分だけの利益や欲望のために貪欲に行動するようす。

例 ガリガリ勉強する／ガリガリと金を貯める。

補 成績を上げるためにひたすら勉強ばかりす

ることやそうした人を「がり勉」、強欲で自分の利益ばかり求める人を「がりがり亡者」という。「我利我利」は当て字。

抜け目がない

ちゃっかり［〜（と）・〜する］

態度や言動が自分の得になるように、抜け目がないようす。

㊎タクシーにちゃっかり相乗りさせてもらう／人の物を借りてすませようなんて、ちゃっかりしてるね。

補 呆れるほか、非難や嫌悪の気持ちが含まれる。ちゃっかりした人のことを「ちゃっかり屋」という。

のんき・気楽

のーのー［〜と］

何の心配もなく、のんきにしているようす。

㊎親の遺産でのーのーと暮らす／他社の新製品の発売が相次いで、うちものーのーとなんかしてられない。

補 非難めいて使われることが多い。

のほほん［〜と］

何かをすべきところで、これといって何もすることなくのんきにしているようす。気楽で無頓着なようす。

㊎明日試験だというのに、そんなにノホホンとしていていいの／そんな所にノホホンと突っ立ってないで、こっちに来て片付けを手伝

ってよ。

補 のんきにしている人に対するいら立ちや嘆きなどで、非難めいて使われることが多いが、おおらかで気楽な性格としてプラスイメージもある。

無愛想

けんけん [～(と)・～する]

態度や言葉づかいが無愛想で、とげとげしいようす。

例 そんなにケンケン言わなくてもいいのに／彼は朝からケンケンしているけれど、何かあったのかな。

補 「けんけん」はキジの鳴き声で、いかにも無愛想でそっけなく聞こえることからのたとえ。無愛想に拒絶するようすをいう「**けんもほろろ**」の「けん」も「ほろろ」もキジの鳴き声から。

つんけん [～と・～する]

態度や言葉づかいが無愛想で、冷たくとげとげしいようす。

例 あいつ、虫の居所が悪いのか今日はいやにツンケンしている／そんなツンケンした言い方をしなくてもいいだろう。

つん [～と]

態度が無愛想で、取りすましているようす。

例 彼女はいつもツンとすましている／彼女は私を見るとツンとそっぽを向いた。

補 高慢な感じで、実際に、鼻を上に向けて他人を見下すような動作を伴うことがある。

つんつん［〜（と）・〜する］

機嫌が悪く無愛想で、いかにも取りつきにくいようす。

例 彼女はさっきからツンツンしていて、話しかけても返事もしない。

補 高慢さや冷たい感じを伴う。

平然

あっけらかん［〜と］

こだわりやためらい、恥じらいなどがなく、何事もなかったかのように平然としているようす。

例 アッケラカンとうそをつく／弟はいくら叱られてもアッケラカンとしている／あの人はアッケラカンとした性格だ。

補 平然としている相手に対するとまどいや呆《あき》れた感じが含まれる。

けろり［〜と］

何事もなかったかのように平然としているようす。ずうずうしいくらい平気なようす。

例 彼は約束を破っても謝りもせずケロリとしている／この子はいくら叱ってもケロリとしているのでどうしようもない。

類 「**けろっ**」は瞬間をとらえた表現。「**けろりかん**」は強調表現。

補 本来してはいけないようなことに対して、

気にしたり悪びれたりしないようすにいうことが多い。

しれっ［〜と］

何事もなかったかのように、感情を表に出さず平然としているようす。

㊞彼は不始末をしでかしておきながらシレッとしている／事故の責任を問われると、担当者は自分の管轄ではないとシレッとした顔で言った。

補 平然としている相手に対するいら立ちや怒り、慨嘆が含まれる。

へつらう・卑屈

へいこら［〜（と）・〜する］

何度も頭を下げて、人にこびへつらうようす。卑屈なようす。

㊞上役にヘイコラしてご機嫌を取る／相手がどんなに偉い人でも、自分の信念を曲げてまでヘイコラする必要はない。

補 通常、自分より権力のある人に対する態度をいい、実際に頭を下げる動作を伴わない場合にもいう。

ぺこぺこ［〜（と）・〜する］

何度も頭を下げて、人にこびへつらう

ようす。卑屈なようす。

(例)彼は部下にはいばり散らしているくせに、上役にはいつもペコペコしている／相手がどんなに偉かろうがペコペコすることはない。

(類)「ぺこぺこ」は気弱で相手に追従《ついしょう》する感じなのに対して、「**へいこら**」は思惑があってこびへつらうようなところがある。

(補)通常、自分より権力のある人に対する態度をいい、実際に頭を下げる動作を伴わない場合にもいう。

無口

むっつり［～（と）・～する］

口数が少なく、無愛想なようす。

(例)娘は何が気に入らないのかムッツリして口も利かない／あの本屋のおやじはいつもムッツリした顔で店番をしている。

(補)無口で色恋に関心なさそうに見えるが、実は好色な人を「むっつり助平」という。

人間関係

依存

べったり［～（と）・～だ］

関係が非常に密接で、相手にすっかり依存しているようす。

例 彼はいまだに母親にベッタリで親離れができていない／体制にベッタリもたれかかっている。

補 「女の子は母親にベッタリくっついて片時も離れようとしない」のように、糊で貼ったように相手にしっかりくっついて離れないようすにもいう。

円満

しっくり［～（と）］

互いの心が通じ合って、間柄が円満なようす。折り合いのよいようす。

例 夫婦の仲がシックリいかない／彼は最近チームメイトとシックリいっていない。

補 否定形で用いることが多い。

つーかー［～の・～だ］

互いに気心が知れていて、いちいち説明しなくても少しことばをかわすだけで理解し合えるようす。

例 彼とは学生時代からの長い付き合いでツーカーの仲だ。

補 「つーと言えばかーと答える」を略してい

う語。

円滑にいかない

がたぴし［〜（と）する］

人間関係や組織の運営などに不具合が生じ、円滑にいかないようす。

㋲あの家は夫婦仲が悪くてガタピシしている／若手議員とベテラン議員で意見が分かれ、党内はガタピシしている。

㋥障子や襖《ふすま》、戸などの建付けや家具の造りが悪くてきしむようすからのたとえ。

ぎくしゃく［〜（と）する］

考え方や感情の食い違い、状況の変化などから、関係がうまくいかず、円滑でなくなるようす。

㋲同期入社で昇進に差がついたときから、二人の関係はギクシャクしている／ちょっとした考え方の違いで夫婦関係がギクシャクし始めた／外交問題でギクシャクした両国の関係を修復する。

㋥人間関係のほかに、社会のありかたや外交関係などにも用いられる。

ぎすぎす［〜（と）する］

人間関係に摩擦が生じてうまくいかないようす。

㋲ゴミ出しでもめて隣近所がギスギスしている／ちょっとしたことでもネットで非難や中傷が飛び交うなんて、ギスギスした世の中になったものだ／日米関係がこのところギスギスしている。

補 人間関係のほかに、社会のありかたや外交関係などにも用いられる。

なれあい

ずるずるべったり［〜の・〜だ］

なれあいで好ましくない関係がそのまま続くようす。

例 出入り業者とのズルズルベッタリの関係が続いている。

補 けじめのない意の「ずるずる」とくっついて離れない意の「べったり」を合わせた語。なれあいで続く恋愛関係にも用いる。

複雑

どろどろ［〜の・〜だ・〜（と）する］

さまざまな感情や欲望が粘りつくように絡み合って、複雑で醜悪なようす。

例 ドロドロとした人間関係に嫌気がさす。

補 流動的で粘液状の物が濁って粘りつくようすからたとえていう。

もめる・もめごと

いざこざ［〜］

意見の行き違いや折り合わないところなどがあってもめること。もめごと。

例 あの兄弟はイザコザが絶えない／隣家の人

としょちゅうイザコザを起こす。

補名詞として用いられる。

ごたごた［～・～（と）する］

面倒なことが起こってもめるようす。また、そのもめごと。

例党内のゴタゴタに巻き込まれる／このところ会社はゴタゴタ続きだ／夫婦仲が悪く家の中がゴタゴタしている。

類「**いざこざ**」は比較的小さなもめごとで、「ごたごた」は複雑で厄介な場合にいうことが多い。

補名詞としても用いられる。

恋愛・男女関係

＊戯れる
いちゃいちゃ［～（と）・～する］
男女が人前で体をくっつけたりふざけたりして戯れ合うようす。
例浜辺でカップルがイチャイチャふざけ合っている／あの二人、仕事中もイチャイチャしていていやね。
補いちゃいちゃする意の動詞は「いちゃつく」。

じゃらじゃら［～（と）・～する］
男女が人前で体を寄せ合って戯れ合うようす。
例公園のベンチで若い男女がジャラジャラしている。

類「**いちゃいちゃ**」より「じゃらじゃら」のほうが猥雑《わいざつ》さと不快感が強い。

べたべた ［〜（と）・〜だ・〜する］

男女が互いに甘えてまといつくようす。

例恋愛真っ最中の二人は人前でもかまわずベタベタしている／うちの両親は仲がよくて今でもベタベタなのよ。

補はた目には不快感があるが、仲のよい夫婦の場合はほほえましさがある。

＊溺愛

でれでれ ［〜だ・〜する］

異性に心を奪われて、毅然とした態度がとれず、締まりがないようす。

例息子は今交際中の彼女にデレデレだ／人前でデレデレするな／彼は生まれたばかりの娘にデレデレで、仕事が終わるとすっ飛んで帰る。

類「**でれっ**」は瞬間をとらえた表現で、「きれいな人を見るとすぐデレッとする」のように用いる。

補特に男性についていうことが多い。親が子を、祖父母が孫を溺愛するようすなどにもいう。

地位・能力

地位

＊低い

ペーペー［〜］

地位の低い者。技量の劣っている者。

㊞ペーペーの分際で生意気なことを言うな／駆け出しのペーペーに大事な仕事は任せられない。

補 あざけっていう語。自分を卑下していうこともある。

能力

＊劣る

へっぽこ［〜］

能力や技量が劣っている者。

㊞あんなヘッポコの言うことなんか聞くことはない／ヘッポコ医者／ヘッポコ絵描き／ヘッポコ役人。

補 あざけっていう語。名詞の前につけて、「へっぽこ…」の形でも用いられる。

へなちょこ［〜］

技量の劣っている者。取るに足らない者。

㊞あんなヘナチョコに負けてたまるか／ヘナチョコ野郎／ヘナチョコ記者。

補 あざけっていう語。名詞の前につけて、「へなちょこ…」の形でも用いられる。

生活・暮らし

困窮

かつかつ [〜の・〜だ]

金銭的に十分ではなく、どうにかこうにか暮らすようす。

例 収入が少なくカツカツの生活をする／いろいろな支払いが重なり、今月は生活がカツカツだ。

きゅーきゅー [〜の・〜だ]

貧乏で、生活にゆとりがないようす。

例 若いころはお金がなくてキューキューの生活だった／安月給では食べるだけでキューキ

ユーだ。

ひーひー［～（と）］

お金がなくて悲鳴をあげるようす。

㊎彼はお金がなくていつもヒーヒー言っている／安月給で毎月家計のやりくりにヒイヒイ言っている。

㊮「**ひーこら**」ともいい、「こら」は掛け声の一種。

ぴーぴー［～だ・～する］

お金がなくて困窮しているようす。

㊎給料日前でピーピーだ／若いころは年がら年中お金がなくてピイピイしていた。

四

体の状態／症状／体型・容姿／服装・身なり

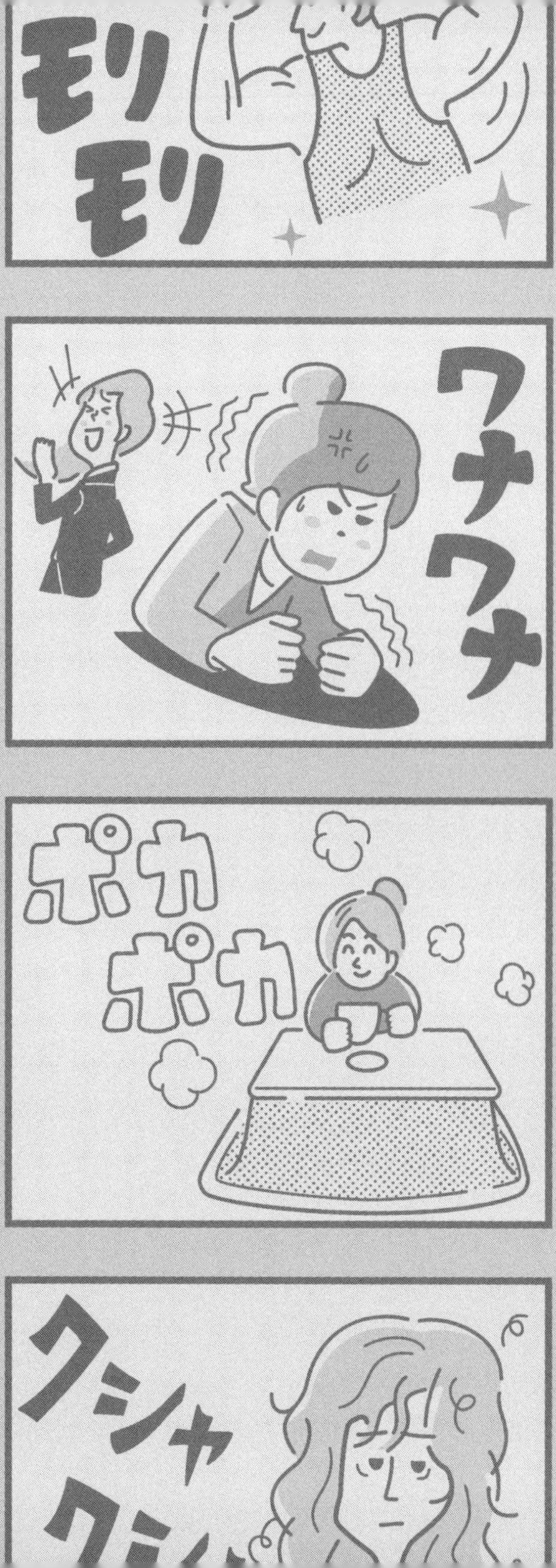

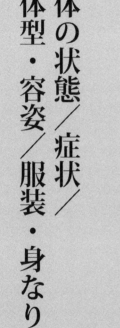

体の状態

成長・育つ

すくすく［〜（と）］

順調に元気よく育つようす。

㋕赤ちゃんはすくすくと育って、誕生日前にはヨチヨチ歩きを始めた。

補動物・植物にもいう。

のびのび［〜（と）］

自由におおらかに育つようす。

㋕田舎で自然に囲まれてのびのび育ったせいで、都会暮らしはちょっと窮屈だ／子どもはのびのびと育てたい。

老いる・衰える

がたっ［〜と］

体力や気力が急激に衰えるようす。

㋕六十過ぎたらガタッと体力が落ちた。

補「がたがくる」の形で、健康であった状態が悪化して衰える意で「年を取って体のあちこちにガタがきた」のように用いられる。

がたがた［〜（と）・〜だ］

老化で体の機能が衰えるようす。また、体が疲労や酷

使などで正常に機能しないようす。

㊎長い間体を酷使してきてもうガタガタだ／還暦を過ぎて体のあちこちがガタガタッと衰えてきた。

類「**がたがたっ**」は勢いを付加した表現で、急激で連鎖的に衰えるようすをいう。

よぼよぼ［〜（と）・〜の・〜だ・〜する］
年を取って体が衰え、動作が力なくしっかりしていないようす。また、年老いてみすぼらしいようす。

㊎うちのおじいさん、体はヨボヨボだけど口だけは達者だよ／元気な父も八十歳を過ぎてさすがにヨボヨボしてきた／ヨボヨボの老いぼれの出る幕はない。

死ぬ

ころり［〜と］
突然死ぬようす。あっけなく死ぬようす。

㊎できることなら苦しまずにコロリと死にたいものだ。

類「**ころっ**」は瞬間をとらえた表現。

補日ごろ元気に過ごしていて、ある日突然死ぬことを「**ぴんぴんころり**」「**ぴんころり**」といい、理想の死に方とされる。

ぽっくり［〜（と）］
突然死ぬようす。急死するようす。

㊎父は出張中に心臓発作を起こしポックリ亡くなってしまった。

類「**ころり**」「**ころっ**」はあっけなく、簡単に、という意味合いが強く、「ぽっくり」は急であることに重きを置いた表現。

補 苦しまずにぽっくり亡くなることを「ぽっくり往生」、一見健康そうな若者が睡眠中などに急死する病気を「ぽっくり病」という。

元気

*壮健

しゃんしゃん [〜（と）・〜する]

心身ともに健康でしっかりしているようす。

例 高齢の父はまだまだ元気いっぱいで、シャンシャンしている。

補 姿勢が正しく、気持ちに張りがあって体が健やかなようすをいう「しゃん」を繰り返した語で、主に高齢者が衰えを見せずに元気な状態をいうことが多い。

ぴんしゃん [〜（と）・〜する]

背筋がまっすぐ伸び、足腰もしっかりしていて元気なようす。

例 祖母は八十過ぎてもピンシャンしていて、海外旅行にだって行くよ。

補 主に高齢者が年齢の割に元気なようすに驚嘆したり、時に呆れたりしていう。

ぴんぴん [〜（と）・〜する]

体に病気やけがなどの異状はどこにもなく、すこぶる元気なようす。

例 病気だというから急いで駆け付けたら母はピンピンしていた／心配かけたけれどけがは

すっかり治ってこの通りピンピンよ。

類「**ぴんしゃん**」は主に姿勢や体がしっかりしているところに重きを置いた表現で、「ぴんぴん」は「ぴん」を繰り返すことで、健康で元気そのものであることをリズミカルに強調する。

補日ごろ元気に過ごしていて、ある日突然死ぬことを「**ぴんぴんころり**」「**ぴんころり**」といい、理想の死に方とされる。

*元気が湧き起こる

もりもり［〜（と）・〜だ］

元気が勢いよく湧き起こるようす。

例ご飯をいっぱい食べて元気モリモリだ／さあ、モリモリ働くぞ。

補「もり」は気持ちや勢いが高まる意の「盛り上がる」に関連し、繰り返すことで高まりを強調している。意欲がみなぎるようすにもいう。

*若さと活気があふれる

ぴちぴち［〜（と）・〜する］

若々しく活気や躍動感にあふれているようす。

例子どもたちはみんなピチピチと元気に校庭を駆け回っている／夏の海は健康そのものでピチピチした若者たちでいっぱいだ。

補小さい魚などが勢いよく跳ね回るようすや音からたとえていう。

疲れる

くたくた［〜に・〜だ］

ひどく疲れて心身の力や張りが抜けてしまうようす。

㊟難しい交渉がようやくまとまったときはもうクタクタだった／三時間歩き通しで足がクタクタだ／あちこちに気を遣って神経がクタクタになる。

類「**くったくた**」は強調表現。「**くたっ**」は瞬間をとらえた表現。「くたくた」は体の疲労のほか精神面の疲労にもいうのに対して、「**へとへと**」は主に体の疲労についていう。

補「くたくた」や、動詞で疲れる意の「くたびれる」の「くた」は、一説に衰える意の古語「朽《く》つ」に由来するとされる。衣服などが使い古して張りがなくなった状態にもいう。

ぐったり［〜（と）・〜する］

ひどく疲れて力が抜けたようす。また、暑さや病気などで体が弱るようす。

例グッタリと椅子に座り込む／連日の暑さにグッタリする／高熱でグッタリする。

類「**ぐたっ**」は瞬間をとらえた表現。

へとへと［〜に・〜だ］

体力を使い果たしてひどく疲れるようす。

例一日中小さい子の相手をさせられて、もうヘトヘトだ／満員電車に揺られ、会社に着くころにはヘトヘトだ。

類「**へっとへと**」は強調表現。

補これ以上動けないような疲労困憊《こんぱい》の状態をいう。

へなへな［〜（と）］

力尽きて、くずれるように倒れたり座り込んだりするようす。

例（駅伝で）その選手は次の走者にたすきを渡すと、その場にヘナヘナとしゃがみ込んだ。

類「**へなへなっ**」は勢いを付加した表現。

やつれる

げっそり［〜（と）・〜する］

病気や疲労、苦労などで体が急激にやせ衰えるようす。

例心労が重なってゲッソリとやつれる／大病を患って頬がゲッソリとこけてしまった。

類「**げそっ**」は一気に激しくやせ衰えるようすをいう。

ふらつく

ふらっ［〜と］

急にふらつくようす。

例立ち上がったとたん、めまいがしてフラッとなった。

ふらふら［〜（と）・〜だ・〜する］

体が揺れ動いて不安定なようす。

例酔っぱらって足元がフラフラしている／マラソンの途中で座り込んでしまった選手がフラフラと立ち上がり、また走り出した／徹夜が続いてもうフラフラだ。

補 疲労や発熱、飲酒などでしっかり立っていられずに体がふらつき、身体機能が正常に働かない状態をいう。

震える

＊小刻みに震える

がくがく［〜（と）・〜する］

寒さや恐怖、疲労などで体の一部が小刻みに震えるようす。

例 恐怖でひざがガクガクガク震える／あまりの寒さに歯の根が合わずガクガクガクした。

がたがた［〜（と）・〜する］

寒さや恐怖、緊張などで体が激しく小刻みに震えるようす。

例 あまりの寒さにガタガタ震える／事件現場に遭遇し、恐ろしさでガタガタと震えが止まらなかった／初舞台は緊張して足がガタガタ震えた。

類 「**かたかた**」は「がたがた」より小刻みで、軽く震えるようすをいう。

ぞくぞく［〜（と）・〜する］

寒さや発熱による寒気、恐怖などで体が小刻みに震えるようす。また、震えを感じるようす。

例 暖かい部屋から雪が降る外に出たとたんゾクゾクした／恐ろしい場面に遭遇して体中がゾクゾクして震えが止まらなかった／風邪で熱が出てきたみたいで、ゾクゾクと寒気がする。

類「**ぞくぞくっ**」は勢いを付加した表現。「**ぞくっ**」は瞬間的に一回震えるようすをいう。

ぶるぶる［〜（と）・〜する］

寒さや恐怖、怒りなどで体が小刻みに震えるようす。身震いするようす。

例季節外れの雪に薄着の観光客たちはブルブル震えた／彼は怒りのあまり、握りこぶしをブルブル震わせた。

類「**ぶるぶるっ**」は勢いを付加した表現。「**ぶるっ**」は瞬間的に一回震えるようすで、「外に出たとたんあまりの寒さにブルッとした」のように用いる。

わなわな［〜（と）・〜する］

寒さや恐怖、怒りなどで体全体や一部が小刻みに震えるようす。

例恐怖のあまり体がワナワナと震える／怒りで唇がワナワナと激しく震えた。

類「**わなわなっ**」は勢いを付加した表現。

補体が震える意の動詞「わななく」の「わな」を繰り返した語。

＊脈打ったりけいれんしたりするように震える

ひくひく［〜（と）・〜する］

体の一部が小刻みに脈打つように震えて動く

ようす。

例 鼻をヒクヒクさせて花のにおいを嗅ぐ／彼女の唇がもの言いたげにヒクヒク動いた。

類 「**ひくひくっ**」は勢いを付加した表現。「**ひくっ**」は瞬間的に一回震え動くようすをいう。

補 自分の意思で動かす場合にもいう。

ぴくぴく［〜（と）・〜する］

体の一部が小刻みにけいれんしたように震え動くようす。

例 目が疲れてまぶたがピクピクする／頬がピクピク引きつる／彼は自慢のカメラを見せると得意そうに小鼻をピクピクさせた。

類 「**ぴくぴくっ**」は勢いを付加した表現。「**ぴくり**」「**ぴくん**」は一回震え動くようす、「**ぴくっ**」は瞬間的に一回震え動くようすをいう。

補 自分の意思で動かす場合にもいい、「**ひくひく**」より動きが強い。

ほてる

かっ［〜と］

急激に体が熱くなったり、顔が上気して赤くなったりするようす。

例 焼酎を一気飲みしたら、のどがカッと熱くなった／洋服に値札がついていると人に言われて、恥ずかしさで顔がカッと赤くなった。

類 「**かーっ**」は強調表現。

かっか［〜と・〜する］

体が燃えるように熱く感じるようす。

(例)辛いものを食べると口の中がカッカする／ウイスキーをストレートでグイグイ飲んだら体がカッカとほてってきた。

ぽーっ［〜と］

発熱や飲酒などで顔や頬などに赤みがさして熱くなるようす。

(例)熱のせいで顔がポーッと赤い／酒を少し飲んだだけで頬がポーッと赤くなった。

ぽっぽ［〜と・〜する］

体の中が熱を持ってほてるようす。

(例)乾布摩擦をすると体がポッポとしてくる／お酒を飲んだら顔がポッポとほてってきた。

(類)「**ぽっぽっ**」は少しずつ熱くなって、ほてってくるようすをいう。

眠る

＊浅い眠り

うつらうつら［〜（と）・〜する］

浅く眠ったり覚めたりを繰り返すようす。

(例)眠くなってきてソファーでうつらうつらする／高熱でうつらうつらする。

(補)眠気や高熱などで意識がおぼろげな状態をいう。「うつら」の「うつ」は「空・虚」でうつろの意。

うとうと［〜（と）・〜する］

少しの間浅く眠るようす。

(例)こたつに入ったら暖かくてついウトウトしてしまった。

類「**うとうとっ**」は勢いを付加した表現。「**うとっ**」は一瞬眠るようす。

補心地よさや疲労などで、いつのまにか眠ってしまうような状態をいう。

とろとろ ［〜（と）・〜する］

眠気で目を開けていられず、少しの間浅く眠るようす。まどろむようす。

例レコードを聴いているうちにトロトロしてしまった。

類「**とろっ**」は一瞬眠るようす。

補眠気で目に締まりがなくなる、眠気を催す意の「蕩《とろ》む」の「とろ」を繰り返していう語。「まどろむ」は「目蕩《まとろ》む」の意。

まんじり ［〜と］

ほんの少し眠るようす。

例まんじりともしないで夜を明かす／病気の検査結果が心配で、一晩中まんじりともできなかった。

補通常、否定の形で用い、不安や心配事などで眠りたくても眠れない、一睡もしないようすを強調していう。

＊熟睡

ぐーぐー ［〜（と）］

大きないびきをかいてよく寝るようす。また、そのいびきの音。

例どんなに起こしてもグーグー寝てしまって起きない／隣の人のいびきがグウグウとうるさくて一晩中眠れなかった。

ぐーすか [~（と）]

いびきと寝息の音を交互に立ててよく眠るようす。また、そのいびきと寝息の音。

(例)こんなにうるさい所で、よくまあグースカ眠れるものだ。

(補)「ぐー」といびきをかき、「すか」と息を吸い込んでいったん止めるようすや音を表している。あたりかまわず熟睡するようすに、呆れたり、半ば感心したりといった気持ちを込めていう。

ぐっすり [~（と）]

深く眠るようす。熟睡するようす。

(例)グッスリ眠って疲れを取る／心配事がなくなって久しぶりにグッスリ眠れた。

(補)途中で目覚めることなく、深く眠ったことによる充足感がある。

こんこん [~と]

正体なく深く眠り込むようす。

(例)病人はコンコンと眠り続けた。

(補)漢語で、「昏昏」と書く。

＊居眠り

こっくりこっくり [~（と）・~する]

頭を前に傾けたり戻したりして居眠りをするようす。

(例)おばあさんが日当たりのいい縁側でコックリコックリ居眠りしている／お腹がいっぱいで、午後の授業はついコックリコックリしてしまう。

(類)「**こっくり**」は一回の動作で、居眠りの意にもいう。

補 船頭が舟をこぐようすに似ているところから、同意で「舟をこぐ」という。

＊すぐに眠る

ことっ［～と］

ぜんまいが切れたように突然眠りに落ちるようす。

例 ずっと泣き続けていた赤ん坊が疲れ果てたのかコトッと寝てしまった。

ばたんきゅー［～（と）・～だ］

寝床に入ってすぐに眠り込むようす。

例 夜勤明けで家に帰るとバタンキューと寝てしまった／布団に入ればいつだってバタンキューだよ。

補 「ばたん」は倒れる、「きゅー」はすぐさまの意。疲労などによるほか、寝つきがよいようすにもいう。

＊寝息

すーすー［～（と）］

静かに寝息を立てるようす。また、その寝息の音。

例 子どもたちはスースーと寝息を立てて眠っている。

補 かすかに口を開けて、静かに息を吸ったり吐いたりするときの連続音をいう。

すやすや［～（と）］

かすかな寝息を立てながら穏やかに眠るようす。また、その寝息の音。

例 赤ん坊が母親に抱かれてスヤスヤ寝ている／子供部屋をのぞくと、子どもたちはみんなスヤスヤと眠っていた／熱が下がって病人はスヤスヤ眠っている。

補 赤ん坊や子どもが心地よさそうによく眠っているようすをいうことが多い。

＊寝言

むにゃむにゃ［〜（と）］

睡眠中に不明瞭でわけのわからない寝言を言うようす。また、そのとき発することば。

例 父は何やらムニャムニャ寝言を言いながら寝返りを打った。

目覚める

ぱっ［〜と］

瞬間的に目が覚めるようす。

例 目覚まし時計が鳴ると同時にパッと目が覚めた。

ぱっちり［〜（と）］

まぶたが大きく開いて目覚めるようす。

例 毎朝六時にはパッチリ目が覚める。

呼吸・息遣い

＊吸う

すー［〜（と）］

鼻から息を吸うようす・音。

例 朝の新鮮な空気をスーと吸う／静かにスーと息を引き取る。

類 「**すーっ**」は長く深く息を吸い込むようす・音で、「スーッと深呼吸する」のようにいう。

＊吐く

はー［〜（と）］

口を開けて一回息を吐いたり、吹きかけたりするようす・音。

例 ハーとため息をつく／ハアと息を吹きかけながら窓ガラスを磨く／冷たくなった手にハーと息を吹きかけて温めた。

類 「**はーっ**」は長く強めに息を吐いたり吹きかけたりするようす・音をいう。

はーはー［〜（と）・〜する］

口を大きく開けて繰り返し息を吐いたり、吹きかけたりするようす・音。

例 寒さでかじかんだ手にハアハアと息を吹きかけた。

ふー［〜（と）］

口をすぼめて一回息を吐いたり、息を吹きかけたりするようす・音。

例 フーとため息をつく／たまっていた仕事を片付けるとフーと息を吐いた／フーとろうそくの火を吹き消す。

類 「**ふーっ**」は長く強めに息を吐いたり吹きかけたりするようす・音。「**ふっ**」は瞬間をとらえた表現。

ふーふー［〜（と）・〜する］

口をすぼめて繰り返し息を吐いたり、吹きかけたりするようす・音。

㊟火吹き竹にフーフー息を吹き込んで、かまどの火をおこす／熱々のラーメンをフーフーしながら食べる／（幼児に）「これ熱いからフウフウしてね」

補 熱いものを食べるときに冷ますために息を吹きかける意でも用いられる。

ほっ［〜（と）］

口をすぼめて短く一回息を吐くようす・音。

例 重い荷物をおろすとホッと一息ついた。

類「**ほーっ**」は長く深く吐くようす・音。

補 安堵してため息をつくようす・音にもいう。

＊吸ったり吐いたり

すーはー［〜（と）］

大きく息を吸ったり吐いたりするようす・音。

例 スーハーと深呼吸する。

類「**すーはーすーはー**」と繰り返していうことが多い。「**すーすーはーはー**」は二度息を吸って二度息を吐くようすをいう。

＊苦しそうに

ぜーぜー［〜（と）］

痰《たん》が詰まっているときや激しい運動のあとな

どで、息遣いが続けざまに激しく苦しそうなようす・音。

㊎弟は喘息《ぜんそく》のせいで年中ゼーゼー言っている／全速力で走ったあと、ゼーゼーとあえぎながら座り込んだ。

はーはー［～（と）・～する］

口を大きく開けて苦しそうに続けざまに息を吐くようす・音。

㊎息をハーハーさせながら急な階段を上る／マラソンを走り終えた選手はハアハアとあえぐように息を吐いた／事件を知らせるためにハーハー息を切らしながら交番に駆け込んだ。

はっはっ［～（と）］

急で激しい運動をしたときなどに、苦しそうに続けざまに短く息を吐くようす・音。

㊎乗り遅れないように駅までハッハッと息を切らしながら走る／（リレーで）バトンを渡し終えた選手は前かがみになって両手をひざに当て、ハッハッと肩で息をした。

ひゅーひゅー［～（と）］

のどから荒くかすれた音を出しながら、激しく苦しそうに呼吸するようす。また、呼吸するたびにのどから出るかすれた音。

㊎喘息で、呼吸するたびにヒューヒューと苦しそうにのどを鳴らす。

ふーふー［～（と）］

口をすぼめて息遣いが苦しそうなようす・音。

㊎フーフー言いながら階段を上る／重い荷物

をフウフウ言いながら運ぶ。

類 息遣いが荒くて苦しい「**はーはー**」に比べると、「ふーふー」は苦しさがあるものの、行動について大変さをぼやくような感じがある。

＊出産時に

ひっひっふー〔〜（と）〕

鼻から大きく息を吸ってから、二回息を短く吐いたあと、一回長めに息を吐き出すようす・音。

例 産婦は陣痛が強くなってきて、ヒッヒッフー、ヒッヒッフーと繰り返した。

補 出産時に行う呼吸法の一つで、ラマーズ法という。

しゃっくり

ひくっ〔〜〕

しゃっくりの音。

例「ヒクッ、ヒクッ、あれ、しゃっくりが止まらない」

補 英語でしゃっくりの音はhic、しゃっくりやしゃっくりをする意でhiccup、hicoughという。

発汗

＊大量

じっとり〔〜（と）〕

汗が大量ににじみ出ているようす。

例 蒸し暑くてジットリと汗ばんだ体にシャツがまとわりつく。

だくだく［〜（と）・〜だ］

汗が体から大量に吹き出して流れ出るようす。また、汗まみれのようす。

例 汗がダクダク流れる／炎天下を歩いて帰ってきたので汗ダクダクだ／暑いときには汗ダクダクになって熱いラーメンを食べるのも消夏法の一つだ。

補 「汗だくだく」を略して「汗だく」という。

びっしょり［〜（と）・〜だ］

大量に汗をかくようす。また、大量の汗で衣類などがひどく濡れるようす。

例 風邪薬を飲んで寝たら、汗をビッショリかいて熱が下がった／筋トレを一通りやると汗ビッショリになる。

＊滴り落ちる

たらたら［〜（と）］

汗が線状になって次々に滴り落ちるようす。

例 日盛りを歩いていると額から汗がタラタラと流れた。

だらだら［〜（と）］

汗が線状になって次々に滴り落ちるようす。

例 汗をダラダラ流しながら重い荷物

を運ぶ。

類「**たらたら**」より汗に粘り気がある感じで、不潔感や不快感を伴うことがある。

放尿

しーしー［〜（と）・〜する］

放尿するようす・音。また、小便。

例シーシーとおしっこをする／（幼児に）「さあ、シーシーして」

補幼児語。幼児に放尿を促して声をかけるときにもいう。

しゃーしゃー［〜（と）］

勢いよく放尿するようす・音。

例お風呂場で子どもがシャーシャーとおしっこをしてしまった／ウシがシャーシャーと小便をする。

補動物にも用いる。

放屁

ぶー［〜］

おならの太く短い音。

例「ブー」「誰？　おならしたのは」／芋を食べるとブーブーおならが出る。

類「**ぶーっ**」は「ぶー」より勢いがあり、大きな音。「**ぶっ**」は瞬間の音。

ぷー［〜］

おならの軽く高い音。

㊝赤ちゃんがプーとかわいらしくおならをした。

類「**ぷーっ**」は「ぷー」より勢いがあり、大きな音。「**ぷっ**」は瞬間の音。

心身の状態

＊さわやか

さっぱり［〜（と）する］

体の汚れが取れたり、不必要なものがなくなったりして、清潔感やさわやかさを感じるようす。

㊝ひと風呂浴びてサッパリする／彼は伸び放題にしていたひげを剃《そ》ってサッパリした顔で待ち合わせ場所にやって来た。

すっきり［〜（と）する］

肉体的に支障となることがなくなり、さわやかに感じるようす。

㊝三日振りに便が出てスッキリした／胃薬を飲んだら胃がスッキリした。

＊明瞭・確か

しっかり［〜（と）・〜する］

心身の働きが確かであるようす。

㊝気をしっかり持つ／老人は足を滑らせて転倒したが、すぐに起き上がり足取りはしっかりしていた。

はっきり［〜（と）・〜する］

意識や記憶、病状などが明瞭なようす。

㊀交通事故で大けがをしたが意識ははっきりしている／寝不足が続いて頭がどうもはっきりしない／その事件ならはっきりと覚えている／このところ病状がはっきりしない。

*不明瞭

ぼーっ［〜と］

意識がはっきりしないようす。また、頭の働きが不明瞭なようす。

㊀高熱が出て頭がボーッとする／頭がボーッとして何も考えられない。

ぼんやり［〜（と）・〜する］

意識や記憶が明瞭でないようす。

㊀ボンヤリと考え事をする／三歳ころのことはボンヤリ覚えている／寝不足で頭がボンヤリして働かない。

体感

*温かい

ぬくぬく［〜（と）・〜だ・〜する］

心地よく温かいようす。

㊀こたつに入ると体がヌクヌクと温まってきて、つい居眠りしてしまう／寒い朝はヌクヌクとした布団からなかなか抜け出せない。

補温かい意の「ぬくい」や温まる意の「ぬくまる」の「ぬく」を重ねた語。

ほかほか［〜（と）・〜だ・〜する］

心地よく温かいようす。

㊟寒い夜はあんかを入れて寝ると足元がホカホカしてよく眠れる。

類「**ほっかほか**」は強調表現。

ぽかぽか ［〜（と）・〜だ・〜する］

心地よい温かさを強く感じるようす。

㊟ショウガ湯を飲んだら体がポカポカしてきた。

類「**ぽっかぽか**」は強調表現。

＊冷たい・寒い

ひやっ ［〜と］

一瞬冷たさを感じるようす。

㊟かき氷を食べた瞬間ヒヤッとして、頭がキーンと痛くなった／暑い中歩いてきて、冷房の効いたビルに入ったとたんヒヤッとした。

ひんやり ［〜（と）・〜する］

ほどよい冷たさを感じるようす。

㊟真夏の高原を吹いてくる風がヒンヤリと心地よい／腫れて熱を持ったところに冷湿布を貼ったらヒンヤリして気持ちがいい／風穴に入るとヒンヤリとした冷気を感じた。

類「**ひやり**」は一瞬冷たさを感じるようすで、「真冬の公園のベンチに座るとヒヤリと冷たかった」のように不快に感じる場合に用いることが多い。

ひやひや ［〜と・〜する］
冷たさや寒さを続けて感じるようす。
㊝冷房の効き過ぎで足元がヒヤヒヤする／なんだかヒヤヒヤすると思ったら、窓が開いていて北風が入ってきたせいだった。

肌の状態

＊うるおい・なめらか

しっとり ［〜と・〜する］
水分を適度に含んで、うるおいがあるようす。
㊝しっとりとした肌／この化粧水をお使いいただくとお肌がしっとりします。

すべすべ ［〜と・〜の・〜だ・〜する］
肌の表面が滑るようになめらかなようす。
㊝赤ちゃんはスベスベの肌をしている／このハンドクリームを使うようになって手がスベスベしてきた。
㊫「**すべっすべ**」「**すっべすべ**」は強調表現。

つやつや ［〜と・〜の・〜だ・〜する］
うるおいと張り、光沢があって美しいようす。
㊝しっかり手入れをしてツヤツヤの肌を保つ／若い人は肌がツヤツヤしている。
㊫「**つやっつや**」「**つっやつや**」は強調表現。

つるつる ［〜と・〜の・〜だ・〜する］
張りがあって、触ると滑りそうになめらかなようす。
㊝ツルツルの肌をしている／この温泉に入る

と肌がツルツルする。

類「**つるっつる**」は強調表現。

つるん［〜と］

殻をむいたゆで卵のように、張りがあってなめらかなようす。

例子どもたちの肌はツルンとしていて、健康的ではちきれそうだ／ひな人形の顔は白くてツルンとしている。

補顔については、凹凸がなくのっぺら棒のようすにもいう。

ぷるぷる［〜と・〜の・〜だ・〜する］

柔らかくて弾力のあるようす。

例このクリームをお使いになるとお肌がプルプルになりますよ。

類「**ぷるんぷるん**」「**ぷるっぷる**」は強調表現。「**ぷるん**」「**ぷるっ**」は、瞬間のようすをいう。

もちもち［〜と・〜の・〜だ・〜する］

弾力があって、なめらかできめの細かいようす。

例若い人の肌は張りがあってモチモチしている。

類「**もっちもち**」は強調表現。「**もちっ**」は瞬間のようすをいう。

補餅の食感からたとえていうもので、餅のような肌を「もち肌」という。

＊乾燥

かさかさ［〜の・〜だ・〜する］

水分やあぶら気がなくて荒れているようす。

うるおいがないようす。

㊞冬になると乾燥して肌がカサカサになる／ひび割れてかかとがカサカサする。

㊮「がさがさ」は「かさかさ」よりひどく荒れているようすにいう。

＊しわ

くしゃくしゃ ［〜の・〜だ］

しわがたくさん寄っているようす。また、しわを寄せて顔がくずれるようす。

㊞祖母はしわでクシャクシャだが、元気でよく笑う／顔をクシャクシャにして喜ぶ。

㊟喜ぶほかに、笑う、泣くなど、顔をくずして感情を表すようすにもいう。

しわくちゃ ［〜の・〜だ］

しわがたくさん寄っているようす。また、笑ったり泣いたりして顔にしわがたくさんできるようす。

㊞おばあちゃんの手はしわくちゃだね／顔をしわくちゃにして笑う。

㊮「しわくちゃ」の「くちゃ」は張りがなくなる意の「くた」の変化語で、「しわくた」ともいう。

しわしわ ［〜の・〜だ］

しわがたくさん寄っているようす。しわだらけのようす。

㊞顔がシワシワのおばあさん／誰だって年を取ればシワシワになるものだ。

㊟「**くしゃくしゃ**」「**しわくちゃ**」のように顔の表情には用いない。

毛髪・ひげ

＊髪質

ごわごわ ［〜と・〜の・〜だ・〜する］

髪が硬くこわばっていて、しなやかさがないようす。

㊀息子は父親に似て髪の毛がゴワゴワだ／ヤギの毛は柔らかそうに見えても触ると結構ゴワゴワしている。

さらさら ［〜と・〜の・〜だ・〜する］

髪がほどよく乾いていて、べとべとしていないようす。

㊀彼女は手ぐしでサラサラの髪をかき上げた／その女の子の髪は細くてサラサラしている。

㊂「**さらっさら**」は強調表現。

㊁手触りの心地よさを含意する。

つやつや ［〜と・〜の・〜だ・〜する］

髪にうるおいと張りがあって、光沢が美しいようす。

㊀ツヤツヤの黒髪／このウマは毛並みがツヤツヤしている。

ぱさぱさ ［〜の・〜だ・〜する］

髪に水分やあぶら気が足りなくて、乾いているようす。

㊀パサパサの髪にヘアクリームをつける／強い日差しを浴び続けると髪がパサパサになる。

㊂「**ばさばさ**」は「ぱさぱさ」より乾き具

合の程度がひどい。

補 このような状態になることを「ぱさつく」

「ばさつく」という。

＊生え具合

しょぼしょぼ［〜（と）］

髪やひげがまばらに生えているようす。

例 ショボショボ生えた髪の毛をくしでなでつける／無精ひげがショボショボ生えている。

補 みすぼらしさを含意する。

つるつる［〜と・〜の・〜だ］

頭髪が抜け落ちて、頭部が滑るようになめらかなようす。

例 うちのおじいさんは頭がツルツルにはげている。

補 はげ頭の形容で、俗に「つるっぱげ」という。

ふさふさ［〜と・〜の・〜だ・〜する］

髪がたくさん集まって生えているようす。

例 祖父はすこぶる元気で髪もフサフサだ／フサフサの毛をしたイヌ／このネコはしっぽがフサフサしている

補 「ふさ」は「房」の意。人のほか、動物の毛にも用いる。

ぼさぼさ［〜（と）・〜の・〜だ］

髪やひげが不揃いに伸びたり、乱れたりしているようす。

例 そのボサボサに伸びた髪をなんとかしなさい／寝起きでボサボサの頭をしている。

補 みっともなさや不潔感を伴う。

ぽやぽや［～（と）・～の・～だ］

髪の毛が柔らかく、まばらに生えているようす。

例 祖父は頭頂に少なくなった毛がポヤポヤと生えている／生まれたばかりの赤ん坊は髪がポヤポヤだ。

補 少量、弱々しさを含意する。

もじゃもじゃ［～（と）・～の・～だ・～する］

縮れた髪やひげなどが密生するようす。

例 髪がモジャモジャでくしが通りにくい／おじいちゃんはモジャモジャのひげを生やしている。

類 「**もしゃもしゃ**」は「もじゃもじゃ」より密生の仕方が弱い。

補 不快感・不潔感をもって使われることが多い。

＊乱れ

くしゃくしゃ

［～の・～だ］

髪が乱れて整っていないようす。

例 クシャクシャの髪をくしで整える／起きたばかりで髪がクシャクシャだ。

＊頭髪

くりくり

［〜の・〜に・〜だ］

頭髪を剃ったり短く刈ったりして頭が丸くむき出しになっているようす。

㊟頭をクリクリに剃る／クリクリ頭の男の子／クリクリ坊主。

補 古くは回転する意。そこから、物が今にも回転するかと思われるような球状をしている状態をいうようになった。ほかに目が大きく丸いようすにもいう。

症状

痛む

＊金属製の大きな音が鳴り響いて

がんがん

［〜（と）・〜する］

頭が割れそうに激しく痛むようす。

㊟頭がガンガンと割れるように痛い。

補 頭の中でドラム缶をたたくような金属製の大きな音が鳴り響き、頭が割れそうに感じるようすをいう。

＊差し込むように

きりきり

［〜（と）・〜する］

錐《きり》のようなとがったものが差し込まれてもま

れたような鋭い痛みを連続的に感じるようす。

㊎二日酔いで頭がキリキリと痛い／このところ仕事のストレスで胃がキリキリする。

補頭痛や胃痛、腹痛、胸の痛みにいう。胃については病気のほかにストレスが原因のこともある。「きり」は両手でもむように回転させて物に差し込む道具の「錐」に由来。

＊脈打つように

ずきずき［～（と）・～する］

脈打つように断続的に激しく痛むようす。

㊎頭がズキズキと痛む／奥歯がズキズキ痛んで昨晩はよく眠れなかった。

類「**ずきん**」は一瞬激しく痛むようすをいい、「**ずきんずきん**」はその状態が繰り返し続くようすをいう。

補頭痛や歯痛、傷口の痛みにいう。

＊刺すように

しくしく［～（と）・～する］

断続的ににぶく刺すように痛むようす。

㊎お腹がシクシク痛むので病院に行った。

補腹痛や胃痛、歯痛などにいう。

ちくちく［～（と）・～する］

先のとがったもので何度も刺されるような痛みを感じるようす。

㊎胃がチクチクする／友達を裏切ってしまい、良心がチクチク痛む。

補胃痛や傷の痛みのほか、精神的な苦痛にもいう。

ちくり 〔〜と〕

先のとがったものが一回刺さって、痛みを感じるようす。

(例)腕に注射されたときチクリと痛かった／友達にうそをついてしまい、チクリと胸が痛んだ。

(類)「**ちくっ**」は瞬間をとらえた表現。

(補)体の痛みのほか、精神的な苦痛にもいう。

＊しびれるように

じんじん 〔〜（と）・〜する〕

断続的にしびれるように痛むようす。

(例)傷口がジンジンと痛む／ドアに指をはさんでジンジンする／ずっとパソコンを見続けていると目の奥がジンジンしてくる。

(補)傷や目の痛みなどにいう。

＊にぶく

うずうず 〔〜（と）・〜する〕

傷やはれものが断続的ににぶく痛むようす。また、傷口が痛がゆいようす。

(例)切り傷がウズウズと痛い／治りかけた傷口がウズウズする。

＊皮膚の表面が刺激されて

ひりひり 〔〜（と）・〜する〕

皮膚の表面に刺激性の鋭い傷みを感じるようす。

(例)日焼けした肌がヒリヒリ痛む／やけどしたところがヒリヒリする／ウオッカを飲んだらのどがヒリヒリした。

(類)「**ぴりぴり**」は「ひりひり」より刺激が鋭いようすにいう。

補 辛いものを食べたり、度数の高い酒を飲んだりしたときの、のどの焼けるような痛みにもいう。

＊強い光の刺激で

ちかちか［〜（と）・〜する］

強い光などに刺激されて目が刺されるような痛みを感じるようす。

例 ライトがまぶしくて目がチカチカする。

けが

＊骨折

ぼきっ［〜（と）］

骨が瞬間的に折れる音・ようす。

例 オートバイで転倒し、路上に投げ出されたとき腕がボキッと折れた。

類「**ぼきん**」は折れた瞬間に鈍く響くような音やようすをいう。「**ぼきり**」は折れた状態に重きがあり、「**ぼっきり**」は強調表現。

補 主に太い骨が折れるようすをいい、音は鈍くて大きい。

ぽきっ［〜（と）］

骨が瞬間的にたやすく折れる音・ようす。

例 転んで手をついた瞬間にポキッと音がしたので、病院に行くと手首が骨折していた／骨密度が低くなると骨がもろくなり、簡単にポキッと折れてしまうようになる。

類「**ぽきん**」は折れた瞬間の響くような音やようすをいう。「**ぽきり**」は折れた状態に重きがあり、「**ぽっきり**」は強調表現。

補 比較的細い骨が折れるようすをいい、音は乾いた感じで小さい。

＊捻挫

ぎくっ［〜と］

ひねったりくじいたりなどして、腰や関節に一瞬強い衝撃を受けるようす。

例 階段を踏み外し、ギクッと足をくじいてしまった／重い物を持ち上げたとたん腰がギクッとなった。

類「**ぎくん**」も瞬間の衝撃をいうが、「ぎくっ」より軽い感じ。「**ぎくり**」は衝撃を受けて、それと認識する感じがある。

ぎっくり［〜と］

ひねったり急な動作をしたりした瞬間、腰や関節に強い衝撃を受け、激痛が走るようす。

例 重い段ボール箱を持ち上げようとしたら腰がギックリとなった。

補 急性の腰痛を「ぎっくり腰」という。

＊傷口

じくじく［〜（と）・〜する］

傷口にうみやリンパ液などがにじみ出るようす。

例 傷口がうんでジクジクしている。

類「**じゅくじゅく**」は「じくじく」よりにじみ出る量が多い状態にいう。

ぱくり［〜（と）］

傷口が大きく開くようす。

㋼パクリと開いた傷口を縫合する。

類「**ぱっくり**」は強調表現。

体が凝る

かちかち［〜に・〜だ］

凝って筋肉が非常に硬くなっているようす。

㋼カチカチに肩が凝る／前のめりの姿勢でパソコンを見続けていたら、首が凝ってしまってカチカチだ。

類「**かちんかちん**」は強調表現。「**がちがち**」は「かちかち」よりさらに硬いようすをいう。

こりこり［〜に・〜だ］

凝って筋肉が非常に硬くなっているようす。

㋼母のコリコリに凝った肩をもんであげた。

類「**こりっこり**」は強調表現。「**ごりごり**」は「こりこり」よりさらに硬いようすをいう。

麻痺

＊しびれる

じーん［〜と］

体の一部がしびれるようす。

㋼うっかりドアに指をはさんでしまいジーンとしびれた／寒い冬に水仕事をしていると指先がジーンとしびれてくる。

類「**じん**」は瞬間をとらえた表現。

補痛さや冷たさ、血行の悪さなどで感覚がなくなり麻痺したような状態にいう。

じんじん［〜（と）・〜する］

体の一部が断続的にしびれるようす。

㊀ずっと正座していたら足がジンジンしびれて立てなくなった。

補 痛さや冷たさ、血行の悪さなどで感覚がなくなり麻痺したような状態にいう。

びりっ［〜と］

急激な刺激を受けて瞬間的にしびれるようす。

㊀激辛のカレーを食べたとたん、舌がビリッとした／冬は乾燥しているので、ドアノブに触ったとたん静電気が起きてビリッとした。

びりびり［〜（と）・〜する］

急激な刺激を受けて連続的に強くしびれるようす。

㊀剛速球をバットで思い切り打ち返したら手がビリビリとしびれた／濡れた手で電気コードに触ったらビリビリッとした。

類「**びりびりっ**」は勢いを付加した表現。

目

＊異物混入

ごろごろ［〜（と）・〜する］

目に異物を感じたり、乾燥して異物が入っているように感じたりするようす。

㊀ゴミが入って目がゴロゴロする／ドライアイで目がゴロゴロする。

＊まばたき

しょぼしょぼ［〜（と）・〜する］

疲労や乾燥などで目を開けているのがつらくなり、弱々しくまばたきをするようす。

㊀ずっと細かい字を読んでいると目が疲れてショボショボする。

*目つき

とろん［〜と］

眠くて目つきがぼんやりするようす。

㊀こたつに入っていたら目がトロンとしてきてそのまま眠ってしまった。

どんより［〜（と）・〜する］

目が濁っていて生き生きとした気力や活力が感じられないようす。

㊀彼はドンヨリと生気のない目をしている。

*めまい

くらくら［〜（と）・〜する］

軽くめまいがするようす。

㊀高いビルの屋上から下を見たらクラクラとめまいがした／ダイヤモンドの値段を見ただけで目がクラクラした。

㊫「**くらくらっ**」は勢いを付加した表現。

くらっ［〜と］

一瞬めまいがするようす。

㊀立ち上がったとたん、クラッとめまいがして座り込んでしまった。

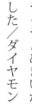

くるくる［〜（と）］

めまいを感じるようす。

㊄遊園地のコーヒーカップに乗ったら、目がクルクル回って気持ちが悪くなった。

ぐるぐる［〜（と）］

ひどくめまいを感じるようす。

㊄断崖の先端から下をのぞいたら、目がグルグル回ってしゃがみ込んでしまった。

耳

*耳鳴り

きーん［〜（と）］

耳の奥で鳴る、金属的で高く鋭い音。

㊄新幹線がトンネルに入ったとたんキーンと耳鳴りがした。

ぴー［〜（と）］

耳の奥で鳴る、電子音のような高い音。

㊄このところピーという耳鳴りに悩まされている。

ざざー［〜（と）］

耳の奥で鳴る、テレビなどが電波障害で発生するノイズのような低い音。

㊄耳がザザーと鳴るので耳鼻科に行って診てもらった。

㊮低い音の耳鳴りには「ざざー」のほかに「**ざー**」「**さー**」「**じー**」「**ぶーん**」などがある。

鼻

＊鼻水

ぐずぐず［～（と）・～する］

鼻の奥に鼻水がつまっているようす。また、そのために、呼吸するたびに出る音。

㋑風邪を引いて鼻がグズグズする／子どもが鼻をグズグズさせている。

ずずっ［～と］

鼻水を勢いよくすすりあげるようす・音。

㋑男の子は鼻水をズズッとすすりあげた。

補息を短く二回吸い込みながらすすりあげるようすをいう。

ずるずる［～（と）］

鼻水を続けざまにすするようす・音。

㋑子どもが鼻水をズルズルすすっている。

類「**ずるっ**」は一回勢いよくすするようす・音。

＊くしゃみ

くしゃん［～（と）］

小さくくしゃみをする音。

㋑ちょっと寒気がしてクシャンとくしゃみをした。

類「**くしゅん**」は「くしゃん」よりさらに小さな音。

補イヌの狆《ちん》がくしゃみをしたような顔を「ちんくしゃ」という。

はくしょん［〜（と）］

勢いよくくしゃみをする音。

㊀外に出たとたん寒くて思わずハクションとくしゃみが出た。

㊥「**へくしょん**」は「はくしょん」より小さな音。「**はっくしょん**」「**へっくしょん**」は出だしの勢いがさらにあるようす。

＊洟《はな》をかむ

ちん［〜（と）・〜する］

洟をかむ音・ようす。

㊀チンと洟をかむ／（幼児に）「はい、チンして」

㊥「**ちーん**」は長めに洟をかむようす。

㊦「ちんする」は洟をかむ意の幼児語。

のど

＊いがらっぽい

いがいが［〜（と）・〜する］

のどがちくちくと刺されるように感じるようす。

㊀なんだかのどがイガイガする。

㊦栗などのイガが肌に触ったときのような痛くて不快な感じをいい、このような状態を「いがらっぽい」「えがらっぽい」という。

＊渇き

からから［〜に・〜だ］

のどや口の中がひどく渇くようす。

㊀水も飲まずに歩いてきたからのどがカラカ

ラだ／研究発表の前に緊張して口の中がカラカラになる。

類「**からっから**」「**かっらから**」は強調表現。

＊咳

げほげほ ［〜（と）・〜する］

続けざまに吐き出すように激しく咳込む音・ようす。

例子どもが風邪を引いて、さっきから苦しそうにゲホゲホと咳込んでいる／焚火の煙にむせてゲホゲホする。

補煙などにむせて咳込む音やようすにもいう。

ごほごほ ［〜（と）］

続けざまにのどの奥から出る咳の音。

例風邪を引いた弟は一晩中ゴホゴホと苦しそうに咳込んでいた。

類「ごほごほ」は「**ごほんごほん**」より繰返す間隔が短い。

補煙などにむせて咳込むようすにもいう。

ごほんごほん ［〜（と）］

続けざまにのどの奥から出る大きな咳の音。

例祖父が一晩中ゴホンゴホンと咳をしていた。

類「**ごほん**」は一回大きな咳をする音。

こんこん ［〜（と）］

続けざまに出る軽い咳の音。

例子どもがコンコン咳をしているので学校は休ませることにした。

補乾いた感じの咳で、音は小さく高め。

胃腸

＊嘔吐・もどす

げーげー〔～（と）〕

胃の中の物を続けて激しく吐きもどすようす・音。

例 乗り物酔いでゲーゲー吐く／つわりがひどくて、食べたものをゲーゲー吐いてしまう。

類「**げー**」は一回吐くようすやその音で、「**げーっ**」は「げー」より激しさが増す。

げろげろ〔～（と）〕

胃の中の物を続けて激しく吐きもどすようす・音。

例 酔っぱらいが道端でゲロゲロ吐いていた。

補 吐いた物、へどの意の「げろ」を繰り返した語。

＊吐き気

むかむか〔～（と）・～する〕

吐き気が続けざまにこみ上げるようす。

例 二日酔いで胃がムカムカする。

類「**むかっ**」は瞬間的に一回吐き気がこみ上げてくるようすをいう。

＊下痢

ぴーぴー〔～（と）・～だ〕

ほとんど水のような大便をするようす・音。

例 何か悪い物でも食べたのか、お腹がピーピーだ。

びりびり［〜（と）・〜だ］

水分の多い大便をするようす・音。

㊎朝からおなかがビリビリだ。

皮膚

＊かゆみ

むずむず［〜（と）・〜する］

小さな虫がはい回っているようなかゆみを皮膚や粘膜に感じるようす。

㊎背中がムズムズとかゆくてたまらない／花粉症の季節になると鼻がムズムズする。

㊟むずむずしてかゆいようすを「むずがゆい」という。

＊吹き出物

ぶつぶつ［〜（と）］

体の表面に小さな吹き出物がたくさんあるようす。また、その吹き出物。

㊎赤ちゃんの首の周りにブツブツとあせもができている／顔にブツブツができる。

㊮「**ぷつぷつ**」は「ぶつぶつ」より小さく、程度が軽い状態をいう。

ぼつぼつ［〜（と）］

体の表面に小さな吹き出物が散在するようす。また、その吹き出物。

㊎中学生の息子の顔ににきびがボツボツできている／顔にボツボツができる。

㊮「**ぽつぽつ**」は「ぼつぼつ」より小さく、程度が軽い状態をいう。

心臓

きゅー［〜と］

心臓が締めつけられるような痛みを感じるようす。

例 心臓がキューとなってその場に座り込んだ。

類 「**きゅーっ**」は痛みが瞬間的で鋭いようすをいう。

どきどき［〜（と）・〜する］

心臓が連続して激しく鼓動するようす・音。

例 遅刻しそうになって走ってきたので、心臓がドキドキしている。

補 激しい運動や病気などのほか、期待や興奮などで胸が高鳴るようすにもいう。

どきんどきん［〜（と）・〜する］

心臓が連続して激しく鼓動するようす・音。

例 初舞台で心臓がドキンドキンしている。

類 「どきんどきん」は鼓動の一回一回がはっきり感じられるようすをいい、「**どっきんどっきん**」はさらにそのようすを強調した表現。「**どきん**」は一回瞬間的に激しく鼓動するのを感じるようすをいう。

ばくばく［〜（と）・〜だ・〜する］

心臓が破裂しそうなほど連続して激しく鼓動するよう

す・音。

㊟急を聞いて、取るものも取りあえず駆け付けたので心臓がバクバクしている。

㊮「**ばっくばく**」は強調表現。

歯

＊不具合

がたがた［〜だ・〜する］

歯の健康状態が全体的に悪いようす。

㊟まだ五十前だというのに歯がガタガタだ。

ぐらぐら［〜（と）・〜だ・〜する］

歯が固定していなくて揺れ動くようす。

㊟歯がグラグラして抜けそうだ。

しこり

ぐりぐり［〜・〜する］

皮下にできた、硬くて丸みのあるしこり。また、そのしこりが動くようす。

㊟首にグリグリができて病院で診てもらった。

㊭リンパ腺などの腫れで、外部から触るとかたまりが確認できる。

体型・容姿

やせている

がりがり［〜の・〜だ］
ひどくやせているようす。
㊀この子は小さいころガリガリのやせっぽっちだった／栄養不良でガリガリにやせる。
補骨と皮だけのようなひどくやせた状態をいう。

ぎすぎす［〜の・〜だ・〜する］
やせて骨ばっていて、貧相なようす。
㊀過剰なダイエットでギスギスにやせる／体つきがギスギスした女の子。
補見た目が貧相な上に、精神的にもゆとりのなさが感じられる。

細い

＊高評価

すらり［〜と］
手足が細くて形よく伸びているようす。また、ほっそりとして見た目がよいようす。
㊀スラリと伸びた手足／彼女の指はスラリとしていて美しい。
類「**すらっ**」はいかにもすらりとした感じを強調していう。

すんなり［〜（と）・〜する］

手足が細くて、形よく伸びてしなやかなようす。

㊢ スンナリと伸びた手足／彼女はスンナリした指をしている。

ほっそり ［〜（と）・〜する］

細くて形がよいようす。

㊢ ホッソリとした体つき／彼女は顔立ちがホッソリしている。

㊟ 好ましい体型や容貌で、ほめ言葉に使われる。

＊低評価

ひょろひょろ ［〜（と）・〜の・〜だ・〜する］

やせ細っているようす。

㊢ 子どもころはやせぎすのヒョロヒョロだった／あんなヒョロヒョロの人に重い荷物を持たせて大丈夫かな。

㊟ もやしのようなイメージで、いかにもひ弱で、評価は低い。やせて背が高い意味でも用いる。

太っている

＊丸々と太る

ころころ ［〜（と）・〜だ・〜する］

丸々と太っているようす。

㊢ 赤ちゃんはコロコロ太って、見るからに健康そうでかわいらしい／コロコロした子イヌが二匹じゃれあっている。

㊟ 転がりそうに丸みがあるところからいう。

いかにも健康そうで、見ていてほほえましさやかわいらしさが感じられる。

むっくり［〜（と）・〜だ・〜する］

肉づきがよく丸々と太っているようす。

例 体つきがムックリとしている／小さな女の子がムックリした小さな手で人形を抱きしめている。

＊背が低く太っている

ずんぐり［〜（と）・〜だ・〜する］

背が低くて太っているようす。

例 兄はホッソリとしているが弟のほうはズングリしている。

補 胴回りが太く、体にくびれがない状態をいう。

ずんぐりむっくり［〜（と）・〜だ・〜する］

背が低く、肉づきがよく丸々と太っているようす。

例 夫はズングリムックリで細身の服は似合わない。

補 「ずんぐり」に肉づきがよく太っている意の「むっくり」と合わせて強調した語。スタイルの点では評価はあまり高くない。

＊堅肥り

むちむち［〜（と）・〜の・〜だ・〜する］

肉づきがよくて弾力と張りがあるようす。

例 彼の体は筋トレで鍛えているのでムチムチだ／この赤ちゃんは堅肥りでムチムチしている。

むっちり［〜（と）・〜だ・〜する］
肉づきがよく、豊満なようす。
㊞ムッチリとした太もも。

＊肥満

でっぷり［〜（と）・〜する］
たっぷりと肉がついて太っているようす。
㊞社長はデップリと太っていて貫禄がある／あのお腹の出たデップリした人が現場監督だ。
㊓肉づきがよく体格が立派なことから、貫禄や威厳があるようすを含めていうことがある。

でぶでぶ［〜（と）・〜の・〜だ］

無駄に肉がついて太っているようす。

㊞運動でもしてそのデブデブの体をなんとかしたらどうなの。

㊮貫禄や威厳が感じられる「**でっぷり**」に比べて、「でぶでぶ」は肥満の状態を見苦しく思ったりからかったりする場合などに使われる。

㊓「でぶ」は太っているようすのほか、名詞として太っている人をいう。

ぶくぶく［〜（と）・〜する］
締まりなく太っているようす。
㊞そんなにブクブク太って、少しはダイエットしなさい／中年になってブクブクと太り始めた。
㊓食べ過ぎや脂肪分の取り過ぎ、運動不足などで太り過ぎた状態をいう。

ぶよぶよ［〜（と）・〜の・〜だ・〜する］

締まりなく太って、張りのないようす。

例運動もせず、食べてばかりいるとブヨブヨ太ってしまうよ／二の腕がたるんでブヨブヨだ。

補このような状態を「水太り」という。

ぽっこり［〜（と）・〜する］

太ってお腹が丸く突き出ているようす。

例このところ運動不足のせいか、太ってお腹がポッコリしてきた／このポッコリお腹、なんとかしなくてはね。

類ひょうきんで軽い言い方の「ぽっこり」に比べて、「**ぼっこり**」はお腹の出具合が見苦しいといった不快感を伴う。

＊ふくよか

ぷくぷく［〜（と）・〜の・〜だ・〜する］

柔らかく膨らむように太っているようす。

例プクプク太って丸顔の女の子／赤ちゃんの手はプクプクしていてかわいいね。

類「ぷくぷく」は見た目にもかわいらしさがあるが、「**ぶくぶく**」は締まりなく太っていて見苦しさがある。

ぼいん［〜だ］

女性の乳房が豊かなようす。

例彼女はボインだね。

補豊かな胸やそうした胸の人のこともいう。俗語。

ぽっちゃり［〜（と）・〜だ・〜する］

丸みを帯びて太っているようす。

㊐僕はやせ型よりポッチャリとした女の子が好きだ／ポッチャリと小太りのおばあさんが駄菓子屋の店番をしている。

類いかにもぽっちゃりとしたようすを強調して「**ぽちゃぽちゃっ**」、また、短く「**ぽちゃっ**」という。

補愛らしさがあり、体型として「ぽっちゃり型」という。

ぽってり［〜（と）・〜だ・〜する］

肉づきがよく、ふくよかなようす。

㊐ポッテリと丸顔の女の子／彼女はポッテリした唇をしている。

類「**ぼってり**」は太っていかにも肉厚な感じをいう。

むくむく［〜（と）・〜だ・〜する］

よく太って丸みを帯びているようす。

㊐ムクムク太って、まあかわいい赤ちゃんだこと／ムクムクと太ったイヌ。

補子どものほか、毛で覆われて柔らかく太っている動物にもいう。かわいらしさを含意する。

身長

*高い

すらり［〜と］

ほっそりとして背が高く、見た目がよいようす。

㊐あの背の高いスラリとした男性が彼女の恋

人らしい。

類「すらり」は容姿を全体的にとらえているのに対して、「**すらっ**」はいかにもほっそりとして背が高いところを強調している。

補手足がほっそりと形よく伸びているようすにもいう。

ひょろひょろ

［〜（と）・〜の・〜だ・〜する］

やせ細っていて、背が高いようす。

例息子はヒョロヒョロと背が高いばかりで、運動はからきしだめだ。

補ひ弱な感じを伴う。

＊低い

ちんちくりん ［〜の・〜だ］

身長が非常に低いようす。

例チンチクリンのくせに大きな顔するな／あいつはチンチクリンだから並ぶときはいつも一番前だ。

補背の低い人をからかったりあざけったりしていうことが多い。

体つき

＊頑丈

がっしり ［〜と・〜する］

頑丈で、たくましいようす。

例息子は父親に似てガッシリした体をしている。

類「**がしっ**」はいかにも頑丈でたくましいよ

うすを強調していう。

がっちり ［〜と・〜する］

筋肉質で、強固なようす。

㊓彼は体育会系でガッチリした体つきをしている。

㊟肩幅が広く、胸板が厚いなどの上半身の体つきを「ガッチリ体型」という。

＊筋肉質

むきむき ［〜の・〜だ］

筋肉が厚くしっかりついて、たくましいようす。

㊓筋肉トレーニングで鍛えてムキムキの体になる／ボクサーの腕はポパイの腕のように筋肉ムキムキだ。

もりもり ［〜の・〜だ］

筋肉が盛り上がっているようす。

㊓ボディービルで鍛えた体は筋肉モリモリだ。

＊引き締まっている

きりっ ［〜と］

体つきが引き締まっているようす。

㊓彼はキリッと引き締まった体つきをしている。

顔立ち

きりっ［〜と］

顔立ちが引き締まっていて、端正なようす。

㊎目元、口元のキリッとした青年。

㊫「**きりり**」は説明的で、「きりっ」のほうがいかにも引き締まっている感じを強調する。

のっぺり［〜と・〜する］

目鼻立ちが平板で締まりのないようす。

㊎彼は特徴のないノッペリした顔をしている。

㊫「**のぺっ**」はいかにも締まりがない感じを強調する。

＊目

くりくり［〜（と）・〜の・〜だ・〜する］

目が大きくて丸いようす。また、目がよく動くようす。

㊎目がクリクリの男の子／あの子は目がクリクリしていてかわいらしいね／ベビーカーの赤ちゃんに話しかけると目をクリクリさせた。

㊫「**くりくりっ**」は強調表現。「**くりっ**」は瞬間をとらえた表現。

㊓主に小さい子どもに用い、かわいらしさを伴う。大きくて丸い目は「くりくりまなこ」という。

＊鼻

すー［〜と］

鼻筋がまっすぐに通っているようす。

㊎彼は鼻筋がスーと通っていて、なかなかの美男子だ。

補 美形の要素の一つ。

姿勢

しゃきっ 〔〜と〕
姿勢がまっすぐで引き締まっているようす。
例 祖母は八十歳を過ぎても腰は曲がらずシャキッとしている／背筋をシャキッと伸ばす。
類 「しゃきっ」は瞬間的で軽い緊張感を伴うが、「**しゃっきり**」は状態に重きを置いた表現。
補 気持ちや態度が引き締まるようすにもいう。

しゃん 〔〜と〕
姿勢に張りがあって、きちんとしているようす。
例 シャンと背筋を伸ばす／そんなだらしない座り方をしないで、シャンとしなさい。

ぴん 〔〜と〕
背筋をまっすぐに伸ばすようす。また、まっすぐに伸びるようす。
例 猫背ぎみなので背筋をピンと伸ばして歩くようにしている／老優は舞台に立つと背筋がピンと伸びた。
類 「**ぴーん**」は強調表現。

服装・身なり

服装

＊派手・華やか

きんきらきん［〜の・〜だ］

服の素材がきらびやかだったり、金銀・宝石などの装飾品で派手に飾り立てたりするようす。

例 キンキラキンの衣装で舞台に立つ／彼女はキンキラキンに着飾ってパーティーに現れた。

類「**ぎんぎらぎん**」は「きんきらきん」より派手さ加減がどぎついようすにいう。

ごてごて［〜（と）・〜だ・〜する］

くどいほどあれこれと飾り立てるようす。

例 派手なイヤリングにネックレスをつけ、おまけにフリル付きのドレスでゴテゴテと着飾る。

補 品のなさから、見る人に不快感を持たれることが多い。

ちゃらちゃら［〜（と）・〜する］

服装が派手で安っぽいようす。

例 チャラチャラした格好で遊びに出かける。

補 いかにも軽薄なようすで、侮蔑の意が含まれる。

ひらひら［〜の・〜する］

服の布が波打つように揺れたり、ひるがえったりするようす。また、装飾用に細い布やレースなどにひだやギャザーを寄せたもの。

例 厳粛な式典にヒラヒラのドレスで現れる／彼女はヒラヒラした服が好きだ／女の子はヒラヒラがいっぱいついた服を着ていた。

補 ひらひらした服は華やかさやかわいらしさがある反面、人目には派手で軽薄な印象を持たれることがあり、時と場所をわきまえないと非難の対象になることがある。

着方・着こなし

＊隙がない・完璧

ぱりっ ［〜と］

見事に着こなすようす。

例 高級ブランドのスーツをパリッと着こなす。

びしっ ［〜と］

きちんとしていて乱れがないようす。

例 スーツをビシッと着こなす。

補 いかにも隙がない、完璧な状態をいう。

＊だらしない

ぞろぞろ ［〜（と）］

衣類をだらしなく引きずるようす。また、丈

＊新しい

ぱりっ ［〜と］

衣服が新しくて張りがあるようす。

例 おろしたてでパリッとした服を着て出かける。

補 新鮮さや心地よさを含意する。

の長い服や装飾の多い服などをだらしなく着るようす。

㊋スカートの裾をゾロゾロ引きずって歩く／会社にゾロゾロとした格好で来るなんてもってのほかだ。

ぞろり［〜と］

衣服を裾長にだらしなく着るようす。また、くずれた感じに着流すようす。

㊋あの娘は長いスカートをぞろりと引きずるようにはいている／しま柄の着物をぞろりと着流す。

類「**ぞろっ**」は瞬間をとらえた表現で、いかにもだらしないようすにいう。

補くずれた感じで着流すのは玄人や粋な人についていていい、素人には用いない。

着ぶくれ

ぶくぶく［〜（と）・〜だ・〜する］
衣服をたくさん着込んで、体がふくれているようす。
㊋冬になると子どもたちはみんなブクブクと着ぶくれていたものだ。
補不格好なようすにいう。

全裸

すっぽんぽん［〜の・〜だ］
何も身につけていないようす。
㊋子どもはお風呂から出るとスッポンポンの丸裸で走り回った／服を脱ぎ捨てスッポンポ

ンになると川に飛び込んだ。

衣類・帽子・靴のサイズ

＊大きい

がばがば［～の・～だ］
サイズが体より大き過ぎて、ゆとりがあり過ぎるようす。
㊕小さい男の子が父親のガバガバの靴をはいてはしゃいでいる／病気をしてやせてしまって、今まではいていたズボンがガバガバになった。

だぶだぶ［～の・～だ］
サイズが体より大き過ぎて、たるみができているようす。
㊕お兄ちゃんのお下がりの服を着たらダブダブだった／あの子たち、ダブダブのシャツにダブダブのズボンをはいて、あれもファッションなんだね。

ぶかぶか［～の・～だ・～する］
サイズが体より大き過ぎて、体との間に余分な隙間ができるようす。
㊕新一年生はブカブカの黄色い帽子を被って嬉しそうに登校してきた／自分より体格のいい友達に服を借りたらブカブカだった／この長靴、大き過ぎてブカブカする。

ゆるゆる［～の・～だ］
サイズが体より大きくて、体の間に隙間があってゆるいようす。

例 女子高生たちは足首から上がユルユルのルーズソックスをはいていた。

＊小さい

きちきち［〜の・〜だ］

サイズにゆとりがなくて、窮屈なようす。

例 キチキチのジーンズをはく／このところ太ってしまって、スカートのウエストがキチキチだわ／靴のサイズがキチキチで、かかとに靴擦れができてしまった。

ぴちぴち［〜の・〜だ］

サイズが体にぴったりで、ゆとりがないようす。

例 太ってしまって今までの服はどれもピチピチで着られない／ピチピチのドレスでパーティーに行く。

補 着たときに体の線がよくわかってはちきれそうな状態の服についてもいう。

＊短い

ちんちくりん［〜の・〜だ］

身長に比べて着丈や袖丈などが短過ぎるようす。

例 自分より背の低い友達から上着を借りて着たらチンチクリンだった。

補 いかにも丈が短過ぎて、滑稽に見える状態をいう。

つんつるてん［〜の・〜だ］

身長に比べて着丈や袖丈などが短過ぎるよう

す。

㊟息子は中学生になってからぐっと背が伸びて、制服がツンツルテンだ。

補 丈が短過ぎて手や足の先がむき出ている状態をいう。

五

飲食／味・食感／料理

飲食

食べる

*大量に

がっつり［〜（と）］

ボリュームのあるものをしっかり食べるようす。量的にたくさん食べるようす。

㊟力仕事の前に肉料理をガッツリ食べる／朝からガッツリ食べる。

補主に、若者ことばとして使われることが多い。量が多くて食べがいのある料理を「がっつり系」と表現し、「今日のランチはガッツリ系にしよう」などという。

もりもり［〜（と）］

食欲が旺盛で、勢いよくたくさん食べるようす。

㊟若い人がご飯をモリモリ食べているのは見ていて気持ちがいいね／（子どもに）モリモリ食べて大きくなるのよ。

*口を大きく開けて

ぱくり［〜と］

口を大きく開けて一口で食べるようす。

㊟握りずしを一口でパクリと食べる／お腹が空いていたので、あんパンにパクリとかじり

ついた／鯉がえさをパクリと飲み込んだ。
類「**ぱくっ**」は瞬間をとらえた表現。

ぱくぱく［〜（と）］
口を大きく開け閉めして次から次へと勢いよく食べるようす。
例育ち盛りの子どもたちはパクパクとよく食べる。
類「**ぱくぱくっ**」は勢いを付加した表現。
補ぱくぱくと食べる意で「ぱくつく」という。

はふはふ［〜（と）・〜する］
口の中に入れた物を、口を開けたり閉じたりしながら食べるようす。特に、熱いものを口の中に入れて、息を吐きながら冷ますようにして食べるときのようす。また、そのときの息を吐く音。
例熱々の肉まんをハフハフしながら食べる。

＊口を閉じて

もぐもぐ［〜（と）・〜する］
口の中に入れた物を、口を開けずにあごを動かしながら何度も噛んで食べるようす。
例（幼児に）よーくモグモグして食べてね／ウシがえさをモグモグ食べている。
類「**むぐむぐ**」は「もぐもぐ」に比べて口の動きが小さい。

＊舌で音を立てて

べちゃべちゃ［〜（と）］
食べたり飲んだりするときに舌で音を立てるようす・音。

例 同じテーブルにベチャベチャと食べる人がいて不快だった。

補 ねばりつくような耳障りで品のない音で、このような音を立てるのは無作法とされる。

ぺちゃぺちゃ ［〜（と）］

食べたり飲んだりするときに舌で音を立てるようす・音。

例 ペチャペチャと音を立ててスープを飲むのはやめなさい／子イヌがペチャペチャとミルクを飲んでいる。

補 心地よい音ではなく、このような音を立てることは無作法とされる。人以外に動物が水や皿のミルクなどを飲むようすや音にもいう。

＊勢いよく

ぺろり ［〜と］

食べ物をあっという間に全部食べてしまうようす。

例 出された料理を全部ペロリと平らげる／男の子は自分の分のケーキをペロリと食べて、まだ欲しそうにしている。

類 「**ぺろっ**」は瞬間をとらえた表現。

むしゃむしゃ ［〜（と）］

しきりに口を動かして、勢いよく食べるようす・音。

例 ゆでたカニを手づかみでムシャムシャ食べる／パンダが笹の葉をムシャムシャ食べている。

類 「**むしゃむしゃっ**」は勢いを付加した表現。

補 人については無作法で品がなく、不快感を伴うことがある。

＊まずそうに

もそもそ［〜（と）］

まずそうに緩慢な動作で食べるようす。

㊀買ってきた弁当をひとりモソモソと食べる。

補食べ物の水分が少なかったり繊維が多かったりして、口当たりがよくないようすにもいう。

＊むさぼるように

がつがつ［〜（と）・〜する］

飢えた動物のようにむさぼり食べるようす。

㊀よほどお腹が空いていたのか、彼は丼物をガツガツと食べた／「そんなにガツガツするな。みっともない」

補欲望をむき出しにして食べるような感じがあって、嫌悪や軽蔑の意味合いが含まれる。がつがつ食べる意で、俗に「がっつく」という。

＊軽く流し込む

さらさら［〜（と）］

軽く流し込むように食べるようす・音。

㊀お茶漬けをサラサラとかき込む。

類「**さらさらっ**」は勢いを付加した表現。

補のどをなめらかにすっと通っていく感じをいう。

＊麺類をすする

するする［〜（と）］

麺をなめらかにすするようす・音。また、麺ののど越しがなめらかなようす。

㊒スルスルとうどんをすする／食欲の落ちる夏はスルスルッとのど越しのいいそうめんが一番だ。

類「**するするっ**」は勢いを付加した表現。「**するっ**」は一回すする瞬間をとらえた表現。

ずるずる［〜（と）］

麺を引きずるようにすするようす・音。

㊒ラーメンをズルズルとすする。

類「ずるずる」は「**するする**」のようなのど越しのなめらかさや音の軽快感は少なく、耳障りに聞こえることがある。「**ずるずるっ**」は勢いを付加した表現。「**ずるっ**」は一回すする瞬間をとらえた表現。

つるつる［〜（と）］

麺をなめらかにすするようす・音。また、麺ののど越しがなめらかなようす。

㊒祖父はそばをつゆにちょっとつけてツルツルと食べた／小さな男の子は母親に食べさせてもらったうどんをおいしそうにツルツルッと食べた。

類「**するする**」より音は高く、大きい。「**つるつるっ**」は勢いを付加した表現。「**つるっ**」は一回すする瞬間をとらえた表現。

飲む

＊大量

がばがば［〜（と）］

水や酒などの飲料を大量に勢いよく飲むようす・音。

例 彼は大酒飲みで、焼酎でもビールでも酒ならなんでもガバガバ飲む／ワインはガバガバ飲むものではなくて、ゆっくり味わうものだ。

類 「**がばがばっ**」は勢いを付加した表現。

補 むやみやたらに飲むようすにいうことが多く、「飲み過ぎてもうお腹がガバガバだ」のように、お腹が飲んだ物でいっぱいだという意味でも用いる。

がぶがぶ ［～（と）］

水や酒などの飲料を大量に勢いよく飲むようす・音。

例 のどが渇いて水をガブガブ飲む／そんなに酒をガブガブ飲んでは体に悪い。

類 「**がぶがぶっ**」は勢いを付加した表現。「**がぶり**」は一息で大量に飲むようすで、「**がぶっ**」はその瞬間をとらえた表現。

補 むさぼるように飲むようすにいうことが多い。がぶがぶと大量に飲むことを「がぶ飲み」という。

＊勢いよく

ぐいぐい ［～（と）］

酒などを続けざまに勢いよく大量に飲むようす。

例 彼は酒に強くてウイスキーをストレートでグイグイ飲んでも平気だ／（酒を人にすすめて）「グイグイやってください」

類 「**ぐいっ**」はあおるように一気に飲むようす。

ぐびぐび［〜（と）］

酒などをのどを鳴らしながら勢いよく大量に飲むようす。また、のどが鳴る音。

㊒焼酎をグビグビ飲む／ジョッキに注いだビールをグビグビとあおる。

類「**ぐびりぐびり**」は「ぐびぐび」より一飲み一飲みのどを鳴らしながらゆっくりと味わうように飲むようす・音。「**ぐびり**」はのどを鳴らして一口飲むようす・音。「**ぐびっ**」はのどを鳴らして一気に飲むようす・音。

ごくごく［〜（と）］

飲み物を大量に勢いよくのどを鳴らして飲むようす。また、のどが鳴る音。

㊒ランニングのあと水をゴクゴク飲む／赤ん坊がミルクをゴクゴク飲む。

類「**ごくごくっ**」は勢いを付加した表現。「**ごっくごっく**」は一口一口のどを鳴らして続けざまに飲むようす・音。「**ごくっ**」はのどを鳴らして一気に飲むようす・音。

＊少量

ちびりちびり［〜（と）］

酒などを少しずつなめるように飲むようす。

㊒熱燗をチビリチビリやりながら雪景色を眺める。

類「**ちびちび**」はいかにも少しずつ惜しむように飲む感じで、いじましさやけち臭いといった負の感じがいくらかあるが、「ちびりちびり」は少しずつゆっくりと飲むことを楽しむ感じがある。

＊一気に

きゅっ［〜と］

酒を勢いよく一気に飲むようす。

例 仕事帰りにキュッと一杯やる／景気づけに酒を一杯キュッとひっかける。

類「きゅーっ」は強調表現。

ぐいっ［〜と］

酒などをあおるように一気に飲むようす。

例 グラスに注いだウイスキーをグイッと飲む／寒いから居酒屋で酒をグイッと一杯ひっかけてから帰ろう。

類「くいっ」は軽く一気に飲み干すようすをいう。

補「ぐい飲み」はぐいと飲む意の名詞形で、深めで大ぶりの杯のこともいう。

ぐっ［〜と］

酒や薬などを息を止めて一気に飲み干すようす。

例 （人に酒をすすめて）「さあ、グッと一杯やってください」／苦手な薬を水と一緒にグッと飲み込んだ。

類「ぐーっ」は強調表現。「くっ」「くーっ」は「ぐっ」「ぐーっ」より動きに軽さが感じられる。

ぷふぁー［〜（と）］

ビールなどの発泡性の飲料を一気に飲んだあとに息を吐く音・ようす。

例 彼はジョッキのビールを一気に飲むと「プファー」と息を吐いた。

＊のどを鳴らして一飲みする

ごくり［〜と］

飲み物や小さな固形物などを、のどを鳴らして一飲みするようす・音。

㊟冷たい水をゴクリと飲む／薬をゴクリと飲み込む。

㊮「**ごくっ**」は瞬間をとらえた表現。

ごくん［〜と］

飲み物や小さな固形物などを、のどを鳴らして一飲みするようす・音。

㊟肉が硬くてかみ切れないので、そのままゴクンと飲み込んだ／ごちそうを前にしてゴクンとつばを飲み込んだ

㊮「**ごくり**」は飲みくだすようすをいい、「ごくん」は物がのどを通って飲み込んだあと、のどが一瞬締まるところに重点がある。「**ごっくん**」は強調表現。

こくん［〜と］

飲み物や小さな固形物などを軽くのどを鳴らして一飲みするようす・音。

㊟赤ちゃんはスープをひとさじコクンと飲み込んだ。

㊮「**こっくん**」は強調表現。「こくん」「こっくん」は「**ごくん**」「**ごっくん**」より容易に飲み込む感じで、音の響きも軽い。

＊舌で音を立てて

ぴちゃぴちゃ［〜（と）］

飲食のときに立てる舌の音・ようす。

㊟ピチャピチャと音を立ててスープを飲むの

はやめなさい／イヌが皿の水をピチャピチャ飲んでいる。
補 人の場合は飲食の際にこうした音を立てるのは耳障りで無作法とされる。

かむ・かじる

*勢いよく

がぶり［〜と］
口を大きく開けて勢いよく食いつくようす・音。
例 畑で採れたてのトマトをガブリと食べたらおいしかった／大きなハンバーガーにガブリとかぶりつく。
類 「**がぶっ**」は瞬間をとらえた表現。

がりっ［〜と］
硬い物を勢いよく一口かじるようす・音。
例 生のダイコンをガリッとかじる／ジャガイモが生煮えで食べたらガリッとした。
補 かじったときの食感はよくない。

*硬い物を続けて

がしがし［〜（と）］
硬い物を何度も荒っぽくかむようす・音。
例 パンダが竹をガシガシかんでいる。

かりかり［〜（と）］
硬い物を続けてかじったり、かみ砕いたりするようす・音。
例 らっきょうをカリカリ食べる／子どもにあめ玉をあげると、なめずにカリカリとかみ砕いてしまった。

補 音は高く、軽快な感じがある。未熟な小梅でつくる硬い梅漬けを「かりかり梅」という。

がりがり

［～（と）］

硬い物を続けてかじったり、かみ砕いたりするようす・音。

例 子どもたちはアイスキャンディーをガリガリかじった／筆ショウガの甘酢漬けをガリガリと食べる。

補 音は低く、荒っぽさがある。すしに添えられる甘酢漬けのショウガの薄切りを「がり」というのは、もともとは大きなショウガをがりがりとかじって食べたことによる。

ぼりぼり ［～（と）］

硬い物を連続的にかじるようす・音。

例 古漬けのたくあんをボリボリ食べる／弟はピーナッツをボリボリ食べながらテレビの野球中継を観ている。

類 音は「**ぽりぽり**」より低くて大きい。

ぽりぽり ［～（と）］

やや硬い物を連続的にかじるようす・音。

例 ポップコーンをポリポリ食べる／畑で採れたてのニンジンをポリポリかじる。

類 音は「**ぼりぼり**」より高くて小さく、軽快感がある。

*薄くて硬い物を続けて

ばりばり［〜（と）］

薄くて硬い物を続けて食べるようす・音。

例 キャベツの葉を生のままバリバリ食べる／祖父は歯がいいので硬いせんべいをバリバリ食べる。

補 「**ぱりぱり**」より硬く、かみ応えがあるものにいい、音は低くて大きい。

ぱりぱり［〜（と）］

薄くて張りのある物を続けて食べるようす・音。

例 薄焼きせんべいをパリパリ食べる／焼きのりをパリパリ食べる。

補 かむと簡単にくずれるようなものにいい、軽快感がある。

*柔らかい物を何度も

くちゃくちゃ［〜（と）］

口の中で柔らかい物を何度もかむようす・音。

例 ガムをクチャクチャとかむ／クチャクチャと音を立ててご飯を食べるのはやめなさい。

補 口の中で唾液と混じって立てる音は耳障りで、通常こうした音を立てるのは下品で無作法とされる。

吸う

ちゅーちゅー［〜（と）］

口をすぼめて続けざまに飲み物や汁などを吸うようす・音。

例 子どもがストローでジュースをチューチュ

ー吸う。

類「**ちゅー**」は一回吸うようす・音。

ちゅっ［〜と］

口をすぼめて飲み物や汁などを一回勢いよく吸うようす・音。

例焼きハマグリの汁をこぼさないようにチュッと吸う。

類「**ちゅっちゅっ**」は続けざまに勢いよく吸うようす・音。

飲酒

＊酒を飲む→㈤［飲食］（飲む）246頁

＊わずかに酔う

ほろり［〜と］

酒を飲んでわずかに酔うようす。

例熱燗を一杯飲んだらホロリといい気分になった。

類「**ほろっ**」は瞬間をとらえた表現。

補酒を飲んでほろりといい気分になることを「ほろよい機嫌」という。

＊ひどく酔う

ぐでんぐでん［〜に・〜だ］

ひどく酒に酔って正体をなくすようす。

例グデングデンに酔っぱらって所かまわず寝てしまう／父は飲み会があって夜遅く帰ってきたときはグデングデンだった。

類「**ぐでぐで**」を強調した表現。

(補) 体がくねくねと揺れ動き、きちんと座ったり立ったりできないような泥酔状態をいう。

べろんべろん 〔～に・～だ〕

ひどく酒に酔って正体をなくすようす。

(例) ベロンベロンになるまで酒を飲む／その酔っぱらいはベロンベロンで何を言っているかさっぱりわからない。

(補) ろれつが回らなくなって、言っていることがはっきりせず、きちんとした姿勢も保てないような泥酔状態をいう。

＊酒を注ぐ

とくとく 〔～と〕

酒が容器の細い口から一定量ずつリズミカルに流れ出るときの音・ようす。

(例) 酒をぐい飲みにトクトクと注ぐ。

(類) 「**とくとくっ**」は勢いを付加した表現。

(補) 酒器の「徳利《とっくり》」は「とくとく」の「とく」に接尾語の「り」がついた「とくり」が促音化したもの。酒以外にも同様な形の容器から液体が流れ出る音やようすにもいう。

なみなみ 〔～と〕

酒が器からあふれるほどいっぱいになるようす。

(例) 焼酎をコップになみなみと注ぐ／大杯になみなみと注がれた酒を一気に飲み干す。

調味料をかける・垂らす

だぼだぼ［～（と）］
液状の調味料などを大量に入れたりかけたりするようす。
㊔とんかつにソースをダボダボかける。

たらり［～と］
液状の調味料などを少量垂らすようす。
㊔冷奴にしょうゆをタラリとかける／白身魚の刺身にオリーブオイルをタラリと垂らすと味にこくが出る。
㊩「**たらーり**」は「たらり」より時間をかけて垂らすようす。

満腹

ぱんぱん［～に・～だ］
十分に食べて、腹部がはちきれそうにふくらんでいるようす。満腹になるようす。
㊔お腹がパンパンになるまで食べる／ご飯を何杯もお代わりして、もうお腹がパンパンだ。

空腹

ぐーぐー［～（と）］
空腹のときに続けて鳴るお腹の音。
㊔朝から何も食べていないので、お腹がグーグー鳴っている。
㊩「**ぐー**」はお腹が一回鳴る音。「**ぐーっ**」

は瞬間的で勢いを強調した表現。

ぺこぺこ

［～の・～だ］

ひどく空腹であるようす。

㋑朝食をろくに食べずに動き回ったのでお腹がペコペコだ／お腹がペコペコで死にそうだ／ペコペコのお腹をかかえて一晩過ごす。

補空腹の意の「腹ぺこ」の「ぺこ」は「ぺこぺこ」の略。

舌鼓

たん［～（と）］

食べ物を賞味するときに舌を鳴らす音。

㋑新鮮で見るからにおいしそうな刺身に父は「タン」と舌鼓を打った。

類「**たんたん**」は続けざまに舌を鳴らす音。

味・食感

味

＊淡白

あっさり［～（と）・～する］

薄味でしつこくないようす。

㊄年をとると脂っこいものよりあっさりしたものが食べたくなる／この煮物はあっさりと味付けされていておいしい。

補「あっさりメニュー」「あっさり系の料理」のように、修飾語としても用いられる。

さらり［～と］

粘り気がなく、味がさっぱりとして淡泊なようす。

㊄サラリとした飲み口の日本酒／油を使わずにサラリと仕上げた料理。

類「**さらっ**」は瞬間をとらえた表現。

＊さわやか

きりっ［～と］

飲み物、特に酒などを飲んだときの引き締まってさわやかなようす。

㊄辛口でキリッとした味のビールが好きだ。

補味のほか、口当たりにもいう。

さっぱり［～（と）する］

味がくどくなく、口当たりがさわやかなようす。

㊄味付けの濃い料理のあとは、酢の物がさっ

ぱりとしていておいしい／暑い夏はついさっぱりしたものばかり食べてしまう。

すっきり［〜（と）する］

味に雑味がなく、さわやかなようす。

例 スッキリとした飲み口のビール／ミントティーはスッキリした風味でリフレッシュ効果がある。

＊まろやか

まったり［〜（と）する］

味がまろやかでこくがあるようす。

例 マッタリとした酒／出汁を利かせた煮物はマッタリしていておいしい。

＊濃厚

こってり［〜（と）する］

しつこいくらいに濃厚なようす。

例 こってりとしたラーメン／今日はこってりしたものが食べたい。

＊辛い

ぴりっ［〜と］

舌やのどが辛さで一瞬刺激されるようす。

例 唐辛子を入れたきんぴらごぼうはピリッと辛くておいしい。

類 「**ぴりり**」は辛さを感じたあとの状態まで含んだ表現で、「山椒は小粒でもピリリと辛い」のようにいう。

補 「ぴり辛」はぴりっと辛い意で、「ぴりっ」と合わせることで辛さを強調し、同時にその辛さのおいしさを表現している。

ぴりぴり［〜（と）・〜する］
舌やのどが辛さで連続して強く刺激されるようす。
(例)韓国料理はピリピリと辛い料理が多い。

歯ごたえ・食感

＊よい

かりかり［〜の・〜だ・〜する］
焼いたり乾燥したりして、ほどよい硬さで歯ごたえのよいようす。
(例)カリカリのベーコンと卵焼きは朝食の定番だ。
(類)「**かりっ**」は一回かんだときの瞬間をとらえた表現。

きんきん［〜に・〜だ］
凍りそうなほどよく冷えているようす。
(例)真夏にキンキンに冷えたビールをグイッと飲むのは最高だ。

こりこり［〜と・〜だ・〜する］
ほどよい硬さで歯ごたえがよいようす。
(例)焼き鳥の鶏軟骨はコリコリと歯ごたえがあっておいしい。
(類)「**こりこりっ**」「**こりっこり**」は強調表現。「**こりっ**」は一回かんだときの瞬間をとらえた表現。

さくさく［〜と・〜だ・〜する］
揚げ物の衣や焼き菓子などが脂気や粘り気がなく歯ごたえが軽いようす。

例 揚げたてのとんかつの衣がサクサクだ／このクッキーはサクサクしていておいしい。
類 「**さくっ**」「**さっくさく**」は強調表現。「**さくっ**」は一回かんだときの瞬間をとらえた表現。

しこしこ ［～と・～する］

かむとほどよい硬さと弾力があり歯ごたえがよいようす。
例 ゆでたタコはシコシコしていておいしい。
類 「**しこしこっ**」「**しっこしこ**」は強調表現。「**しこっ**」は一回かんだときの瞬間をとらえた表現。

しっとり ［～と・～する］

ほどよく水分や湿り気があって柔らかいようす。
例 このカステラはシットリしていておいしい。

しゃきしゃき ［～（と）・～する］

野菜や果物を食べたときに歯ごたえがよいようす・音。
例 採れたてのミズナはシャキシャキと歯ごたえがあって、そのままサラダにしてもおいしい。
類 「**しゃきっ**」は食べた瞬間の歯ごたえや音をいう。

しゃりしゃり ［～（と）・～する］

歯ざわりが軽くさわやかなようす・音。
例 シャーベットのシャリシャリしたところが好きだ／このリンゴはシャリシャリしておい

しい。

類「**しゃりっ**」は一回食べたときの歯ざわり・音を表す。

じゅわっ ［〜と］

口の中に肉汁や汁気が一気に広がるようす。

例ステーキを食べたとたん口の中にジュワッと肉汁が広がった。

類「じゅわっ」が瞬間的なのに対して、「**じゅわー**」「**じゅわーっ**」はそれよりゆっくりと広がるようすを表す。「**じゅわじゅわっ**」はさらに強調した表現。いずれもおいしさの表現。

すーっ ［〜と］

食べたときに口の中がさわやかに感じるようす。

例ミントガムをかむと口の中がスーッとする。

類「**すっ**」は瞬間をとらえた表現。

つるり ［〜と］

麺類がなめらかにのどを通るようす。

例暑い夏は冷たくてツルリとしたのど越しのそうめんがいい。

補「**つるっ**」は瞬間をとらえた表現。

とろり ［〜と］

粘り気があってなめらかなようす。

例マグロの脂身はトロリとしておいしい。

類「**とろっ**」は瞬間をとらえた表現。

補口の中に入れると、とろけるような食感にもいう。

とろとろ［～の・～だ・～する］

粘り気があってなめらかなようす。

例すりおろしてトロトロの山芋をかけたご飯はのど越しがいい／フォンデュ鍋でチーズをトロトロに溶かす。

類一回の状態を表す「**とろり**」に対して、「トロトロ」は連続して「**とろっとろ**」は強調表現。

ねっとり［～（と）・～する］

なめらかで舌に絡みつくような粘り気のあるようす。

例この羊羹はネットリ甘くておいしい／アボカドのネットリしたところが好きだ。

補「ねっとり」は人によって嫌いな場合もある。

ぱりっ［～と］

薄くて張りのある物を食べたときのようす。

例焼き海苔《のり》のパリッとした歯ざわり／この店のピザ生地は薄くて、焼き上がりがパリッとしていておいしい。

ぷちぷち［～（と）］

魚卵など粒状の物をかむと口の中で連続してはじけるようす・音。

例数の子は食べると口の中でプチプチとはじけて食感が楽しい。

補北大路魯山人は著書『魯山人味道』で「数の子は音で食うもの」と記し、「ぱちぱちぷつぷつ」と表現している。

ぷりぷり［～（と）・～だ・～する］

張りがあって弾力に富むようす。

㊎新鮮なタイの刺身はプリプリしていておいしい／網焼きにした伊勢海老の身のプリプリした食感がたまらなくいい。

類「**ぷりっ**」は食べた瞬間の歯ごたえ、食感を表す。「**ぷりっぷり**」「**ぷりんぷりん**」は強調表現。

ふわふわ ［〜の・〜だ・〜する］

柔らかくて、軽く弾力があるようす。

㊎フワフワのオムレツ／このシフォンケーキはしっとりフワフワでおいしい。

類「**ふわふわっ**」「**ふっわふわ**」は強調表現。

ほかほか ［〜の・〜だ］

食べ物が温かくておいしいようす。

㊎ホカホカの焼き芋／炊き立てでホカホカのご飯をほおばる。

類「**ほっかほか**」は強調表現。

ほくほく ［〜の・〜だ・〜する］

火を通した芋類などが余分な水分がなく、柔らかくておいしいようす。

㊎ホクホクの焼き芋をほおばる／煮たカボチャがホクホクしていておいしい。

類「**ほっくほく**」は強調表現。

補芋類のほか、カボチャ、クリなどでんぷん質のものについていう。

ほろり ［〜と］

食べたときに、かまなくても口の中で柔らかくくずれるようす。

例 時間をかけて煮込んだ牛すじ肉は口の中に入れるとホロリとくずれた。

類 「**ほろっ**」は瞬間をとらえた表現。

ほろほろ［～（と）］

食べたときに、かまなくても口の中で続けざまに柔らかくくずれるようす。

例 この豚の角煮は柔らかくて口の中でホロホロくずれた。

補 ほろほろになるまで煮る意で「ほろほろ煮」、ほろほろ状態のものを「ほろほろ豚」のようにいう。

もちもち［～の・～だ・～（と）する］

柔らかくて、粘り気と弾力のあるようす。

例 外はカリッと中はモチモチのフランスパン／この餃子は皮がモチモチしていておいしい。

類 「**もちもちっ**」「**もっちもち**」は強調表現。

補 「もち」は「餅」のことで、「もちもち」と繰り返すことで餅のような食感があるようすを表現している。

もっちり［～だ・～（と）する］

柔らかくて、粘り気と弾力のあるようす。

例 この白玉団子はモッチリしていておいしいね。

類 「もっちり」は「**もちもち**」と同様に餅のような食感を表現しているが、いかにももちもちしているようすを強めていう。「**もちっ**」は瞬間をとらえた表現。

＊悪い

かすかす［～の・～だ・～する］

必要な水分が足りなくて繊維質が目立つようす。

㊎カスカスのダイコンなんて煮てもまずくて食べられない。

補 新鮮さがなく、食感も悪くおいしくない状態をいう。

くたくた［～の・～だ］

葉物野菜などがゆで過ぎたり煮過ぎたりして軟らかく張りがなくなるようす。

㊎ホウレンソウがゆで過ぎてクタクタだ。

ごりごり［～の・～だ・～する］

歯ざわりが硬いようす。

㊎ジャガイモが生煮えでゴリゴリだ。

補 「**こりこり**」は歯ごたえがよくておいしいようすをいうのに対して、「ごりごり」は硬くておいしくないようすにいう。

すかすか［～の・～だ・～する］

水分がなくなり繊維が多く、おいしさや歯ごたえがないようす。

㊎このリンゴはスカスカでおいしくないね。

ねばねば［～の・～だ・～する］

粘り気があるようす。

㊎納豆やオクラを食べると口の中がネバネバする。

補 「納豆のネバネバは体によい」のように粘り気の意で名詞としても用いる。なお、「ねばねば」は好きな人もいれば嫌いな人もいる。

ぱさぱさ［〜の・〜だ・〜（と）する］

水分や油分がなくて乾いているようす。

㊞このパンはパサパサしていて飲み物と一緒でないとのどを通らない。

類「**ぱっさぱさ**」は強調表現。

ぼそぼそ［〜の・〜だ・〜（と）する］

水分が少なく乾いているようす。

例古くなったパンはボソボソしておいしくない。

補舌触りがなめらかでなく、おいしくない意で用いられる。

もそもそ［〜の・〜だ・〜（と）する］

水分が少なかったり繊維が多かったりしてのど越しがよくないようす。

例このパンはモソモソしていておいしくない。

料理

揚げる

からり［〜と］

高音で揚げて、油の切れのよいようす。

㊀天ぷらをカラリと揚げる／この唐揚げは外はカラリとしていて、中はジューシーでおいしい。

類「からっ」は瞬間をとらえた表現。「この唐揚げ、カラッとしていておいしい」のように食感として油っこくなくおいしいようすにもいう。

【参考】揚げ物の音
天ぷらなどの揚げ物をするとき、最初は「シュワシュワ」と大きな音を立てて勢いよく泡が出て、しばらくすると「チリチリ」「ピチピチ」といった小さくて高い音に変わり、この音が揚げあがりのサインとされる。

泡立てる

しゃかしゃか［〜（と）・〜する］

泡立て器で材料をかき回して泡立てるようす・音。

㊀卵白をボールに入れ、泡立て器でシャカシャカと手早く泡立てる。

もったり［〜（と）・〜する］

生クリームや卵などを泡立てるとき、泡立て器で泡をすくって持ち上げると滴り落ちずに、つのが立つ状態で、適度な固さがあるようす。

例 卵白に砂糖を入れてモッタリするまで泡立ててメレンゲを作る。

切る

さくさく［〜（と）］

野菜や揚げ物の衣などを包丁やナイフなどで軽快に続けざまに切るようす・音。

例 揚げたてのとんかつを包丁でサクサクと切る。

類 「**さくさくっ**」は勢いを付加した表現。「**さくっ**」は一回切るときの瞬間をとらえた表現。

補 軽快で乾いた音はおいしさを暗示する。

ざくざく［〜（と）］

野菜などを包丁やナイフなどで大ざっぱに続けて勢いよく切るようす・音。

例 白菜をザクザク切る。

類 「**ざっくざく**」「**ざっくざっく**」は「ざくざく」より動作が大きくリズミカルな感じがある。

補 大ざっぱに切ることを「ざく切り」という。

とんとん［～（と）］
包丁やナイフなどで、まな板の上で軽快に食材を刻むようす・音。
㊟ネギをトントンと刻む／朝起きると台所からトントンと包丁の音が聞こえた。
類「**とんとんとん**」はさらにリズム感が増した言い方。

電子レンジで調理

ちん［～する］
電子レンジで調理する。
㊟ラップしてチンするだけでできあがるから便利だ／「おやつの肉まん、チンして食べてね」
補「ちん」は調理終了の合図の音で、「チンする」の形で用いる。調理のほか、温めたり、解凍したりする。

煮る

＊強火で

ぐつぐつ［～（と）］
煮汁が沸き立つくらいの強火で煮たり、長時間煮込んだりするようす・音。
㊟鍋に出汁《だし》を入れ、煮立ったら野菜とうどんを加えてグツグツ煮込む／グツグツと煮えているすき焼きをみんなで囲んで食べる。

ことこと［～（と）］

強火で煮汁の中で材料がぶつかり合うような状態で煮るようす・音。

例 輪切りにしたダイコンを大鍋でゴトゴト煮る。

＊弱火で

くつくつ［～（と）］

弱火で長く煮込むようす・音。

例 小魚を乾煎《からい》りし、調味料を入れてあめ色になるまでクツクツと煮込んで佃煮を作る。

類 「**ぐつぐつ**」より静かで、音は低くて小さい。

ことこと［～（と）］

弱火でゆっくり時間をかけて煮るようす・音。

例 豆を柔らかくなるまでコトコト煮る／カボチャに落しぶたをしてコトコトと煮込む。

類 「**ごとごと**」より静かで、音は低くて小さい。

＊さっと煮る

しゃぶしゃぶ［～と・～する］

熱した出汁に薄切りの肉や魚の切り身などを軽く左右に揺するようにしてくぐらせ、さっと火を通す程度に煮るようす。

例 薄切りの豚肉をスープの中でシャブシャブしてポン酢につけて食べる。

補 「しゃぶしゃぶ」は料理名としても使われる。

沸騰する・煮立つ

ぐらぐら［〜（と）］

湯などが沸騰して激しく沸き立つようす・音。

㊟釜の中で湯がグラグラと煮立っている。

類「**くらくら**」は「ぐらぐら」より軽く沸き立つようすをいう。

ぐらり［〜と］

湯などが一回沸き立つようす。

㊟沸騰した湯にホウレンソウを入れ、グラリとひと煮立ちしたら取り出して水に浸ける／みりんをグラリと煮立ててアルコール分を飛ばす。

類「**ぐらっ**」は瞬間をとらえた表現。

しゅんしゅん［〜（と）］

湯が沸騰して勢いよく沸き立つ音。

㊟ストーブの上に載せたやかんがシュンシュンと音を立てている。

補主に、やかんや鉄瓶、茶釜などの湯が沸き立つ音にいう。

ちんちん［〜（と）］

やかんや鉄瓶などの湯が沸騰して沸き立つ音。

㊟火鉢で鉄瓶がチンチン音を立てている。

類「ちんちん」は「**しゅんしゅん**」より高めの音。

ふつふつ ［〜と］

盛んに沸騰するようす。

例大釜の湯がフツフツとたぎっている。

補漢語で、「沸沸」と書く。

振る・振りかける

ぱっぱっ ［〜と］

塩やこしょうなどの調味料や細かく刻んだものなどを勢いよく振りかけるようす。

例ラーメンにこしょうをパッパッとかける。

ぱらぱら ［〜（と）］

塩やこしょうなどの調味料や細かく刻んだものなどを少量振りかけるようす。

例魚に塩をパラパラと振る／パスタの仕上げにパセリのみじん切りをパラパラと散らす。

類「**ぱらぱらっ**」は勢いを付加した表現。「**ぱらり**」は一回振りかけるようすで、「**ぱらっ**」は瞬間をとらえた表現。

混ぜる

さくさく ［〜（と）］

材料をスプーンやヘラなどで軽く切るように混ぜるようす・音。

例かき氷をスプーンでサクサクとかき混ぜて

食べる。

さっくり［〜（と）］

材料をあまりかき回したり練ったりしないで、軽く混ぜるようす。

例 天ぷらの衣は卵に水を加えて混ぜ、そこに小麦粉をサックリと混ぜるのがこつだ。

類 「さくっ」は瞬間をとらえた表現で、動作にすばやさがある。

ざっくり［〜（と）］

材料を大ざっぱに混ぜるようす。

例 サラダボールにちぎったレタスやミズナ、ブロッコリーなどを入れ、ドレッシングでザックリ和えてグリーンサラダを作る。

類 「ざくっ」は瞬間をとらえた表現。

水や汁などの分量

ひたひた［〜の・〜に］

水や汁などの量が鍋や器の中で材料がすれすれに浸かるくらいであるようす。

例 大豆を洗って柔らかくなるまでヒタヒタの水に浸しておく／材料を入れたタッパーにつけ汁をヒタヒタになるまで入れてマリネを作る／ヒタヒタくらいの煮汁で魚を煮る。

焼く

こんがり［〜（と）］

ほどよく焦げ目がつくように焼くようす。

例 トーストをこんがり焼く／おにぎりに味噌

を塗って炭火でこんがりと焼く。

じゅーじゅー［～（と）］

高温で焼くときに素材からにじみ出た水分や脂分が立てる音・ようす。

㊒鉄板で肉をジュージュー焼く。

類「**じゅー**」は一回焼くときの音・ようす。「**じゅっ**」は瞬間をとらえた表現で、「溶いた卵を熱したプライパンにジュッと流し込んでオムレツを作る」のようにいう。

六

形状／質感・感触／物の動き・状態／現象

形状

凹凸《おうとつ》

でこぼこ［〜・〜の・〜だ・〜する］

表面に出っぱったところやへこんだところがあって平らでないようす。また、そうしたところ。

例 アルミのやかんは使い古してもうデコボコだ／デコボコした山道を歩く／グラウンドのデコボコをローラーでならす。

補 名詞としても用いる。「でこ」は出っぱった部分で「凸」、「ぼこ」はへこんだ部分で「凹」と表記する。「凸」「凹」は象形文字で、「凹凸《おうとつ》」は漢語。

ぼこぼこ［〜（と）・〜の・〜だ・〜する］

表面に凹凸があって平らではないようす。また、表面にたくさんの穴やくぼみがあるようす。

例 工事で道路があちこち掘り返されてボコボコだ／蜂に刺されて顔がボコボコに腫れた／砲弾を浴びた壁にはボコボコ穴があいている。

硬い

かちかち［〜の・〜だ］

物が非常に硬いようす。

例 カチカチの餅を砕いてあられを作る／今朝は冷え込んで池の水がカチカチに凍った。

類 「**かっちかち**」「**かちんかちん**」は強調表現。

「かちんかちん」と「**こちんこちん**」を合わせて、「**かちんこちん**」ともいう。

がちがち［〜の・〜だ］

物が非常に硬いようす。

例 ひもの結び目がガチガチでなかなか解けない／厳しい冷え込みで道路がガチガチに凍った。

類 「**かちかち**」よりさらに硬いようすをいう。「**がっちがち**」「**がちんがちん**」は強調表現。

こちこち［〜の・〜だ］

物が非常に硬いようす。

例 コチコチの冷凍食品を自然解凍する／飴細工は手早くしないとすぐにコチコチに固まってしまう。

類 「**こっちこち**」「**こちんこちん**」は強調表現。

補 「**かちかち**」と「こちこち」は言い換えることができるが、音《おん》の響きから「かちかち」はいかにも歯が立たないといった硬さそのものに重きがあり、「こちこち」は硬いという状態に重きを置いていて、やや客観的な表現。「**かちんかちん**」「こちんこちん」についても同様のことがいえる。

＊こわばって

ごわごわ［〜（と）・〜の・〜だ・〜する］

硬くこわばってしなやかでないようす。

例 厚くてゴワゴワの紙／古くなってゴワゴワの革ジャン／この浴衣は糊が利き過ぎてゴワゴワしている。

補 紙や布、皮革などが本来の弾力や柔軟性に欠けるようすをいう。

角張る

ごつごつ ［～（と）・～する］

角ばっていて、なだらかではないようす。

㊎ゴツゴツとした岩／古木の梅はゴツゴツした枝に今年も花を咲かせた／働き者の父の手はゴツゴツと節《ふし》くれだっている。

頑丈・堅固

がっしり ［～（と）・～する］

簡単に壊れたりくずれたりせず、頑丈なようす。

㊎城はガッシリと積まれた石垣で守られている／骨組みのガッシリした家／分厚い一枚板のテーブルはガッシリしていて長く使えそうだ。

がっちり ［～（と）・～する］

構造が緻密《ちみつ》で、頑丈なようす。

㊎このタワーマンションは耐震構造でガッチリ造られているので安心だ。

類「**がっしり**」は頑丈さに焦点があり、「がっちり」は構造の緻密さに焦点がある。

しっかり ［～（と）・～する］

造りが堅固で、安定感のあるようす。

㊎シッカリした造りの家／船簞笥《だんす》は火にも水

にも強いようにさまざまな工夫がされ、シッカリと造られている。

形がくずれる

＊しわが寄る

しわくちゃ［〜の・〜だ］

布や紙などにしわがたくさん寄って形がくずれているようす。

例 しわくちゃのシャツを着る／彼はポケットから取り出したしわくちゃの一万円札を手のひらで伸ばした。

類 「**しわくしゃ**」「**しわくた**」ともいう。「くしゃ」は形がくずれるようす。「くた」は「くたくた」の「くた」で、張りがなくなる意。

しわしわ［〜の・〜だ］

布や紙などにしわがたくさん寄っているようす。張りがなく、しわだらけのようす。

例 トマトがしなびて皮がシワシワになった。

補 野菜などの表面から水分が減って張りを失い、しわができる状態にもいう。「皺《しわ》」を繰り返して強調した語。

＊丸めたりもんだりして

くしゃくしゃ［〜の・〜だ］

紙や布などが丸めたりもんだり、しわが寄るなどして形がくずれている

ようす。

㊇洗濯したズボンのポケットからクシャクシャの千円札が出てきた／書き損じた手紙をクシャクシャに丸めてくずかごに捨てた。

類「**くっしゃくしゃ**」は強調表現。「**くしゃくしゃっ**」は丸めたりもんだりする動作に勢いがある。

くちゃくちゃ ［〜の・〜だ］

紙や布などが丸めたりもんだりして形がくずれたり、乱雑になったりしているようす。

㊇ポケットからクチャクチャのハンカチを取り出して汗を拭く／お絵描きの時間に男の子は紙をクチャクチャにして遊んでいる。

類「くちゃくちゃ」の「ちゃ」に粘りつくような感触があり、「**くしゃくしゃ**」より不快感が強い。「**くっちゃくちゃ**」は強調表現。「**くちゃくちゃっ**」は丸めたりもんだりする動作に勢いがある。

ぐしゃぐしゃ ［〜の・〜だ］

物が原形をとどめないほどくずれたり壊れたりするようす。

㊇うっかり落とした卵がグシャグシャに割れた／箱ごと押しつぶされて中のケーキがグシャグシャだ。

類「**ぐっしゃぐしゃ**」は強調表現。「**ぐじゃぐじゃ**」は「ぐしゃぐしゃ」より程度がひどい状態にいう。

ぐちゃぐちゃ ［〜の・〜だ］

物が原形をとどめないほどくずれたり壊れた

りするようす。

例 せっかく畳んだ洗濯物を赤ちゃんが面白がってグチャグチャにした／乗用車がトラックと正面衝突してグチャグチャにつぶれた。

類 「ぐちゃぐちゃ」の「ちゃ」に粘りつくような感触があり、「**ぐしゃぐしゃ**」より不快感が強い。「**ぐっちゃぐちゃ**」は強調表現。

平ら・平たい

のっぺり ［〜と・〜する］

表面に凹凸や起伏が少なく、平らなようす。

例 小高い丘に登ると眼下にはノッペリと平野が広がっていた。

補 顔の造作にもいう。

ぺちゃんこ ［〜の・〜だ］

押しつぶされて平らになっているさま。また、つぶれたように平らなようす。

例 かかとがペチャンコの靴をはく／椅子に置いておいた帽子の上にうっかり座ったらペチャンコになった／地震で家がペチャンコにつぶれた。

類 「**ぺしゃんこ**」「**ぺたんこ**」ともいう。「**ぺっちゃんこ**」「**ぺっしゃんこ**」「**ぺったんこ**」は強調表現。

補 「ぺちゃんこ」「ぺしゃんこ」の「こ」は状態、ようすを表す接尾語。

ちぢれる

ちりちり［〜の・〜に・〜だ］
物が細かくちぢれているようす。
㊎チリチリの麺はスープがよくからむ／チリチリにパーマをかける／コンロの火で袖口をチリチリに焦がしてしまった。

とがる

ぎざぎざ［〜・〜の・〜に・〜だ・〜する］
のこぎりの歯のような鋭くとがった切れ込みが並んでいるようす。また、その切れ込み。
㊎縁がギザギザの硬貨／布の端をギザギザに切る／ひいらぎの葉は縁にギザギザがある。
㊉名詞としても用いる。

とげとげ［〜・〜だ・〜する］
とげやとげ状のものがたくさんあるようす。また、たくさんのとげやとげ状のもの。
㊎採れたてで新鮮なキュウリは表面がトゲトゲしている／サボテンのトゲトゲが刺さると痛い。
㊉「とげ（刺・棘）」は針状の小さな突起物で、それを繰り返すことで、とがっているようすを強調し、とげで刺されると痛い意を含んでいる。名詞としても用いる。

＊先端がとがっている

つん［〜と］
細くて小さい物の先端がとがっているようす。また、小さくとがったものが突き出るようす。
㊎卵白をツンと角が立つまで泡立てる／花壇

のチューリップがツンと芽を出した。

つんつん［～（と）］

細くて小さい物の先端が非常にとがっているようす。また、小さくてとがったものが次々に突き出るようす。

㊪鉛筆をツンツンととがらせる／暖かくなって土手にはつくしがツンツン生えている。

曲がる

＊山脈・波・道など

うねうね［～（と）・～する］

道などがゆるやかに左右に曲がりながら続いているようす。また、山脈や波などが高くなったり低くなったりして続いているようす。

㊪ウネウネと続く山道を歩く／遠くにウネウネと連なる山並みが見える／波がウネウネしている。

補 畑の「畝《うね》」のような状態をいう。

くねくね［～（と）・～する］

道などがS字を描くように折れ曲がりながら続いているようす。

㊪川沿いにクネクネした道が続いている。

類 曲がり具合がゆるやかな「**うねうね**」に対して、「くねくね」はいくつも折れ曲がるようすに重点がある。

ジグザグ［～の・～と・～だ］

Zの字の形に折れ曲がるようす。

㊞例 山頂までジグザクの道が続く／ジグザグとデモ行進をする／ミシンで布の端をジグザグに縫う。

補 英語の「zigzag」が語源。

丸い・丸み

ころころ［〜（と）・〜の・〜だ・〜する］

小さくて丸々しているようす。

例 コロコロした柿の実がたくさん生《な》っている／ヤギのうんちはコロコロしている。

盛り上がる

こんもり［〜（と）・〜する］

ひとかたまりに丸く盛り上がっているようす。

例 器に料理をこんもりと盛る／こんもりした丘に登って町を見おろす／その神社はこんもりした森に囲まれている。

補 木々が生い茂っている森の形容にも用いる。

もこもこ［〜（と）・〜する］

かたまりがいくつも丸みを帯びて盛り上がっているようす。

例 空に入道雲がモコモコ湧き上がっている／モグラが掘ったトンネルの上は土がモコモコしている。

類 「**もっこり**」はかたまりが一つ丸みを帯びて盛り上がっているようす。「**もこっ**」は瞬間をとらえた表現。

質感・感触

厚い

ぼってり［〜と・〜する］

物が厚くて重みのあるようす。

㊎ボッテリした絞りの着物／茶碗は磁器よりも手に持つとボッテリとした感じの陶器が好きだ。

ぼてぼて［〜の・〜と・〜する］

物がいかにも厚ぼったく重いようす。

㊎暖かくなってきたからボテボテのウールのコートはもういらない。

薄い

ぺらぺら［〜の・〜だ・〜する］

紙や布、板などが薄くて弱いようす。薄っぺらなようす。

㊎ペラペラの紙／ペラペラした安物の服／ペラペラのベニヤ板を張っただけの仕切りでは話し声は筒抜けだ。

類「**ぺらっぺら**」は強調表現。

粗い・なめらかでない

ざっくり［〜（と）・〜する］

繊維や毛糸の編地などが粗く大ざっぱなようす。

例 ザックリとした生地／太い毛糸でマフラーをザックリ編む。

補 粗雑さがある反面、大ざっぱなところに心地よさが感じられる。

ざらざら［〜（と）・〜の・〜だ・〜する］

触れたときの感触が粗く、なめらかでないようす。

例 紙は表面がザラザラのほうが裏だ／土壁は触るとザラザラする／廊下が砂ぼこりでザラザラだ。

補 触れたときに不快感を伴うことがある。

ざらり［〜と］

触れたときの感触が粗く、なめらかでないようす。

例 ザラリとした手触りの織物／廊下をはだしで歩くとザラリとして気持ちが悪かった。

類「**ざらっ**」は瞬間をとらえた表現。

補 触れたときに不快感を伴うことがある。

さっぱり

さらさら［〜（と）・〜の・〜だ・〜する］

湿気や粘り気がなく、さっぱりしているようす。また、そのような物に触れたときの心地よい感触。

例 サラサラの砂浜をはだしで歩く／粗塩をフライパンで軽く炒ってサラサラにする。

類「**さらさらっ**」「**さっらさら**」は強調表現。

さらり［〜と］

湿気や粘り気がなく、さっぱりしているようす。また、そのような物に触れたときの心地よい感触。

㊎綿ローンの服は肌にまとわりつかずサラリとしていて着心地がよい／ここの温泉の泉質はサラリとしている。

類「**さらっ**」は瞬間をとらえた表現。

なめらか

すべすべ［〜（と）・〜の・〜だ・〜する］

表面が滑るようになめらかでざらつきがないようす。

㊎絹物はスベスベで肌ざわりがよい／さるすべりの木の肌は名前の由来の通りスベスベしている。

補触れたときの心地よさが含まれる。

つるつる［〜（と）・〜の・〜だ・〜する］

凹凸がなく表面がなめらかなようす。また、なめらかで滑りやすいようす。

㊎紙はツルツルしたほうが表だ／ワックスをかけた廊下はツルツルしている／凍った路面はツルツルで滑りやすい。

類「**つるっつる**」は強調表現。

粘り気・粘着性

＊不快感がある

ぎとぎと［〜（と）・〜の・〜だ・〜する］

油脂分が粘りつくようす。脂ぎるようす。

㊉揚げ物をするとコンロの周りや壁が油でギトギトになる／油でギトギトのラーメン。

補食べ物が脂ぎっているようすにもいうが、快不快は伴わない。

どろり［〜と］

液体や液状の物の濃度が高く、粘り気が強いようす。

㊉田んぼはドロリとしていて歩く度に足を取られそうになる。

類「**どろっ**」は瞬間をとらえた表現。また、「**どろーり**」は強調表現。「**どろり**」は「**とろり**」に比べて重く濁った感じがある。

どろどろ［〜（と）・〜の・〜だ・〜する］

液体や液状の物の濃度が高く、粘り気が強くて流動的なようす。

㊉雨でぬかるんでドロドロの道／川底にドロドロのヘドロがたまっている／バナナをミキサーにかけてドロドロにする。

類「どろどろ」は「**とろとろ**」に比べて重く濁った感じがある。

補固形物が溶けて流動体や粘着状になるようすにもいう。食べ物については快不快を伴わない。また、体や物が泥だらけのようすにもいう。

にちゃにちゃ［〜（と）・〜だ・〜する］

物がひどく粘りつくようす。

㊉手についた機械油がニチャニチャして洗っ

てもなかなか取れない／この飴は食べると歯にニチャニチャとくっつく。

補 粘り気のある物をかんだり食べたりするようす・音にもいう。

ねちねち ［〜（と）・〜する］

粘り気のある物がしつこく粘りつくようす。

例 観光客が捨てたガムが石畳にネチネチとこびりついて取れない。

ねちゃねちゃ ［〜（と）・〜だ・〜する］

水分を含んで粘り気があるようす。また、粘り気のある物がしつこく粘りつくようす。

例 どろんこ道はネチャネチャしていて歩きづらい／里芋の煮っころがしは大好きだけれど食べたとき歯にネチャネチャくっつくのはいやだね。

ねとねと ［〜（と）・〜だ・〜する］

粘り気が強いようす。また、しつこく粘りつくようす。

例 飴が溶けてネトネトになる／シールをはがしたところがネトネトする。

ねばねば ［〜（と）・〜だ・〜する］

糸を引くような粘り気があるようす。

例 蜘蛛の巣はネバネバしていて、ひっかかった獲物を逃さない／壁紙をはがしたあと、手に接着剤がネバネバとくっついた。

補 通常、不快感があるが、納豆や山芋のように健康上よいものに対しては好ましいものとして不快感はない。

べたべた［〜（と）・〜だ・〜する］

粘り気が強いようす。また、ひどく粘りつくようす。

㊀飴が溶けてベタベタになる／梅雨時は廊下をはだしで歩くとベタベタして気持ちが悪い。

べったり［〜（と）］

粘り気のある物が隙間なくしっかり貼り付くようす。

㊀靴底にガムがベッタリくっついて取れない。

㊫「**べたり**」の強調表現。

ぺったり［〜（と）］

粘り気のある物が隙間なくしっかり貼り付くようす。

㊀シールは一回貼るとペッタリくっついてはがれない。

㊫「**ぺたり**」の強調表現。「**べったり**」より粘着の度合いが低い。

べっとり［〜（と）］

粘り気の強い物が一面にくっつくようす。

㊀自転車の修理をしていたら服に油がベットリついてしまった／ベットリと血のついた服。

べとべと［〜（と）・〜だ・〜する］

粘り気が強いようす。また、ひどく粘り付くようす。

(例)ソフトクリームが溶けて、持っていた手がベトベトになる／機械油で手がベトベトする／汗でシャツがベトベト貼り付いて気持ちが悪い。

(類)「**べとっ**」は瞬間をとらえた表現。

＊感触がよい

ねっとり［〜（と）・〜する］

粘り気が強いようす。

(例)ゴマをすり鉢でネットリするまで擂《す》る。

(類)「**ねとっ**」は瞬間をとらえた表現。

(補)「**ねとねと**」のようなしつこさはなく、よい感触にいうことが多く、快・不快は伴わない。食感についてもいう。

＊なめらかで粘り気がある

とろり［〜と］

液体や液状の物がなめらかで、軽く粘り気があるようす。

(例)煮汁に水で溶いた片栗粉を入れてトロリとさせる／この温泉はトロリとしていて肌にやさしくまとわりつく。

(類)「**とろっ**」は瞬間をとらえた表現。「**とろーり**」はいかにもなめらかで粘り気があるようすを強調していう。

(補)食感についてもいう。

とろとろ［〜の・〜だ・〜する］

液体や液状の物がなめらかで、軽く粘り気があるようす。

(例)半熟卵の黄身がトロトロだ／チョコレートを溶かしてトロトロにする。

類「**とろっとろ**」は強調表現。

補固形物が溶けて流動体や粘液状になるようすにもいう。食感についてもいう。

ぬめり

にゅるにゅる［〜（と）・〜だ・〜する］

表面にぬめりがあって滑るようす。

例田植えの体験学習で田んぼに入ったら、ニュルニュルしていて足を取られて転びそうになった／つかもうとするとドジョウはニュルニュル滑ってつかむのが難しい。

補不快感がある。

ぬめぬめ［〜（と）・〜する］

表面が粘液で濡れて、光沢があり、滑るようす。

例ヌメヌメしたナメクジは見ただけで気持ちが悪くなる／舌でなめ回した唇はヌメヌメと光っていた。

類「**ぬめぬめっ**」は強調表現。「**ぬめっ**」は瞬間をとらえた表現。

補不快感や無気味さがある。

ぬらぬら［〜（と）・〜だ・〜する］

表面にぬめりがあって滑るようす。

例苔《こけ》で川底がヌラヌラしている／ヌラヌラとしたヘビを見て身の毛がよだった。

類「**ぬらぬらっ**」は強調表現。「**ぬるぬる**」より不快感や無気味さが強い。

ぬるぬる ［〜（と）・〜だ・〜する］

表面にぬめりがあって滑るようす。

㊎ウナギはつかもうとしてもヌルヌルと滑って捕まえられない／手が油まみれでヌルヌルだ／風呂場のタイルがヌルヌルして気持ち悪い。

類 「**ぬるぬるっ**」は強調表現。「**ぬるっ**」は瞬間をとらえた表現。

補 不快感や無気味さがある。

張り

＊張りがある

ぱりっ ［〜と］

布や紙などにしわなどがなく張りのあるようす。

㊎パリッと糊の利いたシャツ／張り終えた障子紙に霧を吹きかけるとパリッとした。

ぴん ［〜と］

糸や布、ひもなどがまっすぐに伸びてたるみがなく、しっかり張っているようす。

㊎ロープをピンと張る／洗って糊付けしたシャツにアイロンをかけてピンとさせる。

類 「**ぴーん**」は強調表現。「**ぴんぴん**」は「ぴん」よりさらに強く張っているようすをいう。また、連続した動作をいい、「洗ったシャツをピンピンと伸ばしてから干す」のように用いる。

補 新しくて折り目やしわのない紙幣を「ぴん札」いう。

＊張りがない

くたくた［〜の・〜に・〜だ］

衣服や紙などが古くなって張りがないようす。

㊝クタクタのズボン／このＴシャツ、何年も着てクタクタだから処分しよう／ずいぶん昔に父からもらってクタクタになった手紙を今でも大事に取ってある。

よれよれ［〜の・〜だ］

衣服や布などが古くなって張りを失い、しわが寄ったり形がくずれたりしているようす。

㊝着古してヨレヨレのコート／このジーンズ、何年もはいてもうヨレヨレだ。

㊚見るからにみずぼらしい感じがある。

柔らかい

＊柔らかくて弾力がある

ふかふか［〜の・〜だ・〜する］

柔らかくて、ほどよい弾力があるようす。

㊝毛足の長いフカフカのじゅうたん／日に干したので布団がフカフカだ。

㊖「**ふっかふか**」は強調表現。

㊚肌に触れたときに柔らかく弾むところに心地よさがある。

ふわり［〜と］

柔らかくて、軽く弾力のあるようす。

㊝圧縮袋に入れた羽毛布団は袋を開けるとフワリともとに戻る。

補「**ふわっ**」は瞬間をとらえた表現。

ふわふわ［〜の・〜だ・〜する］

柔らかくて、ほどよい弾力のあるようす。

例フワフワの羽根枕／たんぽぽのフワフワした綿毛。

類「**ふわっふわ**」「**ふっわふわ**」は強調表現。「**ふかふか**」と同様に柔らかさと弾力があるが、「ふわふわ」はいかにも軽い感じが加わる。

もこもこ［〜の・〜だ・〜する］

柔らかくふくらんで、ほどよい弾力があるようす。

例息子はモコモコのクマのぬいぐるみが大のお気に入りだ。

類「**もこもこっ**」「**もっこもこ**」は強調表現。

もふもふ［〜（と）・〜の・〜する］

動物の毛やぬいぐるみなどがふんわりとした柔らかさと弾力があるようす。

例ヒヨコの毛は触るとモフモフしている／三歳の娘はモフモフしたぬいぐるみのイヌが大好きで片時も離さない。

補「**もこもこ**」と「**ふわふわ**」を合わせたような感触をいい、心地よさがある。

＊柔らかくて弾力がない

ふにゃふにゃ ［〜の・〜だ・〜する］

柔らかくて、弾力や張りがないようす。

例 空気が抜けてフニャフニャのボール／段ボールが雨に濡れてフニャフニャになる。

類 「**ふにゃっ**」は瞬間をとらえた表現。

ぶよぶよ ［〜の・〜だ・〜する］

水分などを含んで柔らかくなり、弾力や張りのないようす。

例 水に浸かってブヨブヨになった畳／ミカンが腐ってブヨブヨだ。

補 人については体が水太りの状態をいう。

物の動き・状態

開《あ》く

ぱかっ ［〜と］

閉じている物が一気に開くようす。

例 ゴミ箱のペダルを踏むと、ふたがパカッと開く／古くなった靴のつま先がパカッと開いてしまった／網焼きのハマグリがパカッと口を開けた。

ぱっくり ［〜（と）］

裂けめや割れめが大きく開くようす。

例 ひざがパックリ開いたジーンズをはく／パックリと開いた傷口。

補 通常、開いている状態をいう。

ぽっかり［〜（と）］

穴などが大きく開くようす。

例 道路が陥没してポッカリ穴が開いている。

補 通常、開いている状態をいう。

傷む

ぼろぼろ［〜の・〜だ］

使い古して破れたりちぎれたり、使い物にならないほどひどく傷んでいるようす。

例 ボロボロの服／はき古してボロボロになった靴／この辞書は何十年も使っていてもうボロボロだ。

浮く

＊空中や水面に

ぷかぷか［〜（と）］

空中や水面に軽い物が浮いて漂うようす。

例 青空にちぎれ雲がプカプカ浮かんでいる／池に捨てられた空き缶がプカプカと浮かんでいる／湖面に死んだ魚がプカプカ浮いていた。

補 複数にも単数にもいう。

ぷかり［〜と］

空中や水面に軽い物が一つ浮いているようす。

例 空に白い雲が一つプカリと浮かんでいる／釣り堀でプカリと浮いた浮きを眺めながらぼんやり過ごす。

類「**ぷかりぷかり**」は継続的に浮遊する状態をいう。「**ぷかっ**」は瞬間をとらえた表現。

ぽっかり［〜（と）］

空中や水面に物が一つ軽そうに浮いているようす。

例 飛行船がポッカリ浮かんでいる／冷たい井戸水に大きなスイカがポッカリと浮いている。

補「**ぷかり**」は物が浮かんでいる事実を客観的にとらえた表現であるのに対して、「ぽっかり」は浮かんでいる物を見たときの軽い衝撃や感慨が込められている。

＊空中に浮いて漂う

ふわふわ［〜（と）］

軽やかに空中に浮いて漂うようす。

例 たんぽぽの綿毛がフワフワと漂っている／白い雪虫がフワフワ舞い始めると雪の季節の到来だ。

ふわり［〜と］

軽やかに空中に浮くようす。

例 ヘリコプターはプロペラが全速力で回り出すとまもなく機体がフワリと浮いて飛び立った／うっかり手を離したら風船はフワリと飛んでいってしまった。

類「**ふわりふらり**」は継続的に浮遊するようすをいう。「**ふわっ**」は瞬間をとらえた表現。

「**ふわーり**」「**ふわーっ**」は軽やかさを強調した表現。
補 軽やかに着地したり舞い降りたりするようすにもいう。

落ちる

すとん［〜と］
物が一気にまっすぐ下に落ちるようす。
例 フォークボールは打者の手前でストンと落ちる／（ゴルフで）グリーンに落ちたボールがコロコロと転がっていき、そのままカップにストンと入った。

ぼとり［〜と］
小さな物が一つ重たげに落ちるようす・音。
例 熟れた梅の実がボトリと落ちた。
類 「**ぼとん**」は落ちた衝撃で跳ね返るようなようすや音をいう。「**ぼとっ**」は瞬間をとらえた表現。「**ぼとぼと**」は小さな物が連続して重たげに落ちるようすや音をいう。

ぽとり［〜と］
小さな物が一つ軽い感じで落ちるようす・音。
例 椿の花がポトリと落ちた／燃え尽きて線香花火の火玉がポトリと落ちた／どんぐりがポトリと地面に落ちた／ポストに手紙を投函するとポトリと音がした。
類 「**ぽとん**」は落ちた衝撃で跳ね返るようなようすや音をいう。「**ぽとっ**」は瞬間をとらえた表現。「**ぽとぽと**」は小さな物が連続して落ちるようすや音をいう。

類「**ぐにゃっ**」は瞬間をとらえた表現。

折れ曲がる

くにゃり［〜と］
細くて直線状の物が簡単に折れ曲がるようす。
例細い管に針金を通そうとしてもクニャリと曲がってしまう。
類「**くにゃっ**」は瞬間をとらえた表現。

ぐにゃり［〜と］
太くて直線状の物が簡単に折れ曲がるようす。
例猛暑で線路のレールがグニャリと曲がってしまった／水やりを忘れたらひまわりの花がグニャリと垂れてしまった。

回転する

きりきり［〜（と）］
ねじれながら勢いよく回転するようす。
例小型飛行機が空中でキリキリと回転しながら落下した。

くるくる［〜（と）］
軽快に連続して回転するようす。
例風車がクルクル回る／ベーゴマはクルクルと勢いよく回りながら相手のコマをはじき飛ばした。
類「**くるくるっ**」は勢いを付加した表現。「**く**

るり」は一回転するようすで、「**くるん**」は勢いをつけて一回転するようす、「**くるっ**」は瞬間をとらえた表現。

転がる

＊連続して

ころころ［～（と）］

小さい物や球状の物が連続して転がるようす・音。

例 蓮の葉にたまった露がコロコロと転がり落ちた／（ゴルフで）ボールがスロープをコロコロ転がっていき池に落ちた。

類 「**ころころっ**」は勢いを付加した表現。

ごろごろ［～（と）］

大きい物や重みのある物が連続して転がるようす・音。

例 大きな岩が山の急斜面をゴロゴロ転がり落ちてきた／箱を開けたら中からジャガイモがゴロゴロと転がり出た。

類 「**ごろごろっ**」は勢いを付加した表現。

＊一回

ころり［～（と）］

小さい物や球状の物が一回転がるようす。

例 抽選機を回すと金色の玉がコロリと転がり出た。

補 「**ころん**」は回転に勢いがある。「**ころっ**」は瞬間をとらえた表現。

ごろり［〜と］

大きい物や重みのある物が一回転がるようす。

㊀車は急カーブを曲がり切れずにゴロリと横転した。

類「**ごろん**」は回転に勢いがある。「**ごろっ**」は瞬間をとらえた表現。

壊れかかる

がたがた［〜の・〜だ・〜する］

長い間使用してきて、物が壊れかかっているようす。

㊀何年も乗ってガタガタの自転車／この家も古くなってあちこちガタガタだ／机の引き出しがガタガタして開けづらい。

補主に、建造物や家具、機械など、組み立てられた物が経年劣化で不具合が生じる状態にいう。

滑る

するする［〜（と）］

連続的にすばやくなめらかに滑ったり、移動したりするようす。

㊀芝居の幕がスルスルと揚がった／避難訓練で階上から縄ばしごがスルスル下りてきた。

類「**するするっ**」は勢いを付加した表現。

補物のほかに、「サルが木にスルスル登る」のように人や動物の動きにもいう。

垂れ下がる

だらり［〜と］

物が力なく垂れ下がるようす。また、長く垂れ下がるようす。

㊒風がないのでこいのぼりがダラリと垂れ下がっている／舞妓の帯は両端を長くダラリと垂らすように結ぶ。

類「**だらん**」「**だらーん**」は物がゆるんで垂れ下がっているようすをいう。

補舞妓の帯の結び方を「だらり結び」という。

ぶらり［〜と］

物が垂れ下がっているようす。

㊒居酒屋の店先に赤提灯がブラリとぶら下がっている／へちまの棚には大きなへちまがブラリと下がっている。

類「**ぶらん**」「**ぶらーん**」は垂れ下がって、軽く揺れるようすが含まれる。

たわむ

しなしな［〜（と）］

弾力があって、しなやかにたわむようす。

㊒竹竿がシナシナとたわむ／細い柳の枝は風が吹くたびシナシナとたわんで揺れた。

類「**しなしなっ**」は勢いを強調した表現。「**しなっ**」は瞬間をとらえた表現。

補「細くてシナシナした指」「金魚が水槽をシナシナ泳ぐ」のように体の動きにもいう。

へなへな［～（と）・～の・～だ・～する］
張りがなく、簡単に曲がったりたわんだりするようす。
㊒薄くてヘナヘナのベニヤ板／このほうきは先がヘナヘナしていて使い物にならない。
類「**へなへなっ**」は勢いを付加した表現。「**へなっ**」は瞬間をとらえた表現。

なよなよ［～（と）］
細長い物が弱々しくたわむようす。
㊒柳の枝が風に吹かれてナヨナヨと揺れている。

散る・舞う

はらはら［～（と）］

花びらや木の葉、小さな紙片などが次々に散り落ちるようす。

㊒満開の桜は風が吹くたびにハラハラと散った／紅葉がハラハラと散って、庭は秋から冬の装いに変わっていく。

類「**はらはらっ**」は勢いを付加した表現。「**はらり**」は花びらや葉などが一枚散るようす。「**はらっ**」は瞬間をとらえた表現。

補散っていくようすにはかなさがある。

＊ひるがえりながら

ひらひら［～（と）・～する］
花びらや木の葉、小さな紙片などがひるがえりながら散るようす。
㊒ヒラヒラと散る桜の花びらを手のひらに受

ける／くす玉が割れて色とりどりの小さな紙がヒラヒラと舞い散った。

類「**ひらひらっ**」は勢いを付加した表現。「**ひらり**」は花びらや葉などが一枚ひるがえりながら散るようす。「**ひらっ**」は瞬間をとらえた表現。

ちらちら［〜（と）・〜する］

花びらや小さな紙片などが空中をすばやく舞いながら散るようす。

例 公園の桜が満開を過ぎてチラチラと散っている／優勝パレードの列にビルの窓から紙吹雪がチラチラ舞った。

類「**ちらちらっ**」は勢いを付加した表現。「**ちらり**」は花びらや小さな紙片などが一枚空中を舞い散るようす。「**ちらっ**」は瞬間をとらえた表現。

つぶれる

くしゃっ［〜（と）］

軽い物や薄いものが簡単につぶれるようす・音。

例 椅子の上の帽子に気づかずに座ったらクシャッとつぶれてしまった／子どもが遊んでいた紙風船をうっかり踏んだらクシャッとつぶれた。

ぐしゃっ［〜と］

圧力が加わって一気につぶれるようす・音。

例 卵を落としたらグシャッとつぶれた／段ボ

ール箱を足で踏んでグシャッとつぶす。

補 卵の殻や熟れた果実・トマトなどの皮が破れて中身が飛び出すような状態にいうことが多い。

＊平らにつぶれる

ぺしゃん［〜と］

瞬間に平らな状態につぶれるようす。

例 自転車のタイヤの空気が抜けてペシャンとなった。

類 「**ぺちゃん**」はくだけた表現。「**ぺしゃんこ**」は押しつぶされて平らになった状態をいう。

飛び出す

びよーん［〜と］

弾むように勢いよく飛び出すようす。

例 びっくり箱を開けたら中からビヨーンとおばけが飛び出した。

ぽん［〜と］

勢いよく飛び出すようす。

例 トースターに入れたパンが焼き上がってポンと飛び出した／さやがはじけて豆がポンと飛び出した。

取れる・外れる

ぱかっ［～と］

はまったり取り付けられていたものが簡単に取れたり外れたりするようす。

㊑古いたんすの取っ手を引っ張ったらパカッと取れてしまった／この掃除機の集塵部分はパカッと外せて水洗いできる。

濡れる

＊ひどく濡れる

ぐしょぐしょ［～の・～だ］

形がくずれるほどひどく濡れているようす。

㊑涙でグショグショのハンカチ。

類「ぐじょぐじょ」「ぐちょぐちょ」は「ぐしょぐしょ」より程度がひどく、不快感が強い。

補雨で全身濡れることや、道がひどくぬかるんでいるようすなどにもいう。

ぐっしょり［～（と）・～だ］

大量の水分を含んでひどく濡れているようす。

㊑朝露で草の葉がグッショリ濡れている／ひどい雨で下着までグッショリ濡れてしまった。

補ひどく汗をかくようすにもいう。

びしょびしょ［～の・～だ］

大量の水分を含んでひどく濡れているようす。

㊑子どもたちが使ったあとのバスマットはビショビショだ。

類「びっしょびしょ」は強調表現。

補雨で全身濡れるようすにもいう。

びっしょり［〜（と）・〜だ］

大量の水分を含んでひどく濡れているようす。

㊀突然の夕立にあって服がビッショリ濡れてしまった。

補ひどく汗をかくようすにもいう。

びちょびちょ［〜の・〜だ］

大量の水分を含んでひどく濡れているようす。

㊀子どもたちが水のかけっこをして、みんな服がビチョビチョだ／雨が吹き込んで廊下がビチョビチョだ。

類「**びっちょびちょ**」は強調表現。

補くだけた表現。

伸びる

にょきっ［〜と］

細長い物が突き上げるように勢いよく伸びたり、出現したりするようす。

㊀春になってつくしがニョキッと顔を出した／カタツムリがニョキッと角を出す。

にょきにょき［〜（と）］

細長い物が次々に勢いよく突き上げるように伸びたり、出現したりするようす。

㊀雨のあと、竹林のあちこちにタケノコがニョキニョキ出てきた／湾岸エリアには高層マンションがニョキニョキ建っている。

補高層建築物などが地面から突き出るように建っているようすにもいう。

跳ねあがる

ぴん［〜と］

勢いよく跳ねあがるようす。

例 寝癖でピンと跳ねあがった髪をくしでなでつける。

類「**ぴーん**」は強調表現。

ひるがえる

ひらひら［〜（と）・〜する］

薄くて軽い物がひるがえるようす。

例 洗濯物が風に吹かれてヒラヒラしている／闘牛士が赤いマントをヒラヒラさせるとウシが猛突進してきた。

へこむ

へこへこ［〜（と）・〜の・〜だ・〜する］

薄い板状の物が押されてへこんだり戻ったりするようす・音。

例 古い床板を踏むとヘコヘコする。

ぺこぺこ［〜（と）・〜の・〜だ・〜する］

薄い板状の物や薄くて変形しやすい物がへこんだり戻ったりするようす・音。また、表面がへこんだり、出っぱったりしているようす。

例 このピンポン玉はペコペコへこんで使えな

いよ／使い古したアルミのやかんはあちこちがペコペコだ。

㊮「**べこべこ**」は「ぺこぺこ」より厚めの物のようすをいい、低くて鈍い音がする。

ぺこん［〜と］

薄い板状の物や薄くて変形しやすい物が押されて瞬時にへこむようす・音。

㊡アルミ缶をぎゅっと握るとペコンとへこんだ。

㊮「**べこん**」は「ぺこん」より厚めの物のようすをいい、鈍い音がする。

ふくらむ

ぷーっ［〜と］

物が勢いよくふくらむようす。

㊡風船に思い切り息を吹き込むとプーッとふくらんだ／餅が焼けてきて、プーッとふくらみ始めた。

ぷくっ［〜と］

瞬間的にふくらむようす。

㊡餅が焼けてきて、真ん中が割れるとプクッとふくらんだ。

㊮「**ぷくーっ**」はゆっくり大きくふくらむようすをいう。

ふっくら［〜（と）・〜する］

柔らかくふくらむようす。

㊡ご飯がふっくらと炊き上がった／布団を干

したらふっくらした。

ふわり［〜と］

柔らかくふくらむようす。

(例)ホットケーキがフワリとふくらんでおいしそうに焼き上がった／髪をドライヤーでフワリとさせる。

(類)「**ふわっ**」は瞬間をとらえた表現。

ふんわり［〜（と）・〜する］

柔らかく軽そうにふくらむようす。

(例)卵白をしっかり泡立ててフンワリとしたメレンゲを作る。

(類)「**ふわり**」より「ふんわり」のほうが柔らかさや軽さが増す。「**ふうわり**」は古風で上品な表現。

揺れる・揺れ動く

ぐらぐら［〜（と）・〜する］

堅固な物が揺れ動いて安定しないようす。

(例)震度5の地震で家がグラグラ揺れた／この椅子は座ると脚がグラグラする。

(類)「**ぐらぐらっ**」は勢いを付加した表現。

ぐらっ［〜と］

重くてしっかりした造りの物が一瞬大きく揺

れ動くようす。

㊎食事の準備中に地震でグラッときたので急いで火の始末をした。

補「**ぐらり**」は一回大きく揺れ動いた状態をいい、「**ぐらりぐらり**」は続けて大きく揺れ動くようすをいう。

ぶらぶら［～（と）・～する］

つり下がったり垂れ下がったりしている物が連続して前後左右に揺れ動くようす。

㊎提灯が風にブラブラ揺れている。

類「**ぶらりぶらり**」「**ぶらんぶらん**」は一回ごとの揺れる動きを強調した表現。

ゆさゆさ［～（と）］

重量のある物が大きくゆっくり揺れ動くようす。

㊎台風で街路樹がユサユサ揺れた。

類「**ゆっさゆっさ**」は「**ゆさゆさ**」よりも動きがさらに大きくゆっくり揺れ動くようすをいう。

ゆらゆら［～（と）・～する］

つり下がったり垂れ下がったり、水に浮かんでいる物などが連続してゆっくり揺れ動いたりするようす。

㊎藤の花は風が吹くたびにユラユラ揺れている／小舟が波間にユラユラ揺れている／赤ちゃんをユラユラするベビーチェアに乗せてあやす。

類「**ゆらり**」は一回揺れ動くようす。「**ゆらっ**」は瞬間をとらえた表現。

現象

静電気

ぱちぱち［～（と）］

静電気が発生するときの音・ようす。

㊝ドアに触ったとたんパチパチと静電気が走った。

類「**ぱちぱちっ**」は勢いを付加した表現。

煙

もくもく［～（と）］

煙がかたまりになって次々に立ちのぼるようす。

㊝煙突から煙がモクモクと出ている／桜島の火口から噴煙がモクモクと上がっている。

炎・かげろう

ゆらゆら［～（と）］

炎が揺らめくようす。また、かげろうが炎のように立ちのぼるようす。

㊝ろうそくの炎がユラユラと揺れている／たいまつの炎が風でユラユラ揺らめいている／かげろうがユラユラと立ちのぼっている。

輝く・光る

きらきら［〜（と）・〜する］

またたくように連続して光り輝くようす。

㊞ドレスのスパンコールがキラキラ光っている／夕日を浴びて海面がキラキラと輝いている。

補 物そのものが光り輝くほか、物や水面などに光が当たって反射して輝く場合にもいう。また、夜空の星や瞳の輝きなどにもいう。

てかてか［〜（と）・〜だ・〜する］

物の表面が光沢を帯びて光るようす。

㊞はき古してズボンのひざがテカテカしている／父の髪はポマードでテカテカ光っている。

補 髪や肌などが光沢を帯びるようすにもいう。

ぴかぴか［〜（と）・〜だ］

物の表面が連続して光り輝くようす。また、光りが点滅するようす。

㊞窓ガラスをピカピカに磨く／夜道を歩くときは安全のためピカピカ光る反射バンドをつけるようにしている。

＊強烈に

ぎらぎら［〜（と）］

連続して強烈に光り輝くようす。

㊞タンカーから流れ出た油が海面にギラギラ光っている。

補 物そのものが光り輝くほか、物や水面などに光が当たって反射して輝く場合をいう。どぎつさがあり、不快感を伴うことが多い。

＊一瞬

きらり［〜（と）］

一瞬光り輝くようす。

例 彼女の薬指にはめた婚約指輪のダイヤモンドがキラリと光った。

類「**きらっ**」は瞬間をとらえた表現。

補 宝石や金属などのほか、涙や瞳などが一瞬光るようすや、「彼にはキラリと光るものがある」のように比喩的に優れた才能が一瞬垣間見える場合などにも使われる。

ぎらり［〜（と）］

一瞬強烈に光るようす。

例 強盗にギラリと光るナイフを突きつけられて身動きできなかった／暗闇の中で獣の目がギラリと光った。

類「ぎらり」はどぎつさや不気味な感じがあり、「**きらり**」のような美しさはない。「**ぎらっ**」は瞬間をとらえた表現。

ちかっ［〜と］

瞬間的に鋭く目を刺激するように光るようす。

例 夜道でネコの目がチカッと光った。

ぴかっ［〜と］

瞬間的に鋭く光るようす。

例 稲妻がピカッと光った／写真撮影でストロボがピカッと光った瞬間目を閉じてしまった。

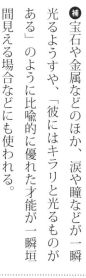

＊点滅

ちかちか［〜（と）・〜する］

小さな光がすばやく点滅するようす。

㊀道路脇に止めた事故車のハザードランプがチカチカと点滅している／蛍光灯がチカチカしているから取り替えよう。

ちらちら［〜（と）・〜する］

小さな光がかすかに点滅するようす。また、小刻みに揺れるようす。

㊀沖合にイカ釣り船の漁火《いさりび》がチラチラしている／ろうそくの火がチラチラ揺れている。

ぱっぱっ［〜と］

光が瞬間的に連続して点滅するようす。

㊀信号の赤がパッパッと点滅し始めたので急いで横断歩道を渡った。

燃える

＊勢いよく

かっか［〜と］

火が勢いよく燃えるようす。また、炭火などが勢いよく燃え盛るようす。

㊀キャンプファイアの火がカッカと燃え上がる／カッカと燃え盛る炭火で肉を焼く。

かんかん［〜（と）・〜に］

炭火などが継続して勢いよく燃え盛っているようす。

㊀火鉢の炭火がカンカンに燃え盛っている。

ぱっぱ［〜と］

火が勢いよく燃えるようす。火力が強いようす。

㊀火事でパッパと燃え盛る火に放水する。

補米を炊くときの強火にいう。⬇ちょろちょろ

ぼーぼー［〜（と）］

大きな炎が激しく燃え盛るようす・音。

㊀山焼きで枯草に火をつけると瞬く間にボーボーと燃え広がった。

めらめら［〜（と）］

炎が揺らめきながら勢いよく燃え上がるようす。

㊀火がカーテンに移り、メラメラと燃え上がった。

補「嫉妬の炎がメラメラと燃え上がる」のように感情が激しく湧き起こるたとえにも用いられる。

*弱く

ちょろちょろ［〜（と）］

小さな炎を上げて燃えるようす。

㊀暖炉の火がチョロチョロ燃えている／始めチョロチョロ中ぱっぱ赤子泣くともふた取るな（かまどで薪を使って米を炊くときのやり方で、最初は弱火で、中ごろは強火にして、あとは何があってもふたを取るなということ）。

補小さな炎で火力が弱いことから、弱火のことを「ちょろちょろ火」という。

とろとろ［〜（と）・〜の・〜だ］

火の勢いが非常に弱く、静かに燃えるようす。

㊀ろうそくの火がトロトロ燃える／トロトロの弱火で豆を煮る。

補 煮炊きするときのごく弱い火を「とろ火」という。

＊小さく

ちろちろ［〜（と）］

小さい炎が揺らめきながら燃えるようす。

例 いろりの火がチロチロと燃えている。

＊はじけるように勢いよく

ぱちぱち［〜（と）］

はじけるように勢いよく燃えるようす・音。

例 枯れ枝がパチパチ音を立てて燃えた／線香花火がパチパチと火花を散らした。

補 火花が散るようす・音にもいう。

＊くすぶる

ぶすぶす［〜（と）］

炎を上げずに煙を出してくすぶるようす・音。

例 かまどに入れた薪が生乾きだったのでブスブスくすぶっている／火事現場は鎮火してもしばらくはブスブスくすぶっていた。

よどむ

どろん［〜と］

濃い液体や空気などが動かずによどんでいるようす。

㊀鉛色をした沼はドロンとよどんでいた／工場内は換気が悪く空気がドロンとよどんでいた／部屋にはドロンとした重苦しい空気が漂っていた。

類「**とろん**」は「どろん」より程度が軽い状態をいう。

補雰囲気が重苦しい場合などにもいう。

どんより 〔～（と）〕

空気や水などが濁ってよどんでいるようす。

㊀大雨のあとしばらくは川の水はドンヨリと濁っていた。

七

天候・気象／乾湿・寒暖

天候・気象

晴れる

からり［〜と］
空気が乾いてさわやかに晴れ渡るようす。
(例)昨日までの雨がうそのように今朝はカラリと晴れあがった。
(類)「**からっ**」は「からり」よりも瞬間的で、さわやかさが強調される。

すかっ［〜と］
雲一つなくさわやかに晴れ渡るようす。
(例)スカッと晴れた秋空のもとで運動会がにぎやかに行われている。
(補)晴れることによる爽快感が含まれる。

曇る

どんより［〜（と）・〜する］
空が曇って薄暗いようす。
(例)ドンヨリ曇った日が続く／ドンヨリしていて今にも雨が降り出しそうな空模様だ。
(補)気分までも暗くて重苦しくなるような心模様も投影されている。

雨

＊**激しく降る・大雨**

ざーっ［〜と］

雨が瞬間的に激しく降るようす・音。

㊀夕立がザーッと降ってきた。

ざーざー［〜（と）］

雨が激しく降りしきるようす・音。

㊀朝から雨がザーザー降っている。

補このような降り方を「ざーざー降り」「ざざ降り」という。

ざんざ［〜（と）］

雨が激しく降りしきるようす・音。

㊀雨がザンザと降り続けて止む気配がない。

類「**ざんざん**」ともいう。

補やや古風な言い方。このような降り方を「ざんざ降り」「ざんざん降り」という。

どしゃどしゃ［〜（と）］

大量の雨がたたきつけるように激しく降るようす・音。

㊀雨がドシャドシャ降って道路が瞬く間に一面水浸しになった。

補このように降る雨や降り方を「どしゃ降り」という。「どしゃ」は当て字で「土砂」と書く。

＊静かに降る・小雨

しとしと［〜（と）］

細かい雨が静かに降り続くようす。

㊀春雨がしとしと降っている。

補しとしと降る雨を「しとしと雨」という。

しょぼしょぼ［〜（と）］

小雨が陰気に降り続くようす。
㋎昼ごろから雨がショボショボと降り始めた。
補小雨がしょぼしょぼと降る意で「しょぼつく」という。また、「しょぼしょぼ」は古くは「**そぼそぼ**」といい、現在は「そぼ降る」の形で、しめやかに降る、しとしとと降る意で用いられる。

*まばらに・断続的に

ぱらぱら〔～（と）〕
雨粒がまばらに降るようす・音。
㋎急に空が曇ったかと思うと大粒の雨がパラパラと降ってきた。

ぽつぽつ〔～（と）〕
雨粒が断続的に一粒ずつ落ちてくるようす・音。
㋎朝から曇り空で昼ごろには雨がポツポツと降り始めた。
類「**ぽつりぽつり**」は「ぽつぽつ」より雨粒が落ちてくる間隔が長く、速度もゆっくりしている。

*一滴

ぽつり〔～（と）〕
雨粒が一滴落ちるようす・音。
㋎大粒の雨がポツリと顔に当たったかと思うとザーッと夕立がきた。
類「**ぽつん**」は落ちた勢いで跳ねかえるような感じ。「**ぽつっ**」は瞬間をとらえた表現。

ひょう・あられ

ばらばら［〜（と）］

ひょうやあられが続けざまに勢いよく降るようす・音。

㊎大粒のひょうがバラバラと激しく降って農作物に被害が出た。

補「ひょう」は主に積乱雲から雷雨に伴って降る氷塊で、豆粒大からこぶし大のものまであり、夏の現象。「あられ」は空中の水蒸気が氷結して直径二ミリから五ミリ程度の白い粒となって降ってくるもので、冬の現象。

ぱらぱら［〜（と）］

ひょうやあられがまばらに降るようす・音。

㊎今日は冷えるなと思っていたらあられがパラパラと降ってきた。

雪

＊大雪

どかっ［〜と］

雪が大量にまとまって降るようす。

㊎昨夜ドカッと降った雪で車が埋もれてしまった。

補わずかの間にどかっと降り積もる雪を「どか雪」という。

＊小雪

ちらちら［〜（と）・〜する］

小さな雪片が空中をひるがえりながら降るよ

うす。

㊀小雪がチラチラ舞っている。

補ちらちらする意の動詞は「ちらつく」で、「小雪がちらつく」のように用いる。

＊降りしきる

こんこん［〜（と）］

雪がしきりに降り積もるようす。

㊀雪は一晩中コンコンと降り続いた。

補一説に、「こんこん」は「来む来む」で、もっと降れの意とされる。唱歌「雪」（作詞・不詳）では「雪やこんこあられやこんこ」と歌われる。

しんしん［〜と］

雪が静かに音もなく降るようす。

㊀雪がシンシンと降りしきる。

補雪ですべての音が消されてしまったような静寂感がある。漢語で、「深深」「沈沈」と書く。

＊雪質

さらさら［〜の・〜だ・〜する］

水分が少なく、粉末状になっているようす。

㊀サラサラの粉雪が舞っている／このゲレンデの雪はサラサラしていて滑りやすい。

補握っても固まらず、衣服や物に付着しても払えば落ちる程度で、あまり積もらない。

ざらざら［〜の・〜だ・〜する］

水分が多く、氷粒状になっているようす。

㊀昨夜降り積もった雪は表面が少しザラザラ

している。

補 積もった雪が夜間に冷えて固まり、日中気温の上昇で溶けるのを繰り返すとざらめ糖のようにざらざらになることから、このような雪を「ざらめ雪」という。また、水分が多くてべたっとしている雪を「べた雪」、水分が多くて重い感じでぼたっと降る雪を「ぼた雪」といい、ぼたんの花びらのように降ることから「ぼたん雪」ともいう。

風・嵐

＊強風

ごーごー［～（と）］

強風や嵐が激しく大きな音を立てて吹き続けるようす。また、その音。

例 一晩中嵐がゴーゴーと吹き荒れた。

ひゅーひゅー［～（と）］

風が笛を高く吹き鳴らしたような音を立てて、強く激しく吹き続けるようす・音。

例 木枯らしがヒューヒューと吹いて寒い一日だった。

類 「**ひゅー（っ）**」は一瞬をとらえた表現。

びゅーびゅー［～（と）］

風が高くて重量感がある音を立てて、強く激しく吹き続けるようす・音。

例 台風が上陸して風がビュービューと吹きつけてきて立っていられないほどだった。

類 「**びゅーっ**」は瞬間をとらえた表現。「**び**

ゅんびゅん」は「びゅーびゅー」より勢いや速さがより強く感じられるようすをいう。

ぴゅーぴゅー［〜（と）］

風が甲高い音を立てて、強く激しく吹き続けるようす・音。

㋑北風がピューピュー吹く。

㊪「**ぴゅーっ**」は一瞬をとらえた表現。

㊬風の勢いや強さは「**ひゅーひゅー**」「ぴゅーぴゅー」「**びゅーびゅー**」の順で増す。

ひゅるる［〜（と）］

風が笛を高く吹き鳴らしたような音を立てて、ひと渡り吹くようす・音。

㋑北風がヒュルルと吹くと冬の到来を実感する。

㊪「**ひゅるるん**」ともいう。「**ひゅるるひゅるるーひゅるるー**」は連続して吹くようす・音を表し、もの哀しさを感じさせる。

＊弱い風

さっ［〜と］

微風が一瞬吹くようす。

㋑涼しい風がサッと頬をなでていった。

㊪「**さーっ**」は瞬間的に吹き抜けるようすをいう。

さわさわ［〜（と）］

弱い風が軽い音を立てて吹くようす・音。

㋑高原を柔らかい風がサワサワと吹き渡った。

そよ［〜と］

風がかすかに吹くようす。

例 今日は蒸し暑い上に、風がそよとも吹かない。

補 通常、否定表現で「そよともしない［吹かない］」の形で、まったく吹かないようすをいう。

そよそよ［〜（と）］

風がやさしく静かに吹くようす。

例 春風がそよそよと吹いて気持ちがいい。

補 心地よく感じる風で、そよそよと吹く風を「そよ風」という。

雲

ぽっかり［〜（と）］

雲が空中に軽やかに浮かんでいるようす。

例 空に白い雲がポッカリと浮かんでいる。

むくむく［〜（と）］

雲が重なり合って大きく湧き上がるようす。

例 入道雲がムクムクと湧き上がる。

もくもく［〜（と）］

雲が勢いよく湧き起こるようす。

例 山頂に黒い雲がモクモク湧いてきたかと思うと雨が降り出した。

雷

＊雷鳴

ごろごろ ［〜（と）］

雷が続けて鳴る音。

例 さっきから雷がゴロゴロ鳴っているから雨が降り出さないうちに帰ろう。

類 「**ごろごろっ**」は瞬間的に勢いよく続けて鳴る音。

補 幼児語で雷のことを「ごろごろ様」という。

＊落雷

ばりばりっ ［〜（と）］

雷が放電により地上の物に落ちるときの大きな音・ようす。

例 バリバリッとすさまじい音がして立ち木に雷が落ちた。

＊閃光

ぴかっ ［〜と］

雷が一瞬鋭く光るようす。閃光が走るようす。

例 ピカッと光ったかと思うと雷鳴がとどろいた。

類 「**ぴかり**」は一瞬光ってから消えるまでをとらえた表現。

日光・日差し

＊強烈

かっ 〔〜と〕
太陽が急激に強く照りつけるようす。
例 梅雨が明けて太陽がカッと照りつけると夏本番だ。

かんかん 〔〜（と）〕
太陽が強烈に照りつけるようす。
例 グランドには真夏の太陽がカンカンと照りつけていた。
補 このような状態を「かんかん照り」という。

ぎらぎら 〔〜（と）〕
太陽が強烈に光り輝くようす。
例 真夏の太陽がギラギラと照りつける。
補 唱歌「夕日」（作詞：葛原しげる）では「ぎんぎん」を加えて、「ぎんぎんぎらぎら夕日が沈むぎんぎんぎらぎら日が沈む」と空を真っ赤に染めて夕日が強烈に輝くようすを強調して歌っている。

じりじり 〔〜（と）〕
太陽が焼けつくように強烈に照りつけるようす。
例 真夏の太陽がジリジリと照りつけて砂浜は焼けるように熱い。
補 不快感を伴う表現。

＊穏やか

うらうら［〜と］

日差しが柔らかくのどかなようす。

㊞うらうらと照る春の日差しを浴びながら公園をのんびり散歩する。

補 多く春の日差しにいう。古くからあることばで、万葉集に「うらうらに照れる春日にひばりあがり心悲しもひとりし思へば」（大伴家持）と詠まれている。

うらら［〜の・〜に］

空が晴れて、日差しが明るくのどかなようす。

㊞「春のうららの隅田川、のぼりくだりの船人が」（唱歌「花」・作詞：武島羽衣）

類「うらら」より「**うらうら**」のほうがゆったりとしてのどかな感じがある。

補 多く春の日差しにいう。古くからあることばで、近年ではこうした春の陽気を「春うらら」という形で用いられることが多い。

＊輝く

さんさん［〜と］

日光がきらきらと輝くようす。

㊞サンサンと輝く太陽／陽光がサンサンと降り注ぐ海辺。

補 漢語で、「燦燦」と書く。

乾湿・寒暖

乾燥

からから［〜の・〜に・〜だ］

空気が乾ききっているようす。

㊀空気がカラカラに乾く冬は火事が起きやすい／このところカラカラの晴天続きで、花壇の水やりが欠かせない。

補晴天続きで空気が乾ききっている天候を「からから天気」という。

からっ［〜と］

湿気がなく、気持ちよく乾いているようす。

㊀空気がカラッとしているので洗濯物がよく乾く／ハワイは暑いけれどカラッとしているので過ごしやすい。

類「からっ」は瞬間をとらえた表現で、「**かラり**」は状態の説明に重きがある。

補物がよく乾いている状態にもいう。

湿気

＊湿気が多い

じっとり［〜（と）・〜する］

ひどく湿気を含むようす。

㊀日本の夏のジットリとした暑さは耐えがたい。

補不快感を伴う。

じとじと［〜（と）・〜する］

湿気を多く含んで体に粘りつくように感じられるようす。

㊥ジトジトと汗ばむ陽気／梅雨時は畳がジトジトして気持ちが悪い。

類「**じとっ**」は瞬間をとらえた表現。

補物が湿気を多く含むようすにもいう。不快感を伴う。

じめじめ［〜（と）・〜する］

湿気が非常に多いようす。

㊥梅雨時はジメジメしていてかびが生えやすい。

類「**じめっ**」は瞬間をとらえた表現。

補陰気で不快感を伴う。

＊適度な湿気

しっとり［〜（と）・〜する］

適度に湿気があるようす。

㊥雨上がりの森の中は空気がシットリしていて気持ちがいい。

暖かい

ぽかぽか［〜（と）・〜だ］

穏やかに暖かいようす。

㊥春になってポカポカと暖かい日が続くと、どこかへ遠出したくなる／このところのポカポカ陽気に誘われて梅が咲き始めた。

補心地よい暖かさで、冬や春先などの晴れて暖かい天候を「ぽかぽか陽気」という。また、気温のほかに、「日の当たる窓辺はぽかぽかと暖かい」のように室温など場所の温度についてもいう。

蒸し暑い

むしむし〔〜（と）・〜する〕

暑くて湿気が多いようす。蒸し暑いようす。

㊀今夜はムシムシして寝苦しい。

むわっ〔〜と〕

熱気と湿気が瞬間的に立ちのぼるようす。

㊀エアコンの効いたビルを出ると外はムワッと暑かった。

補 熱気と湿気、蒸し暑さを瞬間的に感じるようすにもいう。

寒い・冷える

しんしん〔〜と〕

寒さが身に深くしみとおるようす。

㊀今夜はシンシンと冷える。

補 漢語で、「深深」「沈沈」と書く。

八

音・音色／声

音・音色

【人が立てる音】

足音

*軽い・軽やか

さくさく〔～（と）〕

雪や霜柱、砂などを踏んで歩くときの軽やかな足音。

㊞新雪をサクサクと踏む／浜辺の砂をサクサク踏みながら散策を楽しむ。

とんとん（とん）〔～（と）〕

リズミカルで、軽やかな足音。

㊞トントントンと階段を駆け上る。

*重い

ざくざく〔～（と）〕

砂利の上や凍った雪の上などを踏んで歩くときの重く響く足音。

㊞参道の玉砂利をザクザク踏んで神殿に向かう。

㊮「**ざっくざっく**」はリズミカルにしっかり踏みしめるときの音。

*騒々しい

どかどか〔～（と）〕

騒々しく足を踏み鳴らして歩く音。

㊞警官数名が犯人のアジトにドカドカと踏み込んだ。

どたどた［〜（と）］
立て続けに立てる騒々しい足音。
㊄ドタドタと階段を駆け上る。

ばたばた［〜（と）］
騒々しく、あるいは忙しそうに歩いたり走ったりする音。
㊄子どもたちが廊下をバタバタ走り回る／階段をバタバタ駆け下りる。

履物の音

＊靴音

かつかつ［〜（と）］
靴底のかたい靴でかたい道路や床などを歩くときの鳴り響く音。
㊄男の人がカツカツと靴音を響かせて近づいて来た。
補 一定の速さとリズムで歩くようすにいう。漢語の「戛戛《かつかつ》」からで、かたい物がかたい物に打ち当たるときの音を表す。

かっかっ［〜（と）］
靴音が軽快に鳴り響く音。
㊄カッカッとハイヒールの音を響かせながら歩く。
補「かっかっ」は「**かつかつ**」より音が高く、足取りに軽快さと勢いがある。

＊下駄

からんころん［〜（と）］

下駄をはいて歩くときの高くて軽快に響く音。

㊀例 下駄をカランコロンと鳴らして温泉街を散歩する。

類 「**からころ**」は「からんころん」より音の響きが短い。

＊草履・スリッパなど

しゃらしゃら［〜（と）］

雪駄などをはいて歩くときの音。

例 相撲部屋の近くで、関取衆が雪駄をはいてシャラシャラと歩いているのを見かけた。

補 雪駄などのかかとの部分につけた裏鉄《うらがね》が歩くたびに立てる音をいう。

ぱたぱた［〜（と）］

スリッパや草履などをはいて、騒々しく歩く音。

例 子どもが大人のスリッパをはいて面白がってパタパタ歩く。

ひたひた［〜（と）］

草履などの履物の足裏が歩くたび地面に軽く当たって立てる音。

例 夜道で後ろから誰かがヒタヒタと近づいてくる足音が聞こえた。

補 怪しげな者が近づいてくるようなときに用いられ、不気味さを伴うことが多い。

手をたたく

＊勢いよく

ぱん［〜（と）］

勢いよく一回手をたたく音。

例 眠そうな顔をした息子の顔の前でパンと手をたたいて目を覚ましてやった／飛んできた蚊をパンと手で打った。

類 「ぱん」は平手でたたく音で、「**ぽん**」は閉じた手でたたく音を表す。

＊軽く

ぱんぱん［〜（と）］

続けて勢いよく手をたたく音。

例 パンパンと手をたたいて仲居を呼んだ／（遊んでいる子どもたちに）「パンパン、さあ勉強を始めますよ」

補 注意や行動を促すときなどに、人に向かって続けざまに手をたたく場合が多い。

ぽん［〜（と）］

軽く一回手をたたく音。

例 「そうか、わかった」と手のひらをこぶしでポンとたたいた。

ぽんぽん［〜（と）］

続けて軽く手をたたく音。

例 ポンポンと手をたたくと池の鯉が近寄ってきた。

＊手拍子

しゃんしゃん［〜（と）］

歌や踊り、応援などをするときの手拍子の音。また、物事が無事に決着したことを祝ってその場の全員が掛け声とともにそろって打つ手締めの音。

㊄酉の市で大きな熊手が売れるたびシャンシャンと威勢のよい手締めの音が響いた／「よーっ。シャンシャンシャン、シャンシャンシャン、シャンシャンシャン、シャン」（三本締めの音。ほかに、一本締めは「シャン」と一回打つ）。

補 質疑応答や議論などをすることなく、短時間でさっさと終わる株主総会を揶揄《やゆ》して「しゃんしゃん総会」という。

たたたん ［〜（と）］

手拍子や足拍子で調子を取る音。

㊄手拍子でタタタン、タタタン、タタタンタンと調子を取る。

補 声に出して言うこともある。

＊拍手・かしわ手

ぱちぱち ［〜（と）］

拍手をする音。

㊄紙芝居が終わると子どもたちはパチパチと拍手をした。

ぱんぱん ［〜（と）］

かしわ手を二回打つ音。

㊄神前でかしわ手をパンパンと打つ。

物をたたく

＊勢いよく

どん〔～（と）〕

勢いよく一回たたいたときの大きくて低い音。

㊀彼は机をドンとたたいて怒りをあらわにした。

どんどん〔～（と）〕

続けざまに勢いよくたたいたときの大きくて低い音・ようす。

㊀地震で閉じ込められた部屋のドアをドンドンたたいて助けを求めた。

ばしっ〔～（と）〕

勢いよく一回たたいたときの低くて濁った音。

㊀（剣道で）相手の面を竹刀でバシッと打つ。

㊮「**ぱしっ**」より音や衝撃が大きい。「**ばしばし**」は連続音。

ぱしっ〔～（と）〕

勢いよく一回たたいたときの高くて鋭い音。

㊀講談師は話が佳境に入ると張り扇で釈台をパシッとたたいた。

㊮「**ぱしぱし**」は連続音。

ばんばん〔～（と）〕

かたい物を連続して強くたたいたときの大きくて濁った音。

㊀答弁議員の失言に野党議員らは声を荒げ、机をバンバンたたいて抗議した。

㊮「**ばん**」は一回たたいたときの音。「**ばーん**」は「ばん」より動作が大きく、勢いがあって音が長く響く。

ぱんぱん [〜(と)]

手や道具で連続して勢いよくたたいたときの大きくて高い音。

㊐洗濯したシャツを手のひらでパンパンとたたいてしわを伸ばす/干しておいた布団を布団たたきでパンパンたたく/力士は回しをパンパンとたたいてから仕切りに入った。

㊫「**ぱん**」は一回たたくときの音。「**ぱーん**」は「ぱん」よりも長く響く音で、動作も大きい。

ぽんぽん [〜(と)]

物や体の一部などを続けてはずむように勢いよくたたく音。

㊐キセルで煙草盆をポンポンとたたく/父はたらふく食べて大きなお腹をポンポンとたたいてみせた。

㊫「**ぽん**」は一回たたく音。

*軽く

こんこん [〜(と)]

かたい物を続けざまに軽くたたく音。

㊐ドアをコンコンとノックする/骨董の壺を指でコンコンとたたいてひびを確かめる/ビールの栓を栓抜きでコンコンとたたいてから抜く。

㊫「**こつこつ**」は「こんこん」より音が低い。

とんとん [〜(と)]

物や体の一部などを続けざまに軽くたたく音。

㊐ドアをトントンとノックする/おばあさんの肩をトントンたたく。

類 物をたたく場合は、「**こんこん**」に比べて「とんとん」は材質がそれほど硬くなく、音は低く柔らかい。

うがい

がらがら 「〜（と）」

水などを口に含み、上を向いてのどをすすぐ音。

例 家に帰るとすぐに洗面所に行き、ガラガラとうがいをする。

補 騒々しくて大きな音を立てる。

くちゅくちゅ 「〜（と）・〜する」

水などを口に含み、口を閉じたまますばやく動かしてすすぐ音・ようす。

例 洗口液で口をクチュクチュする／（幼児に）「お口クチュクチュしてね」

補 軽くて高い音を立てる。

ぶくぶく 「〜（と）・〜する」

水などを口に含み、ふくらませた口の中ですばやく動かしてすすぐ音・ようす。

例 風邪予防にお茶でブクブクうがいをする／（幼児に）「さあ、お口ブクブクしましょう」

補 低くて濁った音を立てる。

キス

ちゅー 「〜（と）」

軽くキスをする音。
㊎子どものほっぺたにおやすみのチューをした。
補キスそのものにもいう。

ちゅっ［～（と）］
一瞬軽くキスをする音。
㊎赤ちゃんを抱き上げてほっぺたにチュッとした。
類「**ちゅっちゅっ**」は続けざまにキスをする音。
補キスそのものにもいう。

鼻を鳴らす

くすん［～（と）］
鼻をかすかに鳴らす音。
㊎彼女は鼻をクスンと鳴らして悲しそうにうつむいた。

くんくん［～（と）］
においを嗅ぐときに鼻を鳴らす音。
㊎バラの花に顔を近づけてクンクン嗅いでみる。
補イヌなどが甘えて鼻を鳴らす音やようすにもいう。

ふん［～（と）］
一回鼻で息をしたり、鼻を鳴らしたりする音・ようす。
㊎ティッシュを当ててフンと鼻をかむ／フンと鼻であしらわれる／彼女にフンとそっぽを

向かれた／彼はゴルフコンペの優勝トロフィーを見せて「フン、どんなもんだい」と自慢した。
補 自慢したり、息まいたり、ばかにした態度をとるときなどに鼻から出す音やそのようすにもいう。

ふんふん［〜（と）］
相手の話に気軽に相づちを打ったり、同意したりするときに鼻を鳴らして出す音・ようす。
例 「フンフン、なるほどね」／先輩はフンフンとうなずきながら、ぼくの話を聞いてくれた。

【動物が立てる音】

羽音

＊鳥

ばさばさ［〜（と）］
鳥が両翼を広げて上下に荒々しく動かす音。
例 ワシがバサバサと舞い降りる／春になって池のカモがいっせいにバサバサと飛び立った。
類 「**ばっさばっさ**」は特に大型の鳥が両翼を大きく広げ、荒々しく羽ばたく音にいう。

ばたばた［〜（と）］
鳥が両翼を広げて上下に騒々しく動かす音。
例 丹頂鶴《たんちょうづる》が雪原にバタバタと舞い降りた。

いう。

補 比較的大きな鳥についていう。

類 「**はたはた**」は静かに大きく羽ばたく音をいう。

＊昆虫

ぶーん [〜(と)]

蜂・蠅・蚊などの羽音。

例 蚊がブーンと飛んできたかと思う間もなく腕を刺されてしまった。

ぶんぶん [〜(と)]

蜂・蠅・蚊などが飛び回るときの羽音。

例 蜂が花の周りをブンブン飛んでいる/蠅がさっきからブンブン飛び回ってうるさい。

補 人に害を及ぼす蠅や蚊などの羽音には不快感がある。

足音

＊ウマ

かぽかぽ [〜(と)]

ウマが舗装路や石畳などの道を歩くときのひずめの音。

例 石畳の道をウマが観光客を乗せた馬車を引いてカポカポ歩いている。

類 「**かっぽかっぽ**」は一歩ずつゆっくり踏みしめて歩く音。

ぱかぱか [〜(と)]

ウマが歩いたり走ったりするときの軽快なひずめの音。

例 訓練中の競走馬が柵の中をパカパカ走って

いた。

類「**ぱかっぱかっ**」は「ぱかぱか」よりさらに軽快でリズミカルに歩いたり走ったりする音。

ぱっぱか［〜（と）］

ウマが軽やかに速く走るときのひずめの音。

例子ウマが元気にパッパカ走り回る。

ぽくぽく［〜（と）］

ウマが軽やかに歩くときのひずめの音。

例観光客を乗せた馬がポクポク歩いている。

補せかされるわけでもなく、一定の速度で歩き、ゆったりとしたのどかさがある。

ぽっくりぽっくり［〜（と）］

ウマがゆっくり歩くときのひづめの音。

例牧場でウマの親子が並んでポックリポックリ歩いている。

腹鼓

ぽんぽこ（ぽん）［〜（と）］

タヌキの腹鼓の音。

例タヌキがポンポコポンと腹鼓を打つ。

補大きなお腹をしたタヌキが腹鼓を打つ場面を想像したもので、童謡「証城寺の狸囃子《たぬきばやし》」（作詞：野口雨情）で「おい等《ら》の友達ァぽんぽこぽんのぽん」と歌われている。

【機器・装置】

エンジン

ぶるん［〜（と）］

エンジンのかかり始めの音。

例 バイクのアクセルを勢いよく踏むとブルンとエンジンがかかった。

類 「**ぶるんぶるん**」は起動したあとの連続音。

ぶんぶん［〜（と）］

エンジンが高速で回転する音。

例 レーシングカーがエンジンをブンブン吹かしてコースをぶっ飛ばす。

類 「**ぶーんぶーん**」は「**ぶんぶん**」より響きが大きく長く、けたたましさがある。

カメラのシャッター

かしゃっ［〜（と）］

シャッターを一回切る、低くて乾いた音。

例 まっ赤なバラにピントを合わせるとカシャッとシャッターを切った。

ぱちぱち［〜（と）］

シャッターを続けざまに切る音・ようす。また、写真を続けざまに何枚も撮るようす。

例 カメラマンたちは話題の人物が姿を現すとパチパチとシャッターを切った／父親は子どもの運動会の写真をパチパチ撮りまくった。

ぱちり［〜（と）］

シャッターを一回切る音。また、写真を一枚撮るようす。

㊅ チャンスを逃さずパチリとシャッターを切る／娘の振袖姿をパチリとカメラにおさめた。

水車

こっとんこっとん ［〜（と）］

羽根車がリズミカルに連続して回る音。

㊅ 米を精米するために水車がコットンコットン回っている。

類 「**ことことこっとん**」「**かたことこっとん**」「**かったんこっとん**」

スイッチ

ぱちん ［〜（と）］

スイッチを一度入れたり切ったりする音・ようす。

㊅ 電気のスイッチをパチンと入れる。

類 「**ぱちっ**」は瞬間をとらえた表現。

ぱちぱち ［〜（と）］

スイッチを何度も入れたり切ったりする音・ようす。

㊅ 部屋の電気がつかないのでスイッチをパチパチさせ

た。

ぽん〔～(と)〕

スイッチを一回軽く押す音・ようす。

㊎炊飯器のスイッチをポンと押す。

ぜんまい

じりじり〔～(と)〕

ぜんまいを連続して巻くときの低くこすれたような音。

㊎目覚まし時計のぜんまいをジリジリと巻く。

テレビ・ラジオ・通信機器などの雑音

がーがー〔～(と)〕

スピーカーや無線機器などの雑音。

㊎受信状況が悪くてトランシーバーがガーガーいう。

ざーざー〔～(と)〕

テレビやラジオなどの音声が出力できないときの雑音。

㊎テレビは画像が映らず、ザーザー雑音がするだけだ。

電子音・機械音

*警報音

ぴーぴー［〜（と）］

連続的に鳴る笛のような高い警報音。

㊎手荷物検査でひっかかってピーピー鳴る／冷蔵庫のドアを開け放しにするとピーピー鳴る／車をバックさせるときにピーピーと音がする。

*電子レンジ

ちん［〜（と）］

電子レンジの調理終了の合図の音。

㊎チンと鳴ったら料理を取り出す。

補電子レンジで加熱したり調理したりすることを「チンする」という。→(五)［料理］（電子レンジで調理）270頁

固定電話

*呼び出し音

ぷるるるる［〜（と）］

固定電話が続けて鳴る呼び出し音。

㊎家に帰ったとたん、電話が「プルルルル」と鳴ったので急いで出た。

りーんりーん［〜（と）］

旧式の固定電話が続けて鳴る呼び出し音。

㊎さっきから「リーンリーン」と電話が鳴っているのに留守なのか誰も出ない。

類「りーんりーん」より音が短く「**りんりん**」と聞きなすこともある。

＊受話器を置く音

がちゃり［〜（と）］

通話を終えて受話器を置く音。

例話を終えると電話をガチャリと置いた。

類「**がちゃっ**」は瞬間をとらえた表現で、勢いがある。

がちゃん［〜（と）］

通話を終えて受話器を乱暴に置く音。

例電話の相手は怒ってガチャンと電話を切った。

＊通話中・切断

つーつー［〜（と）］

電話の話中を伝えたり，通話が切れたりしたときの信号音。

例何度かけても「ツーツー」という音がして相手が出ない。

時計

かちかち［〜（と）］

時計の秒針が動くときの音。

例時計のカチカチいう音が気になって眠れない。

こちこち［〜（と）］

時計やストップウォッチなどの秒針が動くと

きの音。

㊞例 時計がコチコチと時を刻む／時限爆弾のタイマーがコチコチと秒数を刻む。

類 「**かちかち**」は秒針の音に重点をおいて用いられることが多いのに対して、「こちこち」は規則正しい音と同時に一刻一刻をとらえた表現で、時間的・心理的に緊迫した場面などに用いられることがある。

チクタク ［〜（と）］

時計が規則正しく時を刻む音。

例 夜中に目を覚ますと時計のチクタクという音だけが聞こえてきた。

類 「**チックタック**」は強調表現。

補 本来、振り子時計の振り子が左右に揺れる音を表すが、ぜんまい時計の秒針の音を表すこともある。英語の ticktack から。

ぼーん ［〜（と）］

振り子時計が時報を知らせて一回鳴る音。

例 柱時計がボーンと鳴って一時を知らせた。

類 「ぼーん」は鳴り響く音を表し、「**ぼん**」は短く鳴る音を表す。

補 二時なら「ぼーんぼーん」「ぼんぼん」のように、時刻の回数だけ鳴る。このように時を知らせる振り子時計を「ぼんぼん時計」という。

パソコン

かちゃかちゃ ［〜（と）］

キーボードを打つ音・ようす。

㊙事務所のあちこちでキーボードをカチャカチャ打つ音が聞こえる。

ブレーキ

きーっ〔～（と）〕

車や自転車などが急ブレーキをかけたときの音。

㊙車の前にいきなり人が飛び出してきたのでキーッと急ブレーキをかけた。

類「**ききーっ**」は続けざまにブレーキをかけたときの音。

【道具・器具・建具・作業】

うちわ・扇子

ばたばた〔～（と）〕

うちわや扇子でせわしなくあおぐ音・ようす。

㊙うちわでバタバタあおぎながら焼き鳥を焼く。

補動作が大きくて荒く、音も大きく騒々しさがある。

ぱたぱた〔～（と）〕

うちわや扇子ですばやくあおぐ音・ようす。

㊙彼女は急いで来て汗ばんだ顔を扇子でパタパタあおいだ。

補動作は小さく軽い感じで、音も小さい。

鍵

かちゃっ［〜（と）］

小さな錠前などの鍵をかけたり開けたりするときの軽い音。

例ドアにカチャッと鍵をかける。

類「かちゃっ」は瞬間をとらえた表現で、「**かちゃり**」は動作が完了する意を含む。

がちゃっ［〜（と）］

頑丈な錠前などの鍵をかけたり開けたりするときの重量感のある音。

例倉庫の錠前を鍵でガチャッと開ける。

類「がちゃっ」は瞬間をとらえた表現で、「**がちゃり**」は動作が完了する意を含む。

金づち・木づち

とん［〜（と）］

金づちや木づちで一回たたく音。

例オークションで落札が決まると司会進行役の人は木づちをトンとたたいた。

とんとんとん［〜（と）］

金づちや木づちで物を続けざまに調子よくたたく音。

例大工は金づちで柱にトントントンと釘を打った。

類「**とんかんとんかん**」「**とんてんかん**」のようにも表現するが、「とん」は低い音、「てん」は中音、「かん」は高音。

補たたく音から「とんかち」は金づちの俗称。

口金・留め金

ぱちん［～（と）］

財布やバッグなどの口金を開閉する音。また、スナップなどの留め具をはめたりはずしたりする音。

㋑がま口をパチンと開ける／コンパクトをパチンと閉じる／スナップボタンをパチンとはめる。

類「**ぱちっ**」は瞬間をとらえた表現。

そろばん

ぱちぱち［～（と）］

そろばんを軽快にすばやくはじく音。

㋑そろばん塾で先生が数字を読み上げるといっせいにパチパチ音がした／昔はそろばんをパチパチはじいて商談したものだ。

はさみ・のこぎり

→(一)［動作・行為］（切る）31頁

旗・幕など

はたはた［～（と）］

風をはらんで立てる軽い音。

㋑のぼりが風に吹かれてハタハタ音を立てている／大漁旗をハタハタとはためかせながら

船が港に帰ってきた。

ばたばた〔～（と）〕

強風にあおられて立てる騒々しい音。

㊀店先に置いたバーゲンセールの旗が強風にあおられてバタバタ音を立てている。

機《はた》織り

とんとんからり〔～（と）〕

機を織るリズミカルで軽やかな音。

㊀機屋から「トントンカラリ、トンカラリ」と機を織る音が聞こえてくる。

類「**とんからり**」「**とんからん**」

補「とん」は横に通した糸をくし状の筬《おさ》で手前に引いて軽くたたき、引き締める音。「からり」「からん」は横糸の杼《ひ》を縦糸の間を左右にくぐらせるときに立てる音。

引き戸・扉・窓

＊開閉

がらがら〔～（と）〕

引き戸や窓を開けたり閉めたりするときの戸車の音。

㊀格子戸をガラガラ開けてお客が入ってきた／子どもが玄関の戸をガラッと開けて「ただいま」と叫んだ。

類「**がらり**」は一回開けたり閉めたりするときの音。「**がらっ**」は瞬間をとらえた表現。

＊閉める

ばたん〔～(と)〕

扉を勢いよく閉めるときの大きくて騒々しい音・ようす。

㊀弟は怒ったようにドアをバタンと閉めて出て行った。

ぱたん〔～(と)〕

扉を軽く閉めるときの音・ようす。

㊀息子は部屋のドアをパタンと閉めるとすぐにオンラインゲームを始めた。

㊫「**ばたん**」のような騒々しさはなく、軽やかな音。

ぴしゃり〔～(と)〕

戸や障子、窓を手荒く閉めるときの高くて響くような音・ようす。

㊀息子は帰ってくるなり部屋の戸をピシャリと閉めてとじこもってしまった。

㊫「**ぴしゃっ**」は瞬間をとらえた表現。

餅つき

ぺったんぺったん〔～(と)〕

杵《きね》を振り下ろして勢いよく続けざまに餅をつく音。

㊀お正月の餅をペッタンペッタンつく。

㊫「**ぺったん**」「**ぺったんこ**」は一回餅をつく音で、「ぺったんこ」はよいしょと力を込めて杵を振り下ろしたあとに小休止がある。

【回転】

からから［〜（と）］

かたい物が回ったり転がったりして鳴る連続音。また、滑車や風車などが軽快に回転して鳴る連続音。

例 ラムネの瓶のビー玉がカラカラと鳴る／鯉のぼりの矢車は風が吹くたびカラカラ回る。

がらがら［〜（と）］

回転式の物の中にかたい物を入れて繰り返し回すときの音。また、かたい車輪が回転するときの連続音。

例 抽選機をガラガラ回すと赤い玉がぽんと出た／荷車をガラガラと引く。

補 回転式抽選機はがらがら回して中の物がぽんと出ることから、「がらぽん」と呼ばれる。また、柄を持って振るとがらがら音がする乳児用の玩具を「がらがら」という。

【衝突】

＊勢いよく

がちゃん［〜（と）］

かたくて重い物どうしが勢いよくぶつかるときの大きくて濁った音・ようす。

例 ガチャンと音を立てて二つの車両が連結した／野球のボールが窓ガラスにガチャンと当たった。

類 「**がちん**」より「がちゃん」のほうが音は長く響いて余韻がある。

補 かたい物が何かに激しくぶつかったり落ち

たりして壊れる音・ようすにもいう。

がちん［〜（と）］

かたくて重い物や体格のがっしりした人どうしが勢いよくぶつかるときの大きく濁った音・ようす。

㊥シャベルで穴を掘っていたら石に当たってガチンと音がした／両力士が立ち合いでガチンとぶつかった。

㊫「**がちっ**」は瞬間をとらえた表現。

㊤大相撲で、思い切りぶつかり合う真剣勝負を「がちんこ」「がちんこ相撲」といい、そこから格闘技や勝負事で、真剣勝負のことを「がちんこ勝負」「がちんこ対決」のようにいうようになった。

がつん［〜（と）］

かたい物に勢いよくぶつかったときの大きく鈍い音・ようす。

㊥車にガツンと追突される／四つ角で出会い頭に二台の自転車がガツンとぶつかった。

㊫「**がつっ**」は瞬間をとらえた表現。「**がっつん**」は強調表現。

がん［〜（と）］

かたい物に勢いよくぶつかったときの大きくて濁った音・ようす。

㊥自動車がガードレールにガンとぶつかった／椅子にひざをガンとぶつけてしまった。

㊫瞬間的な「がん」に対して、「**がーん**」は音が長く響いて余韻がある。

ごつん［〜（と）］

かたい物に勢いよくぶつかったときの大きくて鈍い音・ようす。

例 柱にゴツンと頭をぶつける／鍾乳洞《しょうにゅうどう》の中を見学していて低い天井にゴツンと頭をぶつけた／よそ見をしながら歩いていて、ポストにゴツンとぶつかった。

類 「**ごっつん**」は強調表現で、さらに勢いが加わり、接尾語の「こ」を付けて「**ごっつんこ**」ともいう。

ごん［〜（と）］

かたい物に勢いよくぶつかったときの大きくて重い音・ようす。

例 よそ見をして歩いていて、電信柱にゴンと頭をぶつけてこぶができた。

類 瞬間的な「ごん」に対して、「**ごーん**」は音が長く響いて余韻がある。

どかん［〜（と）］

重量のある物が勢いよくぶつかったときの大きく高い音・ようす。

例 トラックと乗用車がドカンと正面衝突した。

類 「**どっかん**」は強調表現。「**どかーん**」は音が長く響き、「**どっかーん**」はその強調表現。

どしん［〜（と）］

人や物に勢いよくぶつかったときの大きくて低い音・ようす。

例 体の大きな相手にドシンと体当たりする／車をバックさせたら壁にドシンとぶつかってしまった。

類「**どっしん**」は強調表現。「**どっしーん**」はさらに誇張した表現。

どん［〜（と）］

人や物に勢いよくぶつかったときの大きく濁った音・ようす。

例乗用車にトラックがドンと追突した／すれ違いざまにドンとぶつかっておきながら相手は謝りもせずに行ってしまった。

類「どん」「**どかん**」ともにぶつかった瞬間の音だが、「どかん」のほうが派手な感じで勢いがある。「**どーん**」は「どん」より時間が長く、ぶつかったあとの余韻がある。

ばん［〜（と）］

人や物に勢いよくぶつかったときの大きくて濁った音・ようす。

例乗用車と軽トラックが出会い頭にバンとぶつかった。

類「**ばーん**」は衝突音が大きくて長く響く。

ぼん［〜（と）］

人や物に勢いよくぶつかったときの低くてにぶい音・ようす。

例バックしていた車が板塀にボンとぶつかった。

類「ぼん」は「**どん**」「**ばん**」に比べると勢いが弱い。

＊軽く

かちん［〜（と）］

ガラスや金属質の物どうしが軽くぶつかると

きの小さくて高い音・ようす。

(例)乾杯の音頭で周りの人とカチンとグラスを合わせせた。

かちゃん［〜（と）］

かたくて軽い物どうしがぶつかるときの小さくて高い音・ようす。

(例)シートベルトをカチャンとはめる／スプーンを皿にカチャンと置く。

(類)「**かちん**」より「かちゃん」のほうが音は長く響いて余韻がある。

こつん［〜（と）］

かたい物に軽くぶつかったときの小さくて響くような音・ようす。

(例)机の角にコツンとひざをぶつけてしまって痛かったことといったらなかった。

(類)「**こっつん**」は強調表現で、勢いが加わり、接尾語の「こ」をつけて「**こっつんこ**」ともいう。

ちゃりん［〜（と）］

金属性の物がかたい物にぶつかったり触れ合ったりして立てる高く響く音。

(例)財布から取り出そうとして百円玉がチャリンと落ちた／同時に振りおろした二人の刀がチャリンと音を立てた。

*連続して

かちゃかちゃ［〜（と）］

金属片・陶器・ガラスなどのかたくて薄い物が連続して軽くぶつかり合う小さく高い音。

例カチャカチャと音を立ててフォークとナイフを使うのはマナー違反だ。

がちゃがちゃ［〜（と）］

金属片・陶器・ガラスなどのかたい物どうしが連続してぶつかり合う大きくて騒々しい音。

例ケースに入ったビール瓶をガチャガチャさせて運ぶ／鍵束をガチャガチャさせながら玄関ドアの鍵を選んで鍵穴にさした。

じゃらじゃら［〜（と）］

硬貨や金属製の小さな物などが連続して触れ合って立てる大きくて騒々しい音。

例ポケットから小銭をジャラジャラ取り出す／パチンコ玉を弾くと大当たりして玉がジャラジャラ出てきた。

【振動】

かたかた［〜（と）］

かたい物が小刻みに揺れ動いて立てる小さな音・ようす。

例地震で飾り棚のこけしがカタカタ鳴った／せっけん箱を振ると中のせっけんがカタカタ音を立てた。

類「**かたかたっ**」は勢いを付加した表現。

かたん［〜（と）］

かたい物が一回軽く揺れ動いて立てる小さな音・ようす。

例電車が静かに入線してきて停止位置でカタンと止まった。

類「**かったん**」はゆっくり揺れ動く感じを表

す。「**かたっ**」は瞬間をとらえた表現。

がたがた［〜（と）］

かたい物が小刻みに揺れ動いて立てる騒々しい音・ようす。

例 大地震でたんすがガタガタ揺れた／でこぼこ道をトラックがガタガタ走る。

類「**がたがたっ**」は勢いを付加した表現。

がたん［〜（と）］

かたい物が激しく一回揺れ動いて立てる音・ようす。

例 電車がガタンと揺れて止まった。

類「**がったん**」はゆっくり揺れ動く感じを表す。「**がたっ**」は瞬間をとらえた表現。

【倒れる音】

＊勢いよく

どっ［〜（と）］

勢いよく一気に倒れるときの大きな音・ようす。

例 猟銃で撃たれたクマはドッと倒れた／根元に切り込みを入れ、巻きつけたロープで牽引すると大木はドーッと倒れた。

類「**どーっ**」は勢いを付加した表現。「**どたっ**」は「どっ」より勢いも音も鈍い感じ。

＊突然

ばたっ［〜（と）］

人や重量のある物が突然倒れるときの大きな音・ようす。

例 貧血を起こしてバタッと倒れる／大地震で本棚がバタッと倒れた。

類 「**ばたり**」はそれまで静止していた物が倒れるまでのようすを表現。「**ばたん**」は勢いよく倒れたあとに弾むような感じがある。「**ばったり**」は倒れ方がいかにも突然・唐突なようすをいう。

ぱたっ［〜（と）］

人や軽量な物などが突然倒れるときの軽い音・ようす。

例 突風が吹いて看板がパタッと倒れた。

類 「**ぱたり**」はそれまで静止していたものが突然倒れるまでのようすを表現。「**ぱたん**」は勢いよく倒れたあとに弾むような感じがある。「**ぱったり**」は倒れ方がいかにも突然・唐突なようすをいう。

＊次々に

ばたばた［〜（と）］

人や物が次々に倒れるときの騒々しい音・ようす。

例 熱射病で子どもたちがバタバタ倒れた／大型の台風で木がバタバタ倒れた。

類 「**ばたばたっ**」は勢いを付加した表現。「**ばったばった**」は誇張表現。

【鳴り響く音】

かーん［〜（と）］

高くて、長く響く音。

例 金属バットでカーンとホームランを打つ。

補 主に金属音やそれに似た音をいう。

かんかん［〜（と）］

連続的に高く鳴り響く音。

例 堅くて良質の炭はたたくとカンカンと音がする／踏切の警報機がカンカンと鳴り出して遮断機が下りた。

補 乾いた感じの音をいうことが多い。

がんがん［〜（と）］

大きな音でやかましく鳴り響く音。また、鉄製の物を連打する音。

例 息子の部屋からステレオをガンガンかける音が聞こえてくる／ドラム缶をガンガンたたく。

補 非常に騒がしい音で、聞く人に不快感を与えることが多い。

きんきん［〜（と）］

金属的でかん高く耳に鳴り響く音。

例 歯を削るかん高いドリルの音が耳にキンキン響く。

補 非常に高い音で、聞く人に不快感を与えることが多い。人のかん高い声にもいう。

ごーっ［〜（と）］

一瞬鳴り響く、大きくて低く、重々しい音。

例 新幹線が目の前

をゴーッと通過した／陶磁器を焼くかまどの火がゴーッと燃え盛った／大地震でゴーッと地鳴りがした。

㊮「**ごーごー**」は連続的に鳴り響く音。

㊋飛行機や列車、機械の爆音のほか、火や地鳴りなどの音にもいう。

びんびん［〜（と）］

高くて耳をつんざくように強く響く音・ようす。

㊪大砲の発砲音が耳にビンビン響く／大音量でかき鳴らすバンドの音がホール中にビンビン響いた。

＊反響

わーん［〜（と）］

物音や声が大きく反響するときの音・ようす。

㊪トンネルの中で声を出すとワーンと反響した。

㊮「**わんわん**」は連続して反響して広がる音やようすにいう。

㊋建物内やドーム型の建造物の中で起こることが多い。

【爆発・破裂】

爆発音

どかん［〜（と）］

爆弾や火薬などが爆発するときの耳をつんざくような大きな音。

㊪ダイナマイトを仕掛けてドカンと穴を開け

る／小包を開けたとたんドカンと爆発した。

類 「**どかーん**」は爆発音が長く響いている音。「**どっかん**」「**どっかーん**」は強調表現。

どん［〜（と）］

爆弾や火薬などが爆発するときの大きな音。

例 大砲をドンと撃ち込む／ドンと打ち上げ花火が揚がって、夜空に大輪の花が咲いた。

補 原子爆弾の俗称「ぴかどん」の「ぴか」は閃光《せんこう》、「どん」は爆発音。打ち上げ花火の火薬が破裂・燃焼するときの爆音にもいう。

破裂

ぱん［〜（と）］

風船や袋状の物などが破裂するときの乾いた高い音。

例 持っていた風船がパンと割れて子どもはびっくりして泣き出した／おしぼりの袋をたたいてパンと破る。

類 「**ぱーん**」は長く響く音にいう。

ばん［〜（と）］

風船や爆弾などが破裂するときの大きく重い音。

例 小包爆弾がバンと破裂した。

類 「**ばーん**」は音が長く響く。

ぽん［〜（と）］

勢いよくはじける音。

例 ホウセンカの実がポンとはじけて種が飛び

出した。

類「**ぽーん**」は音が長く響く。

補駄菓子の「ポン菓子」の「ポン」は、米などの穀物に圧力をかけたあとに一気に開放してふくらませたときに出る音から。「ポップコーン」の「ポップ(pop)」も英語ではじける音を表す擬音語。

【破損】

折れる

ぐきっ［~(と)］

かたくて棒状の物が瞬間的に折れたときの低く鈍い音。

例激しい衝突事故で車軸がグキッと折れた。

補骨折したときの音にもいう。

ぼきっ［~(と)］

細くてかたい物が瞬間的に折れるときの低く鈍い音・ようす。

例ボールを強打した瞬間、バットがボキッと折れた。

補「**ぼきん**」は折れたあとに余韻が残る。「**ぼっきり**」は強調表現。

ぽきっ［~(と)］

細くてかたい物が瞬間的に折れるときの高くて響くような音・ようす。

例ビーフジャーキーをかんだとたん前歯がポキッと折れた/垂れ下がったつららをポキッと折る。

(類)「**ぽきん**」は折れたあとに余韻が残る。「**ぽっきり**」は強調表現。

ぼきぼき［〜（と）］

細くてかたい物が連続して折れるときの低く鈍い音・ようす。

(例)枯れ枝をボキボキ折って炊きつけにする。

ぽきぽき［〜（と）］

細くてかたい物が連続して折れるときの高くて響くような音・ようす。

(例)スパゲティーをポキポキ折って鍋に入れる／男は指の関節をポキポキ鳴らすと戦う構えをみせた。

類「**ぽきぽきっ**」は勢いを付加した表現。

つぶす

ぷちっ［〜（と）］

小さな物を一つつぶす音・ようす。

(例)泡をつつくとプチッと音がしてつぶれた／にきびを指でプチッとつぶす。

ぷちぷち［〜（と）］

小さな物を続けてつぶす音・ようす。

(例)数の子をかむとプチプチ音がする／子どもたちが緩衝材《かんしょうざい》の気泡を親指でプチプチつぶして遊んでいる。

(補)「プチプチ」は気泡緩衝材の登録商標名。

破る・裂く

びりっ〔〜（と）〕

紙や布などの薄い物を一気に破ったり裂いたりする音・ようす。

㊎彼は書きかけた原稿をビリっと破ると丸めてくずかごに捨てた／椅子に座ったとたんズボンの尻がビリッと裂けた。

びりびり〔〜（と）・〜に〕

紙や布などの薄い物を続けざまに勢いよく破ったり裂いたりする音・ようす。

㊎子どもたちは面白がって障子をビリビリ破いた／救急措置でシャツをビリビリと裂いて包帯にした／彼女は手紙を読むとすぐにビリビリに破いて捨てた。

㊫「**びりびりっ**」は勢いを付加した表現。

㊛高くて耳障りな音で不快感を伴うことがある。

べりべり〔〜（と）〕

くっついている物や貼ってある物を続けて引き裂いたりはがしたりする音・ようす。

㊎壁に貼ってあるポスターをベリベリとはがす／段ボールのガムテープをベリベリとはがしてふたを開ける。

㊫「**べりべりっ**」は勢いを付加した表現。「**べりっ**」は瞬間をとらえた表現。

めりめり〔〜（と）〕

大木や木造建築物の柱などが徐々に裂けたり折れたりする音・ようす。

例 落雷で杉の大木がメリメリと音を立てて裂けた／大地震で柱にメリメリッと亀裂が走った。

類 「**めりめりっ**」は勢いを付加した表現。

割れる

がちゃん［〜（と）］

かたい物がぶつかったり落ちたりして、壊れたり割れたりするときの大きな音。

例 皿を落としてガチャンと割ってしまった。

ばりっ［〜（と）］

かたくて厚みのある物が瞬間的に割れるときの大きくて低い音・ようす。

例 三枚重ねの瓦が空手家の一撃でバリッと割れた。

類 「**ばりん**」は割れたあとに余韻が残る。

ぱりっ［〜（と）］

薄くてもろい物が瞬間的に割れるときの高い音・ようす。

例 水たまりに薄く張った氷の上に乗ったらパリッと割れた／薄焼きせんべいを一口かじったらパリッと割れた。

類 「**ぱりん**」は割れたあとに余韻が残る。

＊ひび割れる

びしっ［〜（と）］

厚く張りのある物の表面に瞬間的にひびが入って割れ目ができるときの音・ようす。

例 池の氷の上に乗ったらビシッとひび割れた/爆弾の風圧で窓ガラスにビシッと亀裂が走った。

ぴしっ [~(と)]

薄く張りのある物の表面に瞬間的にひびが入って割れ目ができるときの音・ようす。

例 コップに熱湯を注いだらピシッとひびが入った。

類 「**びしっ**」よりひびの程度は軽く、音も軽く小さい。

【摩擦】

きしむ

きー [~(と)]

物がきしんで立てるかん高い音。

例 古いドアを押すとキーと音を立てて開いた。

類 「**きーっ**」は音が止まる瞬間をとらえた表現。「**きーきー**」は連続音。

ぎー [~(と)]

物がきしんで立てる重く鈍い音。

例 建付けが悪くてドアを開け閉めするたびにギーと音がする。

類 「**ぎーっ**」は音が止まる瞬間をとらえた表現。「**ぎーぎー**」は連続音。

がたぴし [~(と)・~する]

建具や引き出しなどの動きがなめらかではなく、きしんで立てる音・ようす。

㊀建付けが悪くて、障子を開け閉めするたびにガタピシ音がする／机が古くなって、引き出しがガタピシする。

類「がたぴし」の「ぴし」はかん高くて、開け閉めするたびに跳ね返るような感じの音をいう。

きこきこ［～（と）・～する］

物の動きがなめらかでなく、きしんで立てる高い連続音・ようす。

㊀古い自転車は油を差してないのでペダルをこぐたびキコキコ音がする。

補聞き苦しい音で不快感がある。

ぎこぎこ［～（と）・～する］

物の動きがなめらかでなく、きしんで立てる低く濁った連続音・ようす。

㊀渡し舟の櫓《ろ》をギコギコこぐ／公園のブランコはこぐたびにギコギコ音がする。

補「**きこきこ**」より摩擦や抵抗が大きく、聞き苦しく不快感がある。

きしきし［～（と）・～する］

物がすれ合うときになめらかにいかず、きしんで立てる軽くて乾いた連続音・ようす。

㊀床板を踏むとキシキシと鳴った／雨戸が開け閉めするたびキシキシする。

補「きしむ」は「きしきし」の「きし」が動詞化した語。

ぎしぎし［～（と）・～する］

物がすれ合うときになめらかにいかず、きしんで立てる、重く濁った連続音・ようす。

例 祖父の家は古い木造家屋で階段を上り下りするたびにギシギシいう／この椅子は体を動かすたびにギシギシ鳴って今にも壊れそうだ。

補 不快感を伴う。

じゃりじゃり [〜（と）]

小石や砂などが触れ合ってきしんだり、砂などをかんだりしたときに立てる低めの音。

例 参道の玉砂利をジャリジャリ踏んで本殿に進む／アサリに砂が入っていて、食べたらジャリジャリ音がした。

類 「**じゃりっ**」は一回の音で、瞬間をとらえた表現。

みしみし [〜（と）・〜する]

木造の建物の廊下や床などが振動できしんで発する、高く乾いた連続音・ようす。

例 廊下を歩くとミシミシ音がした／床がミシミシときしむ。

類 「**みしっ**」は瞬間をとらえた表現で、「**みしっみしっ**」はその連続音。

補 不快感やときに無気味な感じを伴う。

こする・こすれる

きゅっきゅっ [〜（と）]

力を込めて物を連続してこすったり、物が何度もこすれるときのかん高い音・ようす。

例 ガラスを布でキュッキュッと磨く／バスケットボールの試合で選手たちのキュッキュッ

という靴音が体育館に響いた／鳴子こけしの首を回すとキュッキュッと音がする。

ぎゅっぎゅっ ［〜（と）］

物が何度も強くこすれるときの低く濁った音・ようす。

㊑長靴で雪道をギュッギュッと踏みしめて歩く。

こきこき ［〜（と）］

関節やかたい物どうしが強くこすれ合って立てる連続音。

㊑缶詰を缶切りでコキコキと開ける／首を回したらコキコキ音がした。

補 骨が鳴る音にもいう。

こきっ ［〜（と）］

関節やかたい物どうしが一瞬強くこすれ合って立てる小さくて高い音。

㊑首を回したらコキッと音がした。

類 「**こきん**」は音が鳴り響くような感じをいう。「**こきこき**」は連続音で、「**こきこきっ**」は勢いを付加した表現。

ごきっ ［〜（と）］

関節やかたい物どうしが一瞬強くこすれ合って立てる低く鈍い音。

㊑凝った肩を回したらゴキッと音がした。

類 「**ごきごき**」は連続音で、「**ごきごきっ**」は勢いを付加した表現。

ごしごし ［〜（と）］

物や体の表面を連続して強くこする音・ようす。

例 間違って書いた字を消しゴムでゴシゴシ消す/タオルでゴシゴシと乾布摩擦をする。

補 洗濯物などをもむようにこすり合わせて洗うようすにもいう。

しゅっしゅっ [〜(と)]

物の表面を続けざまに勢いよくこする音・ようす。

例 柔らかい布でシュッシュッと靴を磨く/板にシュッシュッとカンナをかける/マッチをシュッシュッと擦ってろうそくに火をつけた。

類 「**しゅっ**」は一回の音。

しゅるしゅる [〜(と)]

コードやテープなど線状のものを高速で伸ばしたり、巻き戻したりするときにこすれて出る連続音。

例 掃除機のボタンを押すとコードがシュルシュルと本体に納まった/(釣りで)リールを巻くときシュルシュルと音がする。

類 「**しゅるしゅるっ**」は勢いを付加した表現。

補 打ち上げ花火が空に向かって伸びていく音にもいう。

*軽い物や乾いた物など

かさかさ [〜(と)]

乾いた薄い物や小さい物などが連続して触れ合ったりこすれ合ったりして出るかすかな音。

例 風に吹かれて枯れ葉がカサカサ鳴っている/朝顔の種袋を振るとカサカサ音がした。

類「**かさり**」は一回の音で、「**かさっ**」は瞬間をとらえた表現。

がさがさ［～（と）］

乾いたやや厚めの物や大きめの物などが連続して触れ合ったりこすれ合ったりして出る大きくて騒々しい音。

例父は起きてくるなり朝刊をガサガサ広げて読み始めた／散り敷いたホオの大きな枯れ葉の上を歩くとガサガサ音がする／（登山で）笹藪《やぶ》をガサガサとかきわけて行く。

類「**がさり**」は一回の音で、「**がさっ**」は瞬間をとらえた表現。

かさこそ［～（と）］

乾いた小さく軽い物が連続して触れ合ったりこすれ合ったりして出るかすかな音。

例境内に散り敷いた紅葉がカサコソと風に舞っている。

類「**かさかさ**」と「**こそこそ**」を合わせた、聞こえるか聞こえないかくらいのかすかな音で、動きも静か。「こそこそ」は古くはかすかな音を表したが、現在は音には用いられていない。

がさごそ［～（と）］

乾いた軽い物が連続して触れ合ったりこすれ合ったりして立てる大きくて騒がしい音。

例袋の中からガザゴソ音を立ててポテトチップスを取り出す／引き出しをガサゴソとひっかき回して書類を探す。

類「**がさがさ**」と「**ごそごそ**」を合わせた

音で、「**かさこそ**」より耳障りで不快感がある。

ごそごそ［〜（と）］

こわばった物や乾いた物などが連続して触れ合ったりこすれ合ったりして立てる音。

㊉枯れ葉の下からゴソゴソと虫がはい出てきた／ゴソゴソと机の中をひっかき回す。

抜く・はまる

しゅぽっ［〜（と）］

炭酸飲料の栓などが勢いよく抜けるときの音・ようす。

㊉ビールの栓をシュポッと抜いてグラスに注ぐ。

すぽっ［〜（と）］

はまり込んでいた物が勢いよく抜けるときの音・ようす。また、穴や泥の中などに勢いよくはまるときの音・ようす。

㊉オープナーを回転させながらコルクに差し込み引っ張ると、ワインの栓がスポッと抜けた／葉の根元を持って引っ張ったらダイコンがスポッと抜けた／足がぬかるみにスポッとはまってしまった／剛速球がスポッとキャッチャーのミットに収まった。

㊫「**すぽん**」は完結した状態で、音に余韻がある。

ずぼっ［〜（と）］

穴や泥の中などに勢いよくはまるときの音・ようす。

例 足が泥田にズボッとはまってしまってなかなか抜け出せない。

類 「ずぼっ」は「**すぽっ**」よりも鈍い音で、深くはまって簡単には抜け出せないような状況に使われることが多い。「**ずぼずぼ**」は連続してはまる音・ようす。

物が空《くう》を切る

ひゅー［～（と）］

鋭く空を切って飛んだり移動したりする音・ようす。

例 放った矢がヒューと的に刺さった。

類 「**ひゅっ**」「**ひゅん**」は瞬間の勢い・速さを強調。「**ひゅーん**」は出た音が長く響く。

びゅー［～（と）］

高速で勢いよく空を切って動くときの高くて濁った音・ようす。

例 新幹線が目の前をビューと通り過ぎた。

類 「**びゅっ**」「**びゅん**」は瞬間の勢い・速さを強調。「**びゅーん**」は音が長く響く。

補 物が空を切る音やようすのほかに、人が猛スピードで走るようすなどにもいう。

ひゅるひゅる［～（と）］

空気と摩擦しながら尾を引くように進むときの高く鋭い音・ようす。

例 手りゅう弾がヒュルヒュル飛んできて足元

で炸裂した／打ち上げ花火がヒュルヒュルと揚がったかと思うと夜空に大輪の花が咲いた。

びゅんびゅん〔～（と）〕

高速で連続して勢いよく空を切って動くときの高い音・ようす。

㊋車で高速道路をビュンビュン飛ばす／バットをビュンビュン振る。

ぶんぶん〔～（と）〕

高速で連続して勢いよく空を切って動くときの低い音・ようす。

㊋ラジコンが猛スピードでブンブンと走り回る／空高く揚がった凧《たこ》がブンブンとうなりをあげる。

【落下】

＊重い物が

ずしん〔～（と）〕

重い物が落ちて、あたりに響き渡る音・ようす。

㊋屋根の雪がズシンと地響きを立てて落ちた。

どーっ〔～（と）〕

大量の物が一挙に落ちる音・ようす。

㊋裏山から土砂がドーッとくずれ落ちた。

どさっ〔～（と）〕

重い物や大量の物が、一気に落ちる音・ようす。

㊋屋根から降り積もった雪がドサッと落ちた。

〔類〕「**どさん**」は落ちたときに弾むような感じがあり、「**どさり**」は落ちたあとの状態に重点がある。「**どさどさ**」は続けざまに落ちる音で、「**どさどさっ**」は勢いを付加した表現。

どしん［～（と）］

重い物が落ちたときの大きくて低く響く音・ようす。

〔例〕はしごを踏み外してドシンと下に落ちた／ドシンと尻もちをつく。

〔類〕「**どっしん**」は強調表現。

どすん［～（と）］

重い物が落ちたときの大きくて低く響く音・ようす。

〔例〕ビルの上からドスンと落ちる大きな音がしたので見ると路上に人が倒れていた。

〔類〕「**どしん**」は重い物が落ちたとき衝撃が大きく、音があたりに響き渡る感じなのに対して、「どすん」は「どしん」より瞬間的で音の響きもその場だけで広がりはない。

＊軽い物が

ばさっ［～（と）］

木の葉や紙などの薄くて軽い物が落ちるときに立てる低い音・ようす。

〔例〕ホオの大きな枯れ葉がバサッと落ちた／机の上の書類がバサッと床に落ちた。

＊小気味よく

すこん［～（と）］

物が小気味よく穴にはまったり落ちたりした

ときに立てる高く響く音・ようす

(例)（ゴルフで）バーディーを狙って打ったボールがスコンとカップに入った。

【水音・波音】

水音

*滴《したた》る

ぽたぽた［～（と）］

水滴が連続的に滴り落ちる音・ようす。

(例)蛇口から水がポタポタもれている。

(類)「**ぽたり**」は一回滴り落ちる音・ようす。「**ぽたっ**」は瞬間をとらえた表現。

(補)涙や汗、血液など液状の物にも用いる。

ぽつん［～（と）］

水滴が一つ落ちる音・ようす。

(例)雨上がりで、木の葉のしずくがポツンと顔に当たった。

(類)「**ぽつっ**」は瞬間をとらえた表現。「**ぽつぽつ**」は連続的に落ちる音・ようす。「**ぽつんぽつん**」は一滴ずつわずかに間隔をおいて落ちる音・ようす。

(補)通常、水滴が人の体や物に当たる音やようすをいう。

ぽとん［～（と）］

水滴が一つ落ちる音・ようす。

(例)雨上がりで葉っぱからしずくがポトンと落ちた。

(類)「ぽとん」は「**ぽつん**」より重みが感じら

れる。「**ぽとっ**」は瞬間をとらえた表現。「**ぽとぽと**」は続けざまに落ちる音・ようす。「**ぽとんぽとん**」は一滴ずつわずかに間隔をおいて落ちる音・ようす。

＊揺れる

たぷたぷ［〜（と）］

容器の中で水が揺れて立てる音・ようす。

例 天秤で桶を担いで歩くたびに中の水がタプタプ揺れる。

類「**たっぷたっぷ**」は大きくゆっくりと揺れる音・ようす。「**たぷんたぷん**」は波打つように揺れる音。「**たぽたぽ**」は「たぷたぷ」よりいくらか高くて大きい音・ようす。

ちゃぷちゃぷ［〜（と）］

容器の中で水が揺れて立てる音・ようす。

例 バケツに入れた水をチャプチャプ音をさせながら運ぶ。

類「**ちゃぽちゃぽ**」は「ちゃぷちゃぷ」より水の量が少なく、揺れも小さいときの音・ようす。

補 波の音にもいう。

＊たたく・跳ねる

じゃばじゃば［〜（と）］

水を大きく跳ねあげる音・ようす。

例 川の中にジャバジャバと入っていっておぼれそうになった子どもを助けた。

補 水を勢いよくかきわけながら進むようなときに跳ねあがる音やようすにいう。

ばしゃばしゃ［〜（と）］

水面を勢いよくたたいたり、水を跳ねあげる音・ようす。

㊖波打ち際をはだしでバシャバシャと走り回る／冷たい水でバシャバシャ顔を洗う。

類「**ぱしゃぱしゃ**」は「ばしゃばしゃ」より軽くて小さい音・ようす。

ばちゃばちゃ［〜（と）］

水面を何度もたたいたり、水を跳ねあげたりする音・ようす。

㊖水たまりの中を長靴でバチャバチャ歩く。

補ことさら大きな音を立てるような、動作に荒っぽさがある。

ぱちゃぱちゃ［〜（と）］

水面を何度も軽くたたいたり、水を跳ねあげたりする音・ようす。

㊖子どもたちがビニールプールで手足をパチャパチャさせて遊んでいる。

類「ぱちゃぱちゃ」は「**ばちゃばちゃ**」より小さく弱い音で、動作も小さくかわいらしさがある。

ぴちゃぴちゃ［〜（と）］

水が連続して小さく跳ねる音・ようす。

㊖女の子は水たまりの中を楽しそうにピチャピチャ音を立てて歩いた。

類「**ぴっちぴっち**」は軽快に小さく跳ねる音・ようす。「**びちゃびちゃ**」は泥のような粘り気のあるものについていう。

＊水中に落ちる・飛び込む

ざぶん［〜（と）］

水の中に勢いよく飛び込む音・ようす。

㊞船の上からザブンと海に飛び込む／水陸両用バスが砂浜からザブンと湖にダイブして出航した。

類「**ざぶーん**」は「ざぶん」より深いところに長く潜り込む感じで、「**ざっぶーん**」はその強調表現。

どぼん［〜（と）］

水の中に落ちたり、飛び込んだりする音・ようす。

㊞小さい子どもが池にドボンと落ちた／少年たちは次々に橋の上から川にドボンと飛び込んでは歓声をあげた。

類「どぼん」は水の中に深く潜り込む感じなのに対して、「**どぶん**」は「どぼん」より水深が浅くて、深く潜り込むことはない。

ぼちゃん［〜（と）］

大きいものや重いものが水の中に落ちたときの低くて鈍い音・ようす。

㊞泥田で足を取られてボチャンと尻もちをついた／船が錨《いかり》をボチャンと水底に沈めて停泊している。

類「**ぼちゃっ**」は瞬間をとらえた表現。

ぽちゃん［〜（と）］

水の中に小さいものや軽いものが落ちたときの小さくて高い音・ようす。

㊞ゴルフボールが池にポチャンと落ちた／カ

エルがポチャンと池に飛び込んだ。

類「**ぽちゃっ**」は瞬間をとらえた表現。

補ゴルフで打ったボールが池に落ちることを「池ぽちゃ」という。

＊水の流れ

さらさら［〜（と）］

水がよどみなく滑るように流れる音・ようす。

例小川がサラサラと流れている。

ごー［〜（と）］

水が一気に勢いよく流れる音・ようす。

例排水口の栓を抜くと水が吸い込まれるようにゴーと流れていった。

類「**ごーっ**」は瞬間をとらえた表現で、音や勢いに激しさが増す。

ごーごー［〜（と）］

水が勢いよく流れ続ける音・ようす。

例台風で川の水かさが増して濁流がゴーゴーと音を立てて流れている。

ごぼごぼ［〜（と）］

水や温泉が勢いよく湧き出る音・ようす。

例川原のあちこちで温泉がゴボゴボ音を立てて湧き出ている。

じゃーじゃー［〜（と）］

水が多量に流れ続ける音・ようす。

㊟蛇口からジャージャーと水が流れっぱなしになっている。

ちょろちょろ［〜（と）］

水が少しずつ流れる音・ようす。

㊟岩の間から清水がチョロチョロ流れている／蛇口から水がチョロチョロ出ている。

波音

＊大波

ざざー［〜（と）］

大きな波が激しく寄せては返す音・ようす。

㊟海辺の宿でザザーという波音を聞きながら眠りに入った。

補 芝居では波の効果音として笊《ざる》に豆を入れて揺すって音を出す。

ざぶん［〜（と）］

大きな波が一気に打ち寄せる音・ようす。

㊟大きな波がザブンときて、子どもたちははしゃぎながら砂浜に逃げた／岸壁にザブンと荒波が打ち寄せる。

類「**ざぶーん**」は「ざぶん」より波が大きく、勢いがある。

ざんぶり［〜（と）］

大きな波が寄せては返す音・ようす。

㊟大きな波が岸壁にザンブリと打ち寄せてい

る。

類 接尾語の「こ」をつけて「**ざんぶりこ**」ともいう。

*小波

ちゃぷちゃぷ［～（と）］

波が小さく揺れたり打ち寄せたりする音・ようす。

例 岸辺に波がチャプチャプと打ち寄せている／子ども用プールで水をチャプチャプさせて遊ぶ。

補 容器の中で水が揺れる音や、水たまりなどに入って水が跳ねる音にもいう。

ひたひた［～（と）］

波が岸などに静かに打ち寄せる音・ようす。

例 波が湖畔にヒタヒタと打ち寄せている。

【液体・気体】

発泡・泡立つ

しゅわしゅわ［～（と）］

炭酸水などが連続して軽やかに泡立つ音・ようす。

例 サイダーをグラスに注ぐとシュワシュワと泡が立った。

類 「**しゅわしゅわっ**」は勢いを付加した表現。「**しゅわっ**」は一気に泡立つ瞬間をとらえた表現。どちらも軽やかさと清涼感があるが、「**じゅわじゅわ（っ）**」「**じゅわっ**」はゆっくりした感じで軽やかさはあまりない。

ぶくぶく［〜（と）］

連続して激しく泡立つ音・ようす。また、泡を立てながら水中に潜ったり、浮かび上がったりする音・ようす。

㊫地獄谷ではブクブクと温泉が湧き出ている／水中にブクブク潜ってアワビを採る。

㊮「**ぶくぶくっ**」は勢いを付加した表現。「**ぶくっ**」は一回泡ができる瞬間をとらえた表現。

ぷくぷく［〜（と）］

連続して小さく泡立つ音・ようす。

㊫カニがプクプクと泡を吹いた。

㊮「**ぷくぷくっ**」は勢いを付加した表現。「**ぷくっ**」は泡が一つ立つ瞬間をとらえた表現。

ぼこぼこ［〜（と）］

連続して激しく泡立つ音・ようす。また、湯が沸騰する音。

㊫ボコボコ音を立てて温泉が湧き出ている／鍋でボコボコと湯が煮えたぎっている／（サイホン式コーヒーで）フラスコの水がボコボコと沸き立つ。

㊮「**ぼこぼこっ**」は勢いを付加した表現。「**ぼこっ**」は泡が一つ立つ瞬間をとらえた表現。

ぽこぽこ［〜（と）］

連続して小さく泡立つ音・ようす。また、湯が沸騰する音。

㊫ポコポコと温泉が湧いている／熱帯魚を飼っている水槽から泡がポコポコ出ている。

㊮「**ぽこぽこっ**」は勢いを付加した表現。「**ぽこっ**」は泡が一つ立つ瞬間をとらえた表現。

「**こぽこぽ**」ともいう。

気体・液体の噴出音

しゅー［〜（と）］

気体や液体がノズルや細い口などから噴き出す音・ようす。

㊎腕に虫よけスプレーをシューと吹きかける。

㊫「**しゅっ**」は瞬間をとらえた表現。

しゅーしゅー［〜（と）］

気体や液体がノズルや細い口などから連続して噴き出す音・ようす。

㊎ゴム風船の空気がシューシューもれてしぼんでしまった。

しゅっしゅっ［〜（と）］

気体や液体がノズルや細い口などから連続して勢いよく噴き出すときの音・ようす。

㊎シャツに霧吹きをシュッシュッと吹きかけてからアイロンをかける／飛んでいるハエに殺虫剤をシュッシュッと吹きかける。

㊟蒸気機関車の蒸気を吐き出す音にもいう。

＊勢いよく

びゅー［〜（と）］

液体やクリーム状のものなどが狭いところから勢いよく噴き出すときの低く濁った音・ようす。

㊎残り少なくなったケチャップのチューブを思い切り押すとビューと中身が飛び出た。

㊫「**びゅーっ**」は勢いを付加した表現。「**び**

ゅっ」は瞬間をとらえた表現。

ぴゅー［〜（と）］

液体やクリーム状のものなどが狭いところから勢いよく噴き出すときの高い音・ようす。

例 アサリが水管からピューと水を吐き出した。

類「**ぴゅーっ**」は勢いを付加した表現。「**ぴゅっ**」は瞬間をとらえた表現。

ぷしゅー［〜（と）］

密閉されていた気体が勢いよく噴き出す音・ようす。

例 自転車のタイヤがパンクして空気がプシューと抜けた／缶ビールのふたをプシュッと開けてぐいと飲む。

類「**ぷしゅっ**」は瞬間をとらえた表現。

声

人の声

＊うなり声・うめき声

うー［〜（と）］

苦しそうに短くうなったりうめいたりする声。

例 子どもが餅でのどを詰まらせて「ウー」とうなった／胸に激痛が走り、「ウー」とうなり声をあげてしゃがみ込んだ。

類「**うーっ**」は強調表現。「**うっ**」は瞬間をとらえた表現。

うーん［〜（と）］

困ったり、考え込んだりするときにあげるうなり声。

㊀「ウーン、困ったことになった」/(将棋で)相手に王手をかけられて父は両腕を組んでウーンとうなった。

類「**うーむ**」は口をきゅっと結んで出す声。

うんうん［~(と)］

苦しくてうなったりうめいたりする声。

㊀高熱が出てウンウンうなる/ウンウン言いながら重い荷物を運ぶ/問題が解けなくてウンウンうなる。

補うなるように力を込めるようすや、苦しむようすにもいう。

ぐー［~(と)］

押さえつけられて、苦しそうに発するうなり声。

㊀けんかして弟に馬乗りになって押さえつけたらグーとうなり声をあげた。

類「**ぐーっ**」は強調表現。

補相手に一言も反論できないことを慣用的に「ぐうの音も出ない」という。

*追い払う

しっしっ［~(と)］

動物や人を追い払うときのかけ声。

㊀イヌをシッシッと追い払う/(群がり集まる子どもたちに)「シッシッ、あっちに行け」。

補手を振って追い払う動作とともに言う。人については、邪魔者としてその場から追い払うときなどに用いられる。

＊かん高い声

きー［〜（と）］

ひと声発する、かん高くて鋭い声。

例 男の子は「キー」と叫んでけんか相手に飛びかかった。

類 「**きーっ**」は強調表現。

補 ヒステリックで耳障りな声。

きーきー［〜（と）］

連続して立てるかん高くて鋭い声。

例 彼女は人の迷惑はおかまいなしにキーキーしゃべりまくる／サルがキーキー鳴き騒ぐ。

補 耳障りで、人に不快感を与える。

きんきん［〜（と）・〜する］

連続して立てるかん高くて鋭い声。また、その声が響くようす。

例 母親がキンキン声で子どもを叱っている／彼女は早口でおまけに声がキンキンしているので、聞いていているほうはたまらない。

補 金属的な響きで、人に不快感を与える。

＊歓声

きゃー［〜（と）］

喜びを表して出すかん高い叫び声。

例 アイドルが舞台に登場するとファンの女の子たちはいっせいにキャーと叫んだ。

補 主に若い女性や

子どもの声にいう。

きゃっきゃっ［〜（と）］

はしゃいだり戯れたりして出すかん高い声。

㊟浜辺で波が来るたび女の子たちはキャッキャッとはしゃいで楽しそうだ／子どもたちが園庭をキャッキャッと走り回っている。

補主に若い女性や子どもの声にいう。

わー［〜（と）］

喜びや感嘆を表して大声で叫ぶ声。

例「ワー、海だ海だ、早く泳ごうよ」／特大ホームランに観客からワーと歓声があがった／「ワーッ、きれいなバラが咲いたね」

類「**わっ**」は瞬間をとらえた表現。「**わーっ**」は強調表現。

わーい［〜］

喜びを表して出す叫び声。

例「ワーイ、ケーキだ」／「ワーイ、宿題が終わったぞ」

類「**わーいわーい**」は連続して叫ぶ声。

＊騒ぎ立てる

きゃーきゃー［〜（と）］

興奮したり騒いだりして出すかん高い声。

例女の子たちはアイドルグループを追いかけてキャーキャー騒いでいる。

補主に女性や子どもの声にいう。

わーい［〜］

大勢が大声でからかってはやし立てる声。

例「ワーイ、ワーイ、泣き虫やーい」

わーっ［～（と）］

大勢がいっせいに行動を起こしたり騒ぎ立てたりするときに出す声。

例 ファンがワーッと叫びながら選手の周りを取り囲んでサインをねだった。

わーわー［～（と）］

大勢が大声で騒ぎ立てる声。

例 国会の前で法案に反対する群衆のワーワーという叫び声が響いた。

＊咳払い

えへん［～（と）］

自慢げにいばったり、気取ったり、相手に注意を喚起するときなどに、咳払いをする声。

例 先生はエヘンと咳払いをしてから話を始めた／男の子はかけっこで一位になると「エッヘン」と胸を張っていばってみせた。

類 「**えっへん**」は強調表現。

おほん［～（と）］

自慢げにいばったり、気取ったり、相手に注意を喚起するときなどに、咳払いをする声。

例 「オホン、いいかね。これから大事な話をするので静かに聞くように」／（大物を釣り上げて）「オッホン、どんなもんだい」

類 「**おっほん**」は強調表現。

補 主に大人の男性が用いる。

＊どよめき

どーっ［～（と）］

大きく鳴り響くどよめきの声。

例 代打がアナウンスされると球場はドーッとどよめいた。

どっ〔〜（と）〕

瞬間的に大きく鳴り響くどよめきの声。

例 コンテストの予想外の結果発表に会場はドッとどよめいた。

＊悲鳴

きゃー〔〜（と）〕

驚いたり恐怖を感じたりしてあげるかん高い声。

例「キャー、助けてー」／お化け屋敷で客がキャーキャー悲鳴をあげる。

類「**きゃっ**」は瞬間をとらえた表現。「**きゃーきゃー**」は連続してあげる声。

ぎゃー〔〜（と）〕

驚いたり恐怖を感じたりしてあげるけたたましく濁った声。

例 公園のほうから「ギャー」と叫び声がしたので急いで駆け付けた／「ギャーッ、ゴキブリだ」

類「**ぎゃーっ**」は強調表現。「**ぎゃっ**」は瞬間をとらえた表現。「**ぎゃーぎゃー**」は連続してあげる声。

ひー〔〜（と）〕

驚いたり恐怖を感じたりしてあげるかん高く

ひきつったような声。
(例)見知らぬ男にいきなりナイフを突きつけられてヒーと悲鳴をあげた。

わっ［〜（と）］

驚いたり、驚かせたりするときに発する声。
(例)（いきなりイヌにほえられて）「ワッ、びっくりした」／友達の後ろから背中を押しながら「ワッ」と言って驚かせた。

＊赤ん坊

ばぶー［〜］

赤ん坊が口を開けたり閉じたりしながら出す声。
(例)赤ん坊が「バブー、バブー」と言いながら機嫌よく遊んでいる。

(類)「ばぶばぶ」は連続して出す声。
(補)喃語《なんご》で、ことばにはなっていない。

＊笑い声→(二)［感情・心の状態・表情］（笑う） 129頁

＊泣き声→(二)［感情・心の状態・表情］（泣く） 116頁

九

速度／時間／規模／数量／
重量／頻度／進行・変化／
限界・限度／隔たり・差／程度

速度

すばやい

ささっ 〔～と〕

動作や行為がすばやいようす。

(例)出かけたついでに用事をササッとすませる／ササッと絵筆を走らせる／お茶漬けをサッとかき込む。

(補)速さに加え、勢いのよさがある。

さっさ 〔～と〕

動作や行為がぐずぐずしたり迷ったりしないで、すばやいようす。

(例)宿題をサッサと片付けて遊びに行く／言いたいことがあったらサッサと言いなさい／いやなことはサッサと忘れたほうがいい。

(類)「**さっささっさ**」は行動が次から次へと続けざまですばやいようすをいう。

ちゃちゃっ 〔～と〕

動作や行為がすばやいようす。

(例)チャチャッと用事をすませる／チャチャッと食べて早く学校に行きなさい。

(類)「**ちゃっちゃ**」ともいう。

(補)くだけた表現。せわしなさや落ち着きのなさがある。

とっと 〔～と〕

動作・行為がすばやいようす。また、即座に行動するようす。今すぐ。すぐさま。

例もたもたしていないでトットと歩け／トットと出ていけ／トットと消え失せろ。

類「**さっさ**」と同じようにすばやく行動するようすをいうが、「とっと」は今すぐの意味合いで、相手にすぐさま行動するように促したり命令したりするときに用いられることが多い。

補速い意の形容詞「疾《と》し」の連用形「とく」を重ねた「とくとく」の変化した語。

ぱっぱ ［〜と］

あまり考えずにすばやく、無造作にするようす。また、手早くするようす。

例お金をパッパと使う／仕事をパッパと片付ける。

補「**ぱっぱぱっぱ**」は次から次へとすばやくするようすをいう。

ぱぱっ ［〜と］

動作・行為が瞬間的で、手際よくすばやいさま。

例机の上をパパッと片付ける／お昼ご飯にチャーハンをパパッと作る。

＊テンポよく

さっさっ ［〜と］

動作・行為がテンポよくすばやいようす。

例ほうきでサッサッと庭を掃く／郵便物をサッサッと仕分けする。

補動きに切れや勢い、軽快感がある。

ちゃっちゃっ ［〜と］

動作・行為がテンポよくすばやいようす。
㊞宿題をチャッチャッとすませて遊びに行く／ぐずぐずしてないでチャッチャッとやりなさい。
補くだけた表現。せわしなさや落ち着きのなさがある。

ぱっぱっ［〜と］
動作・行為がテンポよくすばやいようす。また、手早くするようす。
㊞魚に塩をパッパッと振る／パッパッと気持ちを切り替える。
補動きに力強さや勢いがある。

*瞬間的

さっ［〜と］
動作や物の動き、状態の変化などが瞬間的ですばやいようす。
㊞資料にサッと目を通す／目の前をサッと自転車が通り過ぎた／野菜をサッと炒める／母親が危篤との知らせに彼女の顔色がサッと変わった／雲間から陽がサッと射した。
類「**さーっ**」はすばやさに加えて勢いがあり、「サーッと血の気が引いた」「雨がサーッと降ってきた」のように用いる。

すっ［〜と］
動作や物の動き、状態の変化などが瞬間的ですばやいようす。
㊞足の不自由な人にスッと手を貸す／ドアがスッと開く／ろうそくの火がスッと消えた。
類「**すーっ**」は勢いを付加した表現。「すっ」

より進行の程度が遅く、「ろうそくの火がスーッと消えた」のように用いられる。

ぱっ［〜と］

動作や物の動き、状態の変化などが瞬間的ですばやいようす。

例 転びそうになって手すりをパッとつかむ／桜はパッと咲いてパッと散る／朗報に彼女の顔がパッと明るくなった。

類「ぱーっ」はすばやさに加えて勢いがあり、「うわさがパーッと広がる」「風が吹いてきて桜がパーッと散った」のように用いる。

遅い

のろのろ［〜（と）］

速度が遅いようす。

例 ノロノロと腰を上げる／今度の台風はノロノロと北上している／地震の影響で列車はノロノロ運転をしている。

補 速度が遅いことに対するいら立ちの気持ちが含まれる。

ゆるやか

ゆっくり［〜（と）］

速度がゆるやかなようす。

例 白い雲がゆっくり流れていく／ゆっくりとよくかんで食べなさい／この木の成長はゆっくりなので、実がなるまでに十年はかかる。

補 時間をかけて急がないようすをいい、速度が遅いことに対して肯定的で、「**のろのろ**」のようないら立ちはない。

そろそろ［〜（と）］

速度がゆるやかなようす。

例 時代祭の行列はソロソロと進んでいった／壊れ物が入った箱をソロソロ運ぶ。

補 主に動作が時間をかけて静かに、あるいは慎重に行われるようすをいう。

時間

短時間

つい［〜］

時間がほんのわずかなようす。

例 娘さんならついさっき駅前で見かけましたよ／旅行からつい今しがた帰ったところです／つい最近買い替えたばかりの車が故障した。

補 「さっき」「今しがた」「最近」などの語の前につけて、時間の隔たり、差がさらにわずかなようすを強調していう。

長時間

ずっ［〜と］

同じ状態が長時間、あるいは長期間にわたって続くようす。

㊎満員電車でずっと立ち続ける／卒業して以来ずっと会っていなかった友達と町で偶然再会した。

㊫「**ずーっ**」は強調表現で、同じ状態が連綿《れんめん》と続くようすをいう。

まもない

ほやほや［〜の・〜だ］

物ができたり、人がある状態になったりしてまもないようす。

㊎焼きたてホヤホヤのパン／彼は新婚ホヤホヤだ／大学出たてのホヤホヤに責任ある仕事は任せられない。

十分にある

たっぷり［〜（と）］

時間が十分にあるようす。

㊎時間ならたっぷりあるからあわてなくていいですよ／市内観光のあとの自由時間はたっぷり取ってあります。

規模

大きい

でかでか［〜（と）］

きわめて大きくて目立つようす。また、大掛かりなようす。大々的なようす。

㊞選挙ポスターに顔写真をデカデカと載せる／週刊誌に大物俳優のスキャンダルがデカデカと書きたてられた。

補非常に大きい意の俗語「でかい」の「でか」を繰り返した語。驚きと同時に嫌悪感が強い。

小さい

ちまちま［〜（と）・〜する］

小さくまとまっているようす。また、小さいものが寄せ集まっているようす。

㊞チマチマした改革では効果は望めない／チマチマした字を書く／チマチマした家並みが続く。

補卑小な感じで、よい意味では用いられない。

ちんまり［〜（と）・〜する］

小さくまとまっているようす。

㊞趣味の雑貨を扱うちんまりとした店を持つのが夢だ／山小屋のようなちんまりした別荘を建てる。

補時に、卑小な感じを伴う。

こぢんまり［〜（と）・〜する］

小さいがほどよくまとまっているようす。

㋲こぢんまりとした家／目鼻立ちがこぢんまりとまとまっている／こぢんまりと暮らす。

㋩「ちんまり」より控えめで、好もしい感じがある。

補「こ」は接頭語。生活などが小規模ながら快適なようすにもいう。

適合

ぴったり［〜（と）・〜だ］

隙間やずれがなく、サイズがちょうどよいようす。

㋲この靴は足にピッタリだ／私は九号サイズの服がピッタリ合う／本を送るのにピッタリのサイズの封筒を買う。

数量

大量

たっぷり［〜（と）・〜の］

物や金銭などが十分にあるようす。

㊀パンにバターをたっぷり塗る／たっぷりの湯でホウレンソウをゆでる／資金はたっぷりある。

補数量以外に、時間や空間、言動、物事などの程度が十分であるようすにもいう。

たんまり［〜（と）］

物や金銭があり余るほどあるようす。

㊀酒はたんまりあるから遠慮なく飲んでくれ／株でたんまりもうける／あいつは金をたんまり貯め込んでいるらしい。

補くだけた言い方。

どっさり［〜（と）］

数量が非常に多いようす。

㊀スーパーの特売日に野菜をドッサリ買い込む／宿題がドッサリある／視聴者からメールがドッサリ届く。

補物については量の多さに加え重量感が伴う。

わんさ［〜と］

物が大量にあったり、物事が大量に起こったりするようす。

㊀金ならワンサと持っている／通販の放送後に申し込みの電話がワンサとかかってきた／

梅雨が明けると蚊がワンサと発生する。

類「**わんさか**」は大げさで、くだけた言い方。

＊一度に

がっぽり［～（と）］

一度に大量の金品などが入ったり出たりするようす。

例株でガッポリもうける／税金をガッポリ取られる／組織票でガッポリ稼いで当選する。

補くだけた言い方。

ごっそり［～（と）］

一度に大量のものが得られたり失われたりするようす。

例金目のものをゴッソリ盗まれる／放射線治療で髪がゴッソリ抜け落ちる／土砂くずれで崖がゴッソリ削りとられている／税金でゴッソリ持っていかれる。

類「**ごそっ**」は瞬間をとらえた表現。

補得失のどちらの場合もよい意味合いでは用いられないことが多い。

どかっ［～と］

一度に大量に起こるようす。

例相場でドカッともうける／子どもが進学するたびにドカッとお金が出ていく／コロナ禍で観光客がドカッと減る。

補増減、出入など、どちらにも用いられる。

どっ［～と］

一度に大量の物が押し寄せたり、物事が行われたりするようす。

例注文がドッと入る／苦情のメールがドッと届く。

どばっ［～と］

一度に大量の液体が勢いよく噴き出たり、飛び散ったりするようす。まだ、液体を勢いよく大量にかけるようす。

例ドバッと鼻血が出る／とんかつにドバッとソースをかける。

類「**どばどば**」は続けざまに大量に噴き出たり、かけたりするようすをいう。「どばどばっ」は勢いを付加した表現。

補くだけた表現。

＊次々に

がっぽがっぽ［～（と）］

金品などが次から次へと弾むような勢いで大量に出入りするようす。

例商売で一発当ててガッポガッポもうけてやるぞ／遊んでいて金がガッポガッポ入ってくるなんてことはありえない。

補くだけた表現。

がばがば［～（と）］

金品などが次から次へと大量に出入りするようす。

例新商品が飛ぶように売れてガバガバもうかった／父は好きな骨董集めに金を湯水のようにガバガバ使う。

類大量の液体が流れ込んだり、酒などを大量に飲むようすからの比喩で、「**がぼがぼ**」も同義。

補 くだけた表現。

ざくざく〔～（と）〕

物や金銭が次々と大量に出てくるようす。

例 畑を掘ると大判小判がザクザク出てきた／潮干狩りでアサリがザクザク採れた。

類 「**ざっくざく**」「**ざっくざっく**」は強調表現。

少量

うっすら〔～（と）〕

量がわずかで薄いようす。

例 ケーキに粉砂糖をうっすらと振りかける／雪がうっすら積もる。

補 「そのときのことはうっすら覚えている」のように、物事の程度がかすかなようすにもいう。

ちょい〔～（と）〕

数量がわずかなようす。

例 お金をチョイと貸してほしい／スープに塩をもうチョイ足す。

補 くだけた言い方。「ちょい貸し」「ちょい足し」のように動作に直接つけて用いられることもある。

ちょこっ〔～と〕

数量がごくわずかなようす。

例 夕方パン屋に行くと棚はちょこっとしか残っていなかった／下戸《げこ》なのでお酒をちょこっと飲んだだけで顔が真っ赤になった／スープ

にちょこっとばかり塩を足す。

補 くだけた言い方で、わずかなようすを強める。

ちょっくら〔〜〕

数量がわずかなようす。

例 ちょっくら金を貸してくれ／このズボンはちょっくら丈が短い。

補 古風で、くだけた言い方。

ちょっぴり〔〜〕

数量がほんのわずかなようす。

例 煮物に醤油《しょうゆ》をちょっぴり足す／前髪をちょっぴり切る／アルバイトの時給がちょっぴり上がった。

ちょびっ〔〜と〕

数量がほんのわずかなようす。

例 財布の中には小銭がちょびっとしか入っていない／隠し味にわさびをちょびっと入れる。

類「**ちょっぴり**」よりわずかなようすが強調される。

補 くだけた言い方。

＊少量ずつ

ちびちび〔〜（と）〕

少量ずつ続けて行うようす。

例 酒をチビチビ飲む／金をチビチビ使う／安い給料の中からチビチビと貯めた金で念願の一眼レフのカメラを買う。

類「**ちびりちびり**」は少しずつの意を強調し、飲酒の場合に用いることが多い。

補 けちで、もの惜しみする意味合いが含まれる場合がある。

ちょびちょび［〜（と）］

少量ずつ小刻みに行うようす。

例 小遣いは一度にやらず、チョビチョビやるようにしている／晩酌は日本酒をチョビチョビやる。

＊数量限定

こっきり［〜］

数量が少なくて、たったそれだけと限定するようす。

例 今千円こっきりしか持っていない／一回こっきりの人生。

補 接尾語で、数量を表す語のあとにつける。

ぽっきり［〜］

数量が少なくて、たったそれだけと限定するようす。

例 財布には千円ポッキリしか入っていない／このカメラはネットでたった一万円ポッキリで手に入れた。

補 接尾語で、数量を表す語のあとにつける。

過不足なし・ちょうど

きっかり［〜（と）・〜だ］

数量・金額などに過不足や端数がないようす。

例 スケールで小麦粉をきっかり百グラム計る／子どものときのお小遣いは毎月千円きっかりだった。

類「**かっきり**」はややくだけた言い方。

きっちり［〜（と）・〜だ］

数量・金額などが決められた通りに完全に合致するようす。

例布をきっちり一メートル切る／予算きっちりに納まるよう計画を立てる。

ちょっきり［〜・〜の・〜だ］

数量・金額などがある区切りに合致していて、過不足や端数がないようす。

例ケーキをチョッキリ人数分に切り分ける／一万円チョッキリの予算で買い物をする。

ぴったり［〜（と）・〜だ］

二つのものの数量・数値が完全に合致するようす。

例収支がピッタリ合う／二人の服のサイズがピッタリだ。

補「**ぴったし**」はくだけた言い方。

＊ほぼ合致

とんとん［〜だ］

二つのものの数量・数値がほぼ合致するようす。

例今月の収支はトントンだ／不況下の商売は損得なしのトントンならよしとするほかない。

皆無

すっからかん［〜だ］

まったく空っぽで、何一つ残っていないようす。
㊟遊び過ぎて財布の中がスッカラカンだ／米びつはスッカラカンで米粒一つも残っていない。
補何もない、「から（空）」の状態を強調した表現。財布や入れ物などがまったくからである状態をいう。

すってんてん［〜だ］
所持していた金や物がすべてなくなるようす。無一文になるようす。
例競馬ですってスッテンテンだ／事業に失敗してスッテンテンになる。
補よくないことが原因で所持金や財産をすべてなくす場合にいう。

多数

＊大勢

どっ［〜と］
一度にたくさんの人が集まったり押し寄せたりするようす。
例渦中の人物が姿を現すと報道陣はドッと取り囲んだ／バーゲンセールに客がドッと押し寄せた。

わんさ［〜と］
人が大勢集まったり、存在したりするようす。
例アイドルのコンサートにファンがワンサと押しかけた／今どき英語を話せる人はワンサといる。

類「**わんさか**」はくだけた言い方。

*ある種の人・小生物

うじゃうじゃ［～（と）］

よくない種類の人や小さな生き物が数多くいるようす。また、それらがうごめいているようす。

例 都会には人をだまそうとするやからがウジャウジャいる／水たまりにぼうふらがウジャウジャ湧いている／桜の葉に毛虫がウジャウジャついている。

類「うじゃうじゃ」は「**うようよ**」より気味悪さや不快感、嫌悪感が強い。

うようよ［～（と）・～する］

よくない種類の人や小さな生き物が数多くいるようす。また、それらがうごめいているようす。

例 世の中には金の亡者がウヨウヨしている／清潔に見えるふきんにもバイ菌がウヨウヨいる。

補 気味悪さや不快感、嫌悪感がある。

*同類の人・物など

ごろごろ［～（と）］

同類の人や物などがたくさん存在して珍しくないようす。

㊞あのくらいの美人ならゴロゴロいる／株で大損した話なんてゴロゴロある。

補特に珍しくもないことから、たいしたことはないといった否定的な意味合いで使われる。

少数

ちらほら［～（と）］

あちらこちらに少しずつ存在するようす。
例暖かくなってきて軽装の人をチラホラ見かける。
類「**ちらりほらり**」はあちらにも、こちらにもと確認できるようすにいう。

重量

重い

ずしり［～と］

きわめて重く感じられるようす。
例五歳の息子を抱き上げたらズシリと重くて成長を感じた。
類「**ずしっ**」は瞬間をとらえた表現。

ずっしり［～（と）］

きわめて重く感じられるようす。
例本を詰め込んだ段ボール箱は持ち上げるとズッシリと重かった。
類「**ずしり**」より重さを実感する度合いが

強い。

どっしり［〜（と）］

物に重量があって、重厚感があるようす。

㊀ケヤキの一枚板で作ったドッシリとしたテーブル。

補 重さに加えて重厚感があるようすにいう。

頻度

繰り返し・度々

ちょいちょい［〜］

あまり間をおかず同じことが繰り返されるようす。

㊀彼なら図書館でチョイチョイ見かけるよ／あの人のうわさはチョイチョイ耳にする。

補 くだけた言い方。

ちょくちょく［〜］

あまり間をおかずに同じことが繰り返されるようす。

㊀父は仕事でチョクチョク上京する／友達と

はメールでチョクチョク連絡を取り合っている／これからもチョクチョク遊びに来てください。

補「**ちょいちょい**」「**ちょこちょこ**」より改まった言い方。

ちょこちょこ［〜］

あまり間をおかずに同じことが繰り返されるようす。

例近所に住む娘がチョコチョコ顔を出す／彼女とは通勤電車でチョコチョコ一緒になる。

補くだけた言い方。

次々に・頻繁

じゃんじゃん［〜（と）］

勢いづいて次から次へと行われるようす。ひっきりなしのようす。

例苦情の電話がジャンジャンかかってくる／アイデア商品が面白いようにジャンジャン売れる／酒でもビールでもジャンジャン持ってこい。

類「**じゃかすか**」も同義で用いられる。

補くだけた言い方。

どしどし［〜（と）］

物事を次々に遠慮なく行うようす。

例わからないことがあったらドシドシ質問してね／懸賞にドシドシとご応募ください。

進行・変化

速い

*一気に

ぐん［〜と］

一気に進行や変化の勢いが増したり、落ちたりするようす。

㊀中学生になって背がグンと伸びた／電車は駅に近づくとグンとスピードを落とした。

㊮「ぐーん」は強調表現。

*勢いよく

ぐんぐん［〜（と）］

勢いよく続けざまに進行したり変化したりするようす。

㊀朝顔の蔓《つる》がグングン伸びる／成績がグングン伸びる／グングン業績を伸ばす／飛行機がグングン高度を上げる。

どんどん［〜（と）］

勢いよく次から次へと進行したり変化したりするようす。

㊀新しいことにドンドン挑戦する／仕事がドンドンはかどる／要求がドンドンエスカレートする／病状がドンドン悪化した／町はドンドン変貌を遂げた。

㊓よいほうにも悪いほうにも進行・変化するようすをいう。

*滞りなくすみやかに

ずんずん［〜（と）］

物事が滞りなくすみやかに進むようす。また、状態が滞りなくすみやかに変化していくようす。

㊞計画をズンズン進める／仕事がズンズンはかどる／一雨ごとに草木の芽がズンズン伸びる。

さくさく［〜（と）］

物事が次々に滞りなく軽快に進むようす。

㊞仕事をサクサク片付ける／勉強がサクサクはかどる。

㊟リズミカルで小気味よさがある。

＊手際よく

さくっ［〜と］

手際よく簡潔なようす。

㊞事情をサクッと説明する／知りたいことはまずはパソコンでサクッと検索する／仕事をサクッと終わらせて飲みに行こう。

著しい

めきめき［〜（と）］

成長や進歩、回復など、よい状態への変化が著しいようす。めざましいようす。

㊞政界でメキメキと頭角を現す／娘はこのと

ころ料理の腕をメキメキあげた／病状はメキメキとよくなった。

補 通常、よい方向に変化する意で用いられる。

めっきり［〜（と）］

自然現象や状況の変化がはっきりときわだつようす。

例 このところメッキリと寒くなった／年をとってメッキリしわが増えた／海外からの観光客がメッキリ減っている。

補 通常、よくない方向に変化する意で用いられる。

緩慢・ゆるやか

じりじり［〜（と）］

ごくわずかずつ進行するようす。

例 ジリジリと株価が上がっている／長雨で堤防の水位がジリジリと上がってきている／（マラソンで）前の選手をジリジリと追い上げ、その差が二メートルにまで縮まった。

類 「**じりっじりっ**」は「じりじり」よりも小刻みで勢いがあるようすで、緊迫感がある。

じわじわ［〜（と）］

ゆっくりと少しずつ確実に進行するようす。

例 不況の波がジワジワと押し寄せている／地球温暖化がジワジワ進行している。

類 「**じわじわっ**」は勢いを付加した表現。「**じわりじわり**」は「じわじわ」よりさらにゆっくりで、確実さも増す。

突然・急激

＊上がる

ぴん［〜と］

数値などが急激に上がるようす。

例 天候不良で野菜の値段がピンと跳ね上がった。

＊下がる・落ちる

がくん［〜と］

急激に下がったり、落ち込んだりするようす。

例 客足がガクンと減る／株価がガクンと下がった／マラソンの終盤でガクンとペースが落ちる。

類 「**がたん**」より「がくん」のほうが衝撃は大きい。「**がくっ**」は瞬間をとらえた表現で、一気に下がったり落ち込んだりするようすをいう。

がたん［〜と］

急激に下がったり、落ち込んだりするようす。

例 人気がガタンと落ちる／売り上げがガタンと落ちた／成績がガタンと下がる。

類 「**がたっ**」は瞬間をとらえた表現で、一気に下がったり落ち込んだりするようすをいう。

すとん［〜と］

値段・数量などが急激に落ちたり下がったりするようす。

例 株価がストンと下がる／ダイエットしていて、あるとき体重がストンと落ちた／失言で

知事の支持率がストンと下がった、
類「**がくん**」「**がたん**」は衝撃が大きいが、「すとん」はあっけない感じがある。

＊とだえる・止む

ばったり [～（と）]
それまで続いていたことが突然とだえるようす。
例彼からの連絡がバッタリとだえる／涼しくなって夏物がバッタリ売れなくなった。
類「ばたっ」は瞬間をとらえた表現。
補突然のことで、それ以後とだえたままのようすを暗示する。

ぱったり [～（と）]

それまで続いていたことが突然とだえるようす。

例夜になると人通りがパッタリとだえる／泣いている赤ん坊をおもちゃであやすとパッタリ泣き止んだ／風がパッタリ止む。

類「**ぱたっ**」は瞬間をとらえた表現。

補唐突な感じで、一時的な場合が多い。

ぴたり [～と]
それまで続いていた状態が突然、完全に停止するようす。
例風がピタリと止む／病気を機に酒をピタリとやめた。
類「**ぴたっ**」は瞬間をとらえた表現。

ふっつり [～（と）]
それまで続いていたことが突然とだえるよう

す。

㊔探検家はアマゾンの奥地でフッツリと消息を絶った／毎日のようにカフェに来ていた人がフッツリ来なくなった。

補 古風な言い方。

ぷっつり［〜（と）］

それまで続いていたことが突然とだえるようす。

㊔音信がプッツリとだえる。

補 糸がいきなり切れるような感じをいう。

めまぐるしい

くるくる［〜（と）］

物事や状況がめまぐるしく変化するようす。

㊔短期間に担当者がクルクル変わった／言うことがクルクル変わる／山の天気はクルクル変わる。

ころころ［〜（と）］

物事や状況がめまぐるしく変わるようす。

㊔入試制度がコロコロ変わる／国の方針がコロコロ変わる。

補 簡単に変わる意味合いも含まれる。

順調

すいすい［〜（と）］

滞りなく順調に進行するようす。

例仕事がスイスイ片付く／渋滞している車の横をバイクがスイスイ追い抜いていく。

補「**すーいすい**」はいかにも順調なようすを強調した表現。「**すいすいっ**」は勢いを付加した表現。

すらすら［〜（と）］

滞りなく順調に進行するようす。

例縁談がスラスラ進む／交渉は思いのほかスラスラといった。

類「**すらすらっ**」は勢いを付加した表現。

すんなり［〜（と）］

障害や抵抗がなく、順調に進行するようす。

例相手側の要求をすんなりと受け入れる／コンクールの一次審査をすんなり通る／交渉はすんなりとはいかなかった。

とんとん［〜（と）］

中断することなく続けて、順調に進行するようす。

例工事がトントンとはかどる／商談がトントン拍子でまとまった。

補「とんとん拍子」は進行に弾みがついて、順調な上に速さが加わったようすをいう。

続けざま

ばたばた［〜（と）］

続けざまに起こるようす。

例ここ二、三年で新しいマンションがバタバタ建った／この不況で中小企業がバタバタッと倒産した。
類「**ばたばたっ**」は勢いを付加した表現。

限界・限度

＊限界に近い

かすかす［〜・〜の・〜だ］
基準となる条件や数値、時間などにかろうじて届くようす。
例レポートの提出期限にカスカス間に合った／大学はカスカスの成績で卒業した／この点数では合格ラインカスカスだ。
補かろうじて触れる意の「かする」の「かす」を繰り返した語。

かつかつ［〜・〜の・〜だ］
物事が限界に近く、かろうじてその状態が成り立つようす。

例 徹夜して原稿を書き上げ、締め切りにカツカツ間に合った／この安月料では家族を養うのにカツカツで、レジャーなんて夢のまた夢だ。

補 耐える意の「且《か》つ」を繰り返した「且《か》つ且《が》つ」の変化した語とされ、どうにかこうにか、やっとの意で用いられる。

ぎりぎり ［〜・〜の・〜だ］

物事が限界にきわめて近く、余裕のないようす。極限状態にあるようす。

例 生活費をギリギリまで切り詰める／急げば最終電車にギリギリ間に合う／精神的にギリギリのところまで追い詰められる。

補 限度の意の「切り・限《き》り」を重ねた「きりきり」の濁音化した語。

すれすれ ［〜の・〜だ］

もう少しである基準や時間などの限界に達しそうなようす。

例 法律違反スレスレの行為／高校に合格点スレスレで受かった／発車時間スレスレに電車に飛び乗る。

補 物と物が触れ合う、こすれる意の「擦れる」の「すれ」を繰り返した語。

＊余裕がない

きちきち ［〜の・〜だ］

空間・数量・時間などに余裕がまったくないようす。

例 キチキチの予算でやりくりする／実家から送ってきた箱には米や野菜がキチキチに詰め込んであった／この日はスケジュールがキチ

キチだ。

類「**きっちきち**」「**ぎちぎち**」は強調表現。

隔たり・差

大きい

ずっ［〜と］

時間・距離・年齢・程度などで大きな隔たりがあるようす。

例そこはずっと前に行ったことがある／ずっと向こうに雪山が見える／彼は私よりずっと年上だ／人に気兼ねするくらいなら一人でいたほうがずっとましだ。

類「**ずーっ**」は強調表現。

程度

わずか・少し

ちょい〔〜(と)〕

程度がわずかであるようす。

例 味付けはもうチョイ薄いほうがいいな／この本は小学生にはチョイと難しいかな。

補 くだけた言い方。

ちょこっ〔〜と〕

程度がほんのわずかであるようす。

例 ちょこっとした心遣いがあれば人付き合いはうまくいく。

補 くだけた言い方。

ちょっくら〔〜〕

程度がわずかであるようす。

例 この仕事は若いやつにはちょっくら荷が重い／ちょっくら面倒なことになった。

類 「**ちょっこし**」「**ちょっこら**」「**ちょっこり**」も「ちょっくら」と同義で用いる。

補 古風でくだけた言い方。主に男性が用いる。

ちょっぴり〔〜〕

程度がごくわずかであるようす。

例 一人で留守番するのはちょっぴり心細い／スタイルがよいことをちょっぴり鼻にかける。

ちょびっ〔〜と〕

程度がごくわずかであるようす。

例 子どもの帰りが遅いのでちょびっとばかり

心配した。

補 くだけた言い方。

十分

たっぷり〔〜（と）・〜だ〕

程度が十分であるようす。

例 彼は自信タップリだ／孫をタップリかわいがる／一人旅をタップリ楽しむ。

しっかり〔〜（と）〕

程度が十分で確実であるようす。

例 地震にシッカリ備える／説明書をシッカリ読む。

ばっちり〔〜（と）・〜だ〕

程度が十分で万全であるようす。

例 今日の体調はバッチリだ／三つ揃えのスーツでバッチリきめる。

補 くだけた言い方。

＊念入りに

とっくり〔〜（と）〕

納得がいくまで念入りに行うようす。

例 先祖伝来の掛け軸をトックリ拝見する／トックリと考えてから返事する／息子と将来についてトックリと話をする／君の言い分をトックリ聞こうじゃないか。

補 主に「見る」「聞く」「話す」「考える」などの行為についていう。「篤《とく》と」を強調した「とっくと」の「とっく」に「り」がついたもの。

みっちり〔～（と）〕

念を入れて十分に行うようす。

(例)子どもに行儀作法をミッチリと仕込む／留学するために英語をミッチリ勉強する。

全部・完全

すっかり〔～（と）〕

残すところがないようす。残らず全部。また、完全にその状態であるようす。

(例)大会の準備はスッカリできている／自信をスッカリなくす／駅前は開発事業でスッカリ変わってしまった／彼女との約束をスッカリ忘れていた。

そっくり〔～（と）〕

全体にまったく変化がなく、そのままであるようす。そのまま全部であるようす。

(例)遺産は福祉団体にソックリ寄付する／他人のアイデアをソックリ盗む／言われたことばをソックリそのまま君に返すよ。

(補)「そっくりそのまま」の形で強調して用いられる。

簡単

＊たやすい

ころころ［～（と）］

物事がたやすくひんぱんに行われるようす。

㋲格下相手にコロコロ負ける／世間にうとい若者は悪い人にコロコロとだまされる。

ころり［～と］

物事がたやすく行われるようす。

㋲あの人は人がいいから、あてにならないもうけ話にコロリとだまされる／敵方にコロリと寝返る。

㊟「ころっ」は瞬間をとらえた表現で、あっけないようすを強調する。

すいすい［～（と）］

物事が次から次へいとも簡単に行われるようす。

㋲難問をスイスイと解く。

すらすら［～（と）］

物事が連続的にたやすく行われるようす。

㋲彼は留学して一年で難しい漢字をスラスラ読む／探偵は難事件をスラスラと解決した。

㊟「すらすらっ」は勢いを付加した表現。「すらっ」は瞬間をとらえた表現。

ちょっくらちょい［～と］

ごくたやすいようす。

㋲この問題は難しくて、数学が得意な人でもちょっくらちょいとは解けないよ／そういう深刻な頼みごとはちょっくらちょいとは引き受けられない。

㊋否定する形で用いることが多い。くだけた

言い方。

＊大まかに

ざっ〔〜と〕

物事を手早く、大まかに行うようす。

例 新聞にザッと目を通す／部屋をザッと掃除する。

程度が甚だしい

むちゃくちゃ〔〜（に）〕

程度が甚だしいようす。非常に。すごく。

例 今日の数学の試験はムチャクチャ難しかった／大勢の人の前でスピーチをするときはムチャクチャ緊張する／ムチャクチャに腹が立つ。

類「**むっちゃくちゃ**」は強調表現。単に「**むっちゃ**」ともいう。

補 程度が甚だしい意の「むちゃ」に「くちゃ」をつけて強めていう語。「無茶苦茶」は当て字。

めちゃくちゃ〔〜（に）〕

程度が甚だしいようす。非常に。すごく。

例 今日はメチャクチャ寒い／学園祭の準備でメチャクチャ忙しい／この漫画メチャクチャに面白いね／父親は娘にメチャクチャ甘い。

類「**むちゃくちゃ**」の「むちゃ」が「めちゃ」に変化した語。「**めちゃめちゃ**」ともいう。「**めっちゃくちゃ**」「**めっちゃめちゃ**」は強調表現。単に、「**めっちゃ**」ともいう。

補「滅茶苦茶」「目茶苦茶」は当て字。

同程度

ちょぼちょぼ [〜の・〜だ]

二つを比較してほぼ同じ程度であるようす。

例 彼のテニスの腕前はぼくとチョボチョボだ／彼とは同期入社で収入はチョボチョボだ。

補 比較の対象のレベルが低い場合にいうことが多い。

どっこいどっこい [〜の・〜だ]

二つを比較して同じ程度であるようす。

例 二人はゴルフではドッコイドッコイのスコアだ／両チームとも攻撃力の点ではドッコイドッコイだ／二人にけんかのわけを聞いてみれば、それぞれに言い分があってどっちが悪いというわけでもなさそうで、ドッコイドッコイだ。

補 優劣がない、五分五分の状態をいう。

酷似

そっくり [〜の・〜だ]

きわめてよく似ているようす。

例 本物ソックリの似顔絵／友達に電話したとき、お母さんと声がソックリなのでよく間違える。

資料

動物の鳴き声／音・音色（楽器・合図・乗り物など）リスト

動物の鳴き声

鳥

小鳥

ピーチクパーチク　にぎやかにさえずる声。人が甲高い声でにぎやかにしゃべる声やそのようすにもいう。

ウグイス

ホーホケキョ　「法法華経」と聞きなす。

ケキョケキョケキョ　警戒の鳴き声。

チャッチャッチャッ　地鳴き。笹藪《やぶ》で鳴くことから「笹鳴き」という。

カラス

カーカー、ガーガー、ギャーギャー、カワイカワイ　「可愛い可愛い」と聞きなす。童謡『七つの子』（作詞：野口雨情）に「かわい　かわいとなくんだよ」と歌われる。

カッコウ

カッコーカッコー　鳥の名は鳴き声から。英語でも鳴き声から「クックー（cuckoo）」という。

キジ

ケンケン、ケーンケーン　オスの求愛のさえずり。

チョッチョッ　メスの鳴き声。

コジュケイ

チョットコイ　甲高い声で鳴き、「ちょっと来い」と聞きなす。

シジュウカラ

ツピーツピー、ツツピー、ツピッ　さえずり。

チカチカ、ツーツー　地鳴き。

スズメ

チュンチュン、チッチッチッ、チーチー

補 童謡『雀の学校』（作詞：清水かつら）で、「チイチイパッパ　チイパッパ、雀の学校の先生は」と歌われている。「ぱっぱ」は羽音。

チドリ

チンチン、チヨチヨ　「ちよ」は千年の意の「千代」と聞きなす。

トビ

ピーヒョロロ、ピーヒョロロヒョロ

ハト

クークー、ホーホー、ポッポ　「ぽっぽ」はハトの幼児語。

補 童謡『はと』（作詞・作曲不詳）で「ぽっぽっぽ　鳩ぽっぽ　豆がほしいかそらやるぞ」と歌われている。

フクロウ

ホーホー、ゴロスケホーホー　オスの求愛のさえずり・縄張り主張。

補 「ごろすけ」を「五郎助」と聞きなして、フクロウの異名になっている。

ホッホッ　メスの地鳴きで、オスの求愛に応える。

ホトトギス

トッキョキョカキョク　「特許許可局」と聞きなす。

テッペンカケタカ　「天辺かけたか」と聞きなす（木の天辺にえさをかけたかの意）。

家禽

アヒル

クワックワッ　けたたましい鳴き声。
ガーガー　濁った鳴き声。

ガチョウ

ガーガー、ガワガワ　濁った鳴き声。

ニワトリ

コケコッコー　夜明けを告げる声。
コッコッコッ、ココココ　えさをついばみながら歩いているときなどの声。「コッコ」はニワトリの幼児語。
ピヨピヨ　ヒヨコの鳴き声。

ペット・家畜

イヌ

ワンッ　一回吠える声。
ワンワン　続けざまに吠える声。イヌの幼児語。
キャンキャン　主に小型犬が騒いで鳴く甲高い声。
クンクン、クーンクーン　何かを訴えたり甘えたりするときの声。

ネコ

ニャー、ニャオー、ニャーゴ　一回鳴く声。

ニャーニャー、ニャンニャン、ニャゴニャゴ　続けざまに鳴く声。「ニャーニャー」「ニャンニャン」はネコの幼児語。

ゴロゴロ　甘えるときにのどを鳴らす音。

ゴロニャン、ゴロニャー　甘えたり喜んだりするときに出す、のどを鳴らす音と甘えた鳴き声。

ウシ

モー　一回鳴く声。

モーモー　続けざまに鳴く声。ウシの幼児語。

ウマ

ヒヒーン、ヒンヒン　いななく声。

ブタ

ブーブー　続けざまに鳴く声。英語では「オインッオインッ（oinkoink）」。

ヤギ・ヒツジ

メー　一回鳴く声。

メーメー　続けざまに鳴く声。

野生動物

オオカミなど

ウオーン　遠吠えするときの声。

キツネ

コン　一回鳴く声。

コンコン　続けざまに鳴く声。キツネの幼児語。

サル

キーキー　怒りや恐怖などで続けざまに鳴きわめくときの甲高くて鋭い声。

キャッキャッ　怒りや恐怖などで鳴き騒ぐ声。

シカ

ピー、ピー、ピャッ　オスの警戒して鳴く声。

フィーフィー、フィーヨー　オスの繁殖期の鳴き声。

カイロー　「帰ろ」の聞きなし。

ネズミ

チューチュー　続けざまに鳴く声。ネズミの幼児語。

チーチー、キーキー　続けざまに鳴きわめくときの甲高くて鋭い声。

ライオンなど

ガオー　大きく口を開けて吠えるときの声。

両生類

カエル

ケロケロ、クヮクヮ、ケケケケ、ゲコゲコ、ゲロゲロ、ゲッゲッ

コロコロ　オスが繁殖期や縄張りを主張するために鳴く声。

カジカガエル

フィーフィー　オスの繁殖期の鳴き声。「カジカ（河鹿）」の名はシカの鳴き声に似ていることに由来。

昆虫

アブラゼミ

ジージー、ジリジリジリ　油で炒めるときの音が名前の由来。

ウマオイ

スイッチョ、スイッチョン　「スイッチョ」はウマオイの別名。

カネタタキ

チンチンチン　鉦《かね》を叩いているように聞こえることから「鉦叩き」の名がある。

カンタン

ルルルルル　清涼感のある美しい鳴き声で、鳴く虫の女王といわれる。

キリギリス

チョンギース、ギーチョン

ギッコンバッタン　機織《はたお》りの音に似ていることからの聞きなし。別名「機織り虫」。

クツワムシ

ガチャガチャ　馬の口にくわえさせて、手綱をつけて操る轡《くつわ》の音に似た音で、名の由来。

クマゼミ

シャーシャー、シャワシャワ　低い声で音量がある。

コオロギ

（エンマコオロギ）

コロコロ、コロコロリン、キリキリキリ

（ツヅレサセコオロギ）

リリリー　聞きなし。

ツヅレサセ、ツヅリサセ　冬に備えて衣を「綴れ［り］刺せ」と鳴いている。

スズムシ

リンリン、リーンリーン　小さな鈴のような高く澄んだ音で鳴く。

ツクツクボウシ

オーシーツクツク、ツクツクボーシ　名はこの鳴き声から。

ヒグラシ

カナカナ　夏の終わりから秋にかけて夜明けや日暮れに高い声で鳴く。「ヒグラシ」は「日暮らし」の意。鳴き声から「カナカナ」ともいう。

マツムシ

チンチロリン、チンチロチンチロ　高く澄んだ声。

ミンミンゼミ

ミーンミーン、ミンミン　名は鳴き声に由来。

楽器・拍子

大太鼓

ズン　腹に響くような太鼓の音。

デンデン　続けざまに打つ太くて低い音。

トン　一回軽く打つ音。

トントン、トトトン、トトントントン　軽くリズミカルに続けて打つ音。

ドン　一回強く打つ音。

ドンドン、ドンドコ、ドドドン、ドドン

ドドン　強くリズミカルに続けて打つ音。

ドンドンカカカッ　「カカカッ」は太鼓の枠の木の部分をたたく音。

小太鼓

テンテン　勢いよく軽快に続けて打つ音。

テンテンテレック　祭りばやしなどで勢いよく軽快に続けて打つ音。「テンテン」と同じ調子で打ったあと「テレック」と打ち方を変える。

鼓

タンタン　続けざまに打つやや高い音。

ポンポン　続けざまに勢いよく打つ音。「タンタン」より音は低い。

チチポポ　調子よく打つ音。能楽師の家に生まれた俳人松本たかしの句に「ちちぽぽと鼓打たうよ花月夜」がある。

笛

ピーッ　横笛で、ひと息で勢いよく吹いて出す高い音。

ピーヒャラ　祭りばやしなどでリズムを取ってにぎやかに吹く音。

ヒャララ　祭りばやしなどでにぎやかに吹く音。太鼓の音に続けて使うことが多く、唱歌「村祭」（作詞不詳）で「ドンドンヒャララ　ドンヒャララ　朝から聞こえる笛太鼓」と歌われている。

三味線

チリトテチン　三味線の鳴り響く音。

チントンシャン　三味線や口三味線の音。「チン」は三の糸を押さえた高い音、「トン」は二の糸を押さえずに弾く音、「シャン」は一と二の糸を同時に弾く音。

ベンベン　太ざおの三味線や琵琶《びわ》などを弦で激しく打ち鳴らす低い音。

ペンペン　三味線の弦を激しく打ち鳴らす高い音。

ギター

ジャーン　全部の弦を一度に弾き鳴らす音。

ジャカジャカ　弦を激しくかき鳴らす音。

ボロン　弦を一回つま弾く低い音。「**ボロンボロン**」は続けざまにつま弾く低い音。

ポロン　弦を一回つま弾く高い音。「**ポロンポロン**」は続けざまにつま弾く高い音。

テケテケ　エレキギターで用いる演奏法による音。

バイオリン

ギコギコ、ギーコギーコ　下手な人が弾く、のこぎりのような音。

ピアノ

ポロンポロン　音を確かめるように、あるいはたどたどしく、一音ずつゆっくり弾く音。

マラカス・タンバリンなど

シャカシャカ　マラカスやタンバリンなどを振ったときの音。イヤホンからもれる楽器の音にもいう。

金管楽器

パンパカパーン　トランペットが鳴らすファンファーレの音。

ブカブカ　トランペットなどのラッパが続けざまに吹き鳴らす低い音。「ブカブカドンドン」（歌詞や音楽作品の一部にも使われるフレーズ）の「ドンドン」は太鼓の音で、楽隊などが金管楽器と太鼓をにぎやかに奏でる音。

プカプカ　トランペットなどのラッパが続けざまに吹き鳴らす高い音。おもちゃのラッパを吹く音にもいう。

下座音楽

ヒュードロドロ　芝居で幽霊が出没するときに鳴らす効果音。「ヒュー」は笛、「ドロドロ」は太鼓の音。

囃子《はやし》

コンチキチ　囃子の鉦《かね》を打ち鳴らす高い音。京都祇園祭では「コンチキチ　コンコンチキチ　コンチキチ」と囃しながら山鉾《やまぼこ》が巡行する。

チャンチキ、チャンチキチキチン　囃子の鉦を打ち鳴らす高い音。

ワルツ

ズンチャッチャ、ブンタッタ、ブンチャッチャ　ワルツの四分の三拍子の音。

合図・指図・鳴り物などの音

ホイッスル

ピー　合図や指図のために鳴らす音。「**ピーッ**」は勢いよく鳴らす音。

ピッ　合図や指図のために瞬間的に鳴らす音。

ピッピッ　歩行や応援などで規則正しい動作を促すために続けざまに鳴らす音。

ピピッ、ピピーッ　合図や指図、警告などのために瞬間的に続けざまに強く鳴らす音。

ピリピリ　鳴らし続ける音。

ラッパ

パーフー　豆腐屋が売り歩くときに鳴らすラッパの音。「とうふー」と聞きなす。

パフーパフー　人を応援したりはやし立て

たり、場を盛り立てたりするときなどににぎやかに鳴らすラッパの音。

チャイム

キンコンカンコン　学校で授業の始まりと終わり、お知らせなどがあるときに鳴らす合図の音。もとはイギリス発祥の教会の時を告げる鐘の音から。

ピンポン　玄関で来訪を告げるために鳴らすインターホンの音。また、テレビのクイズ番組などで、正解を知らせる音。

ベル・ブザー

ジー　劇場の開演などを知らせるベルの音。

ジリリリリリ　電車などの発車のベルの連続音。「リ」の音が長く鳴り渡る。

チリンチリン　続けざまに鳴らす自転車のベルの音。

ブー　ブザーを一回押したときの太くて低い音。また、劇場などで開幕を知らせる音。

ブブー　ブザーを続けて押したときの音。また、テレビのクイズ番組などで不正解を知らせる音。

拍子木

カチカチ　劇場の幕の開閉や夜回りで「火の用心」の掛け声とともにたたく音。

鐘

カランカラン　教会の繰り返し鳴る高い鐘の音。また、始まりや終わりなどを知らせる合図に使う、手で振る鐘の音。

カンカン、ジャンジャン　火災を知らせる半鐘の音。

キンコンカン　時計台の鐘の音。「鐘の鳴る丘」（作詞：菊田一夫）に「とんがり帽

子の時計台　鐘が鳴ります　キンコンカン」と歌われる。

キンコンカンコン　時を告げるための教会の高くて軽やかな鐘の音。

ゴーン　寺院の梵鐘《ぼんしょう》（釣り鐘）の鳴り響く音。時報や大晦日《おおみそか》につく除夜の鐘の音。

鈴

ガランガラン、ジャランジャラン　神社で参拝のときに鳴らす、大きな鈴の音。

シャラシャラ　鈴が軽やかに鳴る音。童謡「雨降りお月さん」（作詞：野口雨情）に「お嫁にゆくときゃ（略）シャラシャラシャンシャン　鈴つけた　お馬にゆられて　濡れてゆく」と歌われる。

シャンシャン　鈴が勢いよくリズミカルに鳴る音。巫女《みこ》が神楽舞《かぐらまい》を舞うときやウマやトナカイにつけた鈴が歩いたり走ったりするときなどに鳴る音。

チリン、チリンチリン　小さな鈴が立てる高い音。「チリン」は一回、「チリンチリン」は続けざまに鳴る音。風鈴が風に揺れて立てる音にもいう。

鉦《かね》

カンカン　勤行《ごんぎょう》のときに続けざまにたたく鉦の高い音。大騒ぎしてあちこちを捜し回ることをいう「鉦や太鼓で捜す」の「鉦」はこの音。

チンチン　たたき鉦の高くて響く音。チンドン屋の「チン」は鉦の音、「ドン」は太鼓の音で、にぎやかに打ち鳴らしながら宣伝して歩くことからいう。

木魚

ポクポク　念仏を唱えながら木魚を続けざまにたたく音。

鈴《りん》

チン、チーン　読経のときに鳴らす仏具の鈴《りん》の音。棒で打ち鳴らす鉢型のものと手で鳴らすベル型のものがある。「チン」は瞬間の音で、「チーン」は残響がある。

銅鑼《どら》

ジャーン、ジャンジャン　仏教の法要、歌舞音曲、船が出るときの合図などに用いられる銅鑼の音。「ジャーン」は一回打ち鳴らす音。「ジャンジャン」は続けざまに打ち鳴らす音。

乗り物

蒸気機関車

シュッシュッ、シュッシュッポッポッ、シュッポシュッポ、シュポッポ、ポッポ、ポッポ　蒸気を吐く音。また、蒸気を吐きながら走る音。童謡「汽車ぽっぽ」（作詞：富原薫）で「汽車　汽車　ポッポ　ポッポ　シュッポ　シュッポ　シュッポッポ」と歌われる。

ポーッ、ポッポー　汽笛の音。

電車・汽車

ガタン、ガッタン、ゴトン、ゴットン　電車・汽車がレールのつなぎ目や停止するときなどに立てる音。「ガタン」「ゴトン」

は勢いのある瞬間的な音で、「ガッタン」「ゴットン」は弾むような感じの音。

ガタンガタン、ガタンゴトン、ガッタンゴットン、ゴトンゴトン、ゴットンゴットン 電車・汽車がつなぎ目ごとに音を立てながら走り続ける音。

路面電車

チンチン 路面電車が発車・乗車の合図や警告のために鳴らす鐘の音。その音から路面電車を「ちんちん電車」という。

自動車

ブーブー、ブッブー クラクションを鳴らしながら走る音。また、クラクションの音。「ぶーぶ」は自動車の幼児語。

自転車

チリン、チリンチリン ベルの音。「チリン」は一回、「チリンチリン」は続けざまに鳴らす音。

パトカー

ウウーン、ヒュウウーン 事件や事故現場に向かうときに鳴らすサイレンの音。

救急車

ピーポーピーポー 救急の現場に向かうときに鳴らすサイレンの音。

消防車

ウーウーウー 続けざまに鳴らす低くてうなるようなサイレンの音。

カンカンカン 続けざまに鳴らすかん高い警鐘の音。

> 【参考】サイレン、鐘の音の使い分け
> **ウーウーウーカンカンカン**　火災出動のときに鳴らす
> **ウーウーウー**　火災以外の救助・救急支援・警戒などで出動のときに鳴らす
> **カーンカーン**　火災出動し、鎮火して戻ってくるときに鳴らす

船舶

ボーッ　太くて低い汽笛の音。

ポーッ　軽くて高めの汽笛の音。

手こぎの小舟

ギコギコ　櫓《ろ》を漕ぐとき滑りが悪くてきしる音。

ギッチラ、ギッチラコ　櫓を力いっぱい漕ぐ音。童謡「船頭さん」（作詞：武内俊子）に「年はとっても　お船をこぐ時は　元気いっぱい　櫓がしなる　ソレ　ギッチラ　ギッチラ　ギッチラコ」と歌われる。

航空機

ゴーッ、ゴオーッ　ジェット機が飛ぶときの轟音《ごうおん》。

バタバタ、ブンブン　プロペラ機の羽が回る音。

武器

ピストル・大砲・機関銃

ズドン　ピストル・大砲などを一発撃ったときの音。

ドン　大砲を一発撃ったときの音。また、明治から大正時代に正午を知らせた空砲の音。

ドーン、ドカン　大砲を一発撃ったときの大きくて響く音。

バーン、バキューーン　ピストルを一発撃つ音。「バキューン」は高くて長く響く発射音。

バンバン、パンパン　ピストルを続けて撃つ音。「パンパン」は弾けるように乾いた音。

タタタタ　軽機関銃を続けて撃つ音。

ダダダダ　重機関銃を続けて撃つ音。

ドンパチ　派手に撃ち合う銃撃戦の音。また、銃撃戦。

刀

チャリン　刀と刀を合わせるときの高く響く音。

チャンチャンバラバラ　刀と刀を打ち合わせて斬り合うときの音。「ちゃんばら」は「ちゃんちゃんばらばら」の略で、斬り合いや立ち回りを見せ場とする剣劇をいう。

主な参考文献

・『擬音語擬態語使い方辞典』阿刀田稔子・星野和子著　創拓社出版
・『擬音語・擬態語の読本』尚学図書言語研究所編　小学館
・『擬音語・擬態語4500　日本語オノマトペ辞典』小野正弘編　小学館
・『擬音語・擬態語辞典』山口仲美編　講談社学術文庫
・『現代擬音語擬態語用法辞典　新装版』飛田良文・浅田秀子著　東京堂出版
・『音の表現辞典』中村明著　東京堂出版
・『日本国語大辞典』第二版　小学館

や行

ら行

わ行

ま行

な行

は行

た行

さ行

五十音順索引

◉本文中の見出し語と、㊟で紹介した類語を五十音順に配列した。
◉数字の太字は見出し語、細字は類語の収録頁を示す。

あ行

か行

◉著者紹介

西谷　裕子（にしたに　ひろこ）

1948年生まれ。教職、出版社勤務を経て独立し、主に辞典の執筆・編集に携わる。
編著書として、『勘違いことばの辞典』、『迷った時にすぐ引ける勘違い敬語の辞典』、『勘違い慣用表現の辞典』、『「言いたいこと」から引ける慣用句・ことわざ・四字熟語辞典』、『四季のことば辞典』、『「言いたいこと」から引ける大和ことば辞典』、『「言いたいこと」から引ける敬語辞典』（以上、東京堂出版）、『身近なことばの語源辞典』（小学館）、など多数。句集に『ポレポレ』（ふらんす堂）、『掌紋』（近代文芸社）、『記憶の糸』（七月堂）がある。

「言いたいこと」から引ける
オノマトペ辞典

二〇二四年六月三〇日　初版印刷
二〇二四年七月一〇日　初版発行

著者　西谷裕子
発行者　金田　功
発行所　株式会社東京堂出版
〒一〇一－〇〇五一
東京都千代田区神田神保町一－一七
電話〇三－三二三三－三七四一
https://www.tokyodoshuppan.com/

組版　有限会社一企画
印刷・製本　中央精版印刷株式会社
ブックデザイン　志岐デザイン事務所　黒田陽子
本文イラスト　フクイヒロシ

ISBN 978-4-490-10946-7　C0581

JASRAC 出 2403754-401